读客中国史入门文库

顺着文库编号读历史,中国史来龙去脉无比清晰!

岳飞之死

高天流云 著

图书在版编目（CIP）数据

岳飞之死 / 高天流云著. —— 南京：江苏凤凰文艺出版社，2023.4（2023.8 重印）
（这本史书真好看文库）
ISBN 978-7-5594-7307-3

Ⅰ.①岳… Ⅱ.①高… Ⅲ.①岳飞（1103—1142）-生平事迹 Ⅳ.① K825.2

中国版本图书馆 CIP 数据核字 (2022) 第 218551 号

岳飞之死

高天流云　著

责任编辑	丁小卉
特约编辑	王　珺　刘　芬　乔佳晨　鲍　畅
封面设计	温海英
插画设计	周　末
责任印制	刘　巍
出版发行	江苏凤凰文艺出版社
	南京市中央路 165 号，邮编：210009
网　　址	http://www.jswenyi.com
印　　刷	嘉业印刷（天津）有限公司
开　　本	889 毫米 ×1270 毫米　1/32
印　　张	12.5
字　　数	294 千字
版　　次	2023 年 4 月第 1 版
印　　次	2023 年 8 月第 2 次印刷
标准书号	ISBN 978-7-5594-7307-3
定　　价	55.00 元

江苏凤凰文艺版图书凡印刷、装订错误，可向出版社调换，联系电话：010-87681002。

目 录

楔　子		001
第一章	北方强梁	007
第二章	仓皇北顾	025
第三章	当年秦桧	039
第四章	靖康众生相	053
第五章	张浚登龙术	080
第六章	大呼过河身已僵	099
第七章	淮扬梦魇	116
第八章	苗刘兵变	125
第九章	搜山检海	148
第十章	半天下之责	175

第十一章	南自南、北自北	183
第十二章	镇抚使岳飞	197
第十三章	大将之路	213
第十四章	赵匡胤遗泽	225
第十五章	赵鼎为相	236
第十六章	洞庭湖	257
第十七章	伪齐真相	270
第十八章	淮西军变	293
第十九章	秦桧之奸	317
第二十章	天予不取	346
第二十一章	尘与土、云和月	364
后　记		385

楔　子

杭州城在阴历年关前后很冷，会下雪，每当此时，踏雪寻梅是中国文人心目中最风雅的事。

如果在深夜秉烛夜游，彼时暗香浮动，人梅相知，就更传为佳话。可在南宋绍兴十一年（1141）十二月二十九日的深夜，发生了中国历史上影响极大的丑闻和冤案。

宋朝原枢密副使，武胜、定国军节度使，开府仪同三司，湖北、京西路宣抚使，河南、河北诸路招讨使兼营田大使，武昌郡开国公，少保，行营后军都统制官岳飞已经被关押在大理寺牢狱中两个半月了。

他遍体鳞伤，饥寒交迫。

自古刑不上大夫，礼不下庶民，宋朝对官员尤其礼遇优渥，官位职阶到了岳飞这样的级别，怎么可能受刑呢？但参考北宋苏轼的"乌台诗案"就会发现这不奇怪。当时苏轼入狱前身体健康，出狱之后肢体、肤理、内腑都受创甚重，有同狱的官员曾听到苏轼在深夜受刑时的惨呼，可见覆盆之下荼毒酷甚，宋朝也不例外。

"饥寒"二字,是岳飞悲愤郁怒间绝食求死所致。

这个夜晚,岳飞不会预料到皇帝、首相(宰相中居首位者)要对他做什么。在一些传闻笔记中,时任首相的秦桧坐在临安城南端皇宫所在的凤凰山下以北,御街中段毗邻宗正寺首相府里的一间暖阁的东窗下举棋不定。

怎样处置岳飞呢?

宋朝从来没有杀过宰执级的大臣,最过分的一次是北宋哲宗朝时把前首相蔡确贬谪岭南,致其衰病而死。此举并非有意杀之,但也激起了新旧两党空前的党争,让北宋朝局彻底失控。

这时杀岳飞,朝、野、军、民会有怎样的反应殊难预料!犹豫不决间,秦桧的妻子王氏走了进来,讥笑道:"老汉竟然这般缺乏果断吗?须知擒虎易、纵虎难。"秦桧恍然大悟,写了一张纸条送进大理寺,随即岳飞在狱中死亡。

这一段关于王氏的言语不见史料,《宋史·岳飞列传》中记载了那张纸条:"桧手书小纸付狱,即报飞死,时年三十九。"两者叠加,给人一种暗示,岳飞的死是由秦桧及其妻子私下里决定并实施的,他们有能力让岳飞随时在狱中冤死。可见秦桧之奸、之恶、之权倾朝野,为所欲为。

这就把皇帝赵构摘了出去,似乎杀岳飞与其没有直接的关系。

这当然是不可能的。"为尊者讳,为贤者隐"是中国古代修史的核心基础,"父子相隐"更是律法的基石。与之相比,历代史官宁愿人头落地,举族没落,也不容皇帝私窥、篡改一字的坚持就显得耐人寻味。

严格地说,史书在宋朝本就是被随意篡改不止一次两次的东西。

在这一天的深夜,赵构距离岳飞并不远。临安城"南北展,东西缩",形如腰鼓,别称"腰鼓城"。南北长约十四里,约合今七千米,东西宽五里,合今两千五百米。皇宫坐落在城南凤凰山东麓,与位于城北的大理寺相距五千余米,居高临下,赵构随时能眺望到那座监狱。

赵构的生活是很寒酸的,所谓的皇宫是由原来的州衙改建而成的,只有一座大殿。当百官云集商议政务时,它挂上垂拱殿牌匾;皇帝寿诞百官朝贺时,换上紫宸殿牌匾;殿试唱名选出状元时,它叫集英殿;祭天拜祖时,挂明堂殿;遇到宣布重大国策决定,挂文德殿;平时它的名字叫大庆殿。截至绍兴十一年,这座唯一的"多功能大厅"连百官上朝排班时的房廊都没有。

江南多雨,每到雨季,百官在泥泞中跋涉上朝,缩在殿檐下候旨。赵构坐在殿内,仅能"避风雨"而已。就是这样,在绍兴三年(1133)时,大庆殿的主梁也朽毁欲断,君臣转移到射殿办公。射殿"极卑陋,茅屋才三槛,侍臣行列,巾裹触栋宇"。

就在这种环境里,赵构接到了大理寺卿万俟卨通过秦桧上报的关于岳飞的定罪意见:"岳飞私罪斩,张宪私罪绞……岳云私罪徒。"

赵构的批复是:"有旨:岳飞特赐死,张宪、岳云并依军法施行,令杨沂中监斩,仍多差兵将防护。"

这道命令传出皇宫,在御街大道上飞驰,踏过三万五千三百多方铺路石板,到达一万三千五百尺后的街道尽头。这里是中兴大将刘光世、韩世忠,以及岳飞的府邸,不久之后,它们会变成宋朝祭祀祖先的景灵宫,以及太学。

再向前,不远处就是大理寺了。之后发生的事,在宋朝的官方史书中没有过程,只有结果。

岳飞在狱中死亡，岳云、张宪在城中斩首。

传说岳飞当晚在大理寺狱内的风波亭内被害，现在杭州城内也有风波亭遗址，然而遍查南宋的正史、杂史、笔记等文献都没有关于风波亭的记载。岳飞的具体死亡地点无从考证，只能说在大理寺狱内。

《朝野遗迹》记载："其毙于狱也，实请具浴，拉胁而殂。"狱卒在授意下请岳飞沐浴，用重锤击打胸部致其死亡。

另有一说是赐毒酒，但是赵构、秦桧对岳飞的仇恨达到了只为不见"岳"字，就把岳州改名为纯州的程度，如此刻忌，断然不会有半点恻隐之心。

真正的屈辱发生在岳飞死亡之后。

南宋律法规定，在大理寺狱中处死的犯人尸体要埋在狱中墙角下。这符合《宝庆四明志》中记载的"死于棘寺，藁葬墙角"。也就是说，南宋官方把岳飞的遗体与之前埋在狱中的犯人尸体混杂，就此埋没不可辨识。

然而公道自在人心。当晚狱中诸人散去之后，一个叫隗顺的狱卒悄悄返回，他背起岳飞的遗体翻过狱墙，逃出了大理寺狱。他与岳飞素不相识，只为忠义和敬意，就豁出了性命要保存岳飞的遗体。

他的目标是西南方向的钱塘门，其实西北端的余杭门距离更近些，但是钱塘门外有一片特殊的地势更适合做这件事。

临安城是实际意义上的帝都，南宋却从始至终都只称它为"行在"，帝都永远只有一个——开封城，这算是偏安一隅之后仅存的一点所谓的志气吧。然而此时隗顺所面临的仍然是帝都级的城防。

他要在夜禁中躲过"分治烟火盗贼公事"的市民保甲巡夜人，还有殿前司、侍卫步军司、侍卫马军司等三衙军设立的左右两厢，厢下设一百十五铺，共计六百七十三人的巡检军兵。要路经秀王府、吴王府等名爵大第，以及刘光世、韩世忠、岳飞等大将的府邸，才能到达钱塘门。

临安城墙高约三丈，基广二丈，上宽一丈余，呈梯状。宋孝宗即位之后鉴于火药在军事上的应用，把本是泥筑墙的临安城墙内外夹筑砖墙，也就在那之后，城墙的规模才达到了上面罗列的数字。

帝都深夜城关紧闭，隗顺只能背着岳飞的遗体攀爬泥筑的临安钱塘门城墙，出城之后再向北，到达九曲丛祠。

这不是一座祠堂，而是沿曲折地形砌造的很多祠堂的总称。夜色中隗顺选择了在北山（今浙江杭州西湖区宝石山）水边的王显庙旁安葬了岳飞的遗体。他在坟前种下了两株橘树作为标记，墓碑上刻的是"贾宜人之墓"。

宋制外命妇之号分九等，宜人是第七等，文官自朝奉大夫以上至朝议大夫，其母、妻封宜人。武官官阶相当者同样待遇。位阶再高会惹人注目，再低不足以震慑宵小，隗顺也是煞费苦心。

岳飞遇害时手指上戴有一枚翠玉戒指，是他夫人所赠的信物。隗顺又在棺木旁系一铅筒，上有大理寺"勘"字。种种设置，在这片杂乱的葬岗间留下了印迹，成为日后指认的证据。

天亮之后就是除夕，绍兴十一年的最后一天到了，世间除旧迎新，宋朝也开始销毁岳飞的一切印迹。作为一个时代最强的军人，彪炳世间无可比拟的战功，可昭日月、辉映千古的忠义，都一笔勾销！

这就是赵构的愿望，他要把岳飞的尸体混杂在历年处死的犯人间不可辨识，要把岳飞的业绩泯灭混淆，要让岳飞真正地身死名灭！

岳飞到底做了什么，让赵构恨到了这种程度，在之后漫长的岁月里都成了国家的禁忌？解构此间曲直，需要回溯的东西实在太多了，它涉及北宋的突然灭亡及南宋的所谓"复兴",交织着众多历史名人在十六年间的纠葛,以及南宋之所以偏安一隅的无奈和必然。

太多的恩怨是非导致了族群核心意识的转变,这不仅是岳飞与赵构之间的私事,更是决定国家民族命运的拐点。

第一章
北方强梁

　　岳飞与赵构，一个是农夫的儿子，一个是帝室贵胄，身份悬殊如同参商二星，虽在同一片天空，但彼升此落，永无相见之期。然而世事无常，哪怕阶层、规则、律法像钢铁铸成一样坚固冰冷，却仍然有一条更加颠扑不破的真理存在。

　　"苟或失驭，求为匹夫而不可得！"

　　这是宋太祖赵匡胤刚刚陈桥兵变、黄袍加身，摇身一变成了皇帝时，他的生母杜太后闻讯后充满忧虑说出的话。这个生在乱世间，嫁给中层将领的女子是清醒务实的，知道当了皇帝是一条不归路，一旦失控，想回归平民都是奢望。

　　可终究都会"失驭"的，这是每一个王朝最终的命运，宋朝也不例外。当它发生时，一切都会恢复本初时的样子。彼时身涉洪流，命如蝼蚁，才能看清自己和世界的真实面目。

　　以此为基准，无论是谁，都在命运的长河里随波浮沉。而这大势，对岳、赵两人来说，是突然来到的。

对赵构来说，一切都在靖康元年（1126）正月初三深夜二鼓时分突然发生。那一夜都城开封百余年灯火不休的街市变得昏莫晦暗，百余万的庞大人口像消失了一样。这座旷世名城缩进了"树洞"里，任凭外面呼啸的寒风掠过，只能缩得更紧一些，默默等待命运的降临。

宋徽宗赵佶率领一行人悄悄离开了皇宫。

他们的目标是东城，历史没有记录行进的路线，他们可以走御道出宣德门，经景灵宫、相国寺，再出宋门到外城。一路上虽然宫禁重重，禁军把守，可没人敢拦阻他们。但是，他们不会这样走。

因为他们要掩人耳目，尤其是这座巨城的新主人，刚刚登基九天的宋钦宗赵桓。

在理论上，至少有一条供赵佶在从前的风流生活中到外界与花魁娘子李师师幽会时使用过的隐秘通道，让他们到达外城的通津门。这是一座水门，从西至东流经全城的汴河就在这里流到城外。

一行人事先没有做任何准备，黑暗中只找到了一条小船，半出钱半强迫地让其向东航行。赵佶心急如焚，可是深冬季节的河床很浅，小船的速度太慢，赵佶下令弃舟登岸，就近寻找骡马，然而只找到了几张肩舆。

没有轿夫，只能由几个随行的侍者驼负。然而，这些侍者平日里也是养尊处优的大贵人，哪里走得快？

赵佶下令继续乘船，可是之前的小船已经逃走，寒夜中总算命不该绝，一艘搬运砖瓦的船刚好路过。众人登船，疲惫交集，赵佶才想起还没有吃晚饭，饥肠辘辘中顾不得身份，向船工讨了一块炊饼。

赵佶与妻子郑皇后分享了这块饼。

深夜中，船开到了雍丘（今河南杞县），赵佶令一个侍者去召唤当地县令。很快马蹄声响,县令来到了岸边。侍者大怒,命令县令下马。县令也大怒,声称自己是官,怎么能跑步来见百姓?

侍者介绍自己是宦官邓善询,太上皇帝就在船上!县令大惊,弃马请罪。赵佶召他上船,莞尔一笑,说中官与卿戏谑之辞,不必当真。吾欲幸亳州,河道枯涩,水浅不能行,卿想想办法。

县令找来了一匹名叫鹚鸹青的御骡,一行人也都有了坐骑,向睢阳(今河南商丘南)飞奔,这时才听到鸡鸣。

前面是滨河,有一个小集市,一户人家竹扉半掩,亮着灯。赵佶推门而入,里面只有一个年老的婆婆。互问姓氏,赵佶奔波整夜,突然间心情大好,说:"姓赵,居东京,已致仕,举长子自代。"

一言既出,侍卫们都笑了起来。宋朝风气宽松,君臣言笑无忌,尤其赵佶兴之所至,往往匪夷所思。这时听侍卫们笑,他回头看了一眼,也笑了起来。老婆婆给赵佶烫了杯酒,赵佶起身亲自接了过来,婆婆心好,看赵佶冲寒疾驰,冷得厉害,又请他进卧室,点起了火炉,让赵佶脱了靴袜烘烤脚趾。

片刻后他们再次上路,这一夜徽宗驰骋数百里,次日平明时到达南都(今河南商丘)。

这一段出自《挥麈后录》卷一《靖康中邓善询随车驾次雍丘召县令计事》,作者是南宋人王明清。此人博闻强识,此书史料精当,受历代著名学者称道,被官私历史著作屡加征引,可信度很高。

那么宋徽宗为什么放着好好的皇帝不当,要在正月初三这样的日子里深夜出逃呢?其行径之隐秘、之狼狈与逃难无异,究竟发生了什么?

事实上他是在逃命。

金军在上一年十二月三日,也就是一个月前不宣而战,兵分两路入侵。东路军由完颜宗望（斡离不）率领，西路军由完颜宗翰（粘罕）率领，两军势如破竹。宋廷的北方最高军事统帅童贯闻讯即逃，于十六日从前线逃回京城，引发了巨大恐慌。

七天之后，赵佶拉着重臣蔡攸的手，哭道："朕平日性刚，不意金人如此猖獗！"说完立即昏迷，从床上翻到了地下。他中风了，醒来后右半边身体失去了知觉，丧失了语言功能，只能用左手执笔与外界沟通。

他强迫长子赵桓登基称帝，之后就上演了开头的一幕。"中风"的他在深夜带领着太上皇后、诸皇子、帝姬等亲眷，由蔡攸和几名内侍扈从，悄悄逃离京城，去南方避祸。

此行的嫔妃、皇子、帝姬中没有赵构，也没有他的生母韦氏。之所以这样，与赵佶的婚姻生活，以及韦氏本人有关。

宋徽宗赵佶在十八岁时大婚，此时四十五岁，皇宫里有一万名以上的宫女，他"每五、七日必御一处女，得御一次，即畀位号，续幸一次，进一阶"。最终，赵佶在二十五年的时光里一共生育了三十一个儿子、三十四个女儿。

赵佶的女人实在太多了，韦氏被淹没在香脂粉阵中，如果不是特殊的机缘，以及先发优势，她根本无法与赵佶诞育子嗣。

韦氏的一生都被篡改了，籍贯、出生时间等，都因为"宋朝"的尊严变得诡谲。

宋朝官方史书里强调她是开封人，其实她是越州（今浙江绍兴）人。韦氏家很穷，她只能和姐姐去当婢女过活，主人是科学史上著名的水运仪象台的发明者之一的苏颂。苏颂曾任宋哲宗时代的宰相，家中妻妾成群。封建时代婢女除了常规劳作外，还要承担性服务，这在当时不是罪恶，然而苏颂在韦氏这里遇到了困难。

史书记载，那天夜晚韦氏"初携登颂榻，通夕遗溺不已"。

韦氏一整晚都在上厕所，让苏颂无可奈何。苏颂不知出于怎样的判断感叹了一句，"此甚贵"。之后再没有召唤韦氏。韦氏姐姐年齿渐老，后来到开封城的一座道观里出家。韦氏依附长姐，也来到了京城。

宋神宗英年早逝，没来得及给儿子们娶妻。宋哲宗身为长兄，决定在开封城附近选二十个处女分赐给诸王兄弟。韦氏就在这个名单里，选中她的人是当时的端王赵佶。又一个夜晚降临了，这次居然一次就怀上了孩子！这个孩子就是九皇子赵构。

赵构继承了父亲艺术上的优秀基因，翎毛丹青、结字作画都堪称上乘，明代陶宗仪在《书史会要》中称赞他"善真、行、草书，天纵其能，无不造妙"，是历代皇帝中最优秀的。韦氏早年忧患，辛苦劳作，身体很结实，在二十八岁时才生育，不像同时代的女孩儿在十三四岁时就做了母亲，这让赵构的身体素质也非同凡响。他擅骑烈马，能开硬弓，达到一石五斗的程度，这是宋朝军制中皇帝近卫班直的标准。

赵构两臂平伸，各悬挂一斛米，能行走数百步之远。宋代一斛米，约合现在110斤，这是非常罕见的力量。

这些都不足以取悦他的父皇，皇子们最初都是子以母贵，韦氏很不得宠，侍寝的机会很少，尽管生育了皇子，位阶却只达到了婉容。这在赵佶数以万计的后宫佳丽中，位列"内命妇之品五"中的第二品第八阶，勉强是"嫔"。

她与乔氏结为姐妹，她们最初都是赵佶宠爱的郑氏的侍女。太子生

第一章　北方强梁

母王皇后死后，郑氏被立为皇后，乔氏一连为赵佶生育七个皇子，曾祖父以下三代都特加追赠，本人被封为贵妃，比韦氏高十一阶。

宠衰如此悬殊，这也是宋徽宗赵佶在午夜南逃时携带的亲眷中既没有韦氏，也没有赵构的原因。

准确地说，韦氏是幸运的，以她的资质、身世完全不足以进入赵佶的内室，哪怕宋朝皇室的传统一向是面向中下层家族联姻，甚至再婚女子也能成为皇后，比如章献明肃皇后刘娥。韦氏非常幸运地进入了哲宗皇帝的那份名单，这点先发优势被她利用到了极致，居然生出了皇子，并且健康长大。

这之后事态就进入了本应存在的正轨，赵佶沉湎于一万余名美人中，不曾再次宠幸她。

金军兵临城下，提出的议和条款有五条，最后一条是"以亲王、宰相为质"。宋钦宗赵桓召集弟弟们询问谁愿为国家分忧，皇子们都沉默了。居家为兄弟，受事为君臣，他们有义务为皇帝做任何事，可是明知送死也要答应，对他们就太苛求了。

对这时的宋朝来说，百官群臣里稍有骨气血勇的人屈指可数，要在这寥寥二十余个娇生惯养的皇子中出现奋不顾身的人，概率实在太小了。然而赵构排众而出，主动申请作人质，为父兄分忧。

宋朝在历史中的整体形象是积贫积弱、懦弱无能，尤其是皇室中人，百无一用。不过，在北宋诸帝中有两个人是不一样的。

宋神宗赵顼刚刚继位时，曾穿着整套的黄金铠甲回到后宫，他问祖母曹太后，孙儿这番穿着可好看吗？将门出身的曹太后惊喜交集。果然，神宗亲政之后锐意进取，征河湟、伐西夏，大张国势。

宋哲宗赵煦即位时只有九岁，当大典即将举行时，宰相蔡确私下里叮嘱小皇帝见到了契丹人等蛮族使者时切勿慌张惊惧。不料想小皇帝突然问道，契丹人也是人吗？蔡确愕然，回答当然是。

哲宗大声道，既然是人，怕他什么？！

哲宗亲政之后继承父志，再夺河湟，继续向西夏施压，徽宗朝前期的优势基本由哲宗奠定。这时康王赵构的表现让人记起了前代的热血，很多人盛赞这是神宗的血脉，是哲宗的子侄，当大厦将倾之际，宋朝尚存此一英物，是上天的眷顾。

当天临行时，赵构对钦宗说，"朝廷若有便宜，无以一亲王为念"。他在确认自己不顾生死，一切以国家利益为先。

使团在内城时被主持城防的名臣李纲截住了，强行扣下了五条议和条件中割让北方三镇的诏书、地图。这不仅是保障主权，真正的作用是给和谈设置障碍，为勤王部队争取时间。

午夜时分，赵构等人进入金营，可以想象一下，黑夜、毡帐、篝火、战马、刀剑、狰狞凶残的异族人、被掳掠拷打的宋朝外城百姓等构成了一幅怎样的人间地狱景象。面对这些，副使张邦昌惊慌失措，孱弱胆怯，非常符合一个正统的宋朝官员形象。而赵构神色自若，置身虎狼丛中，保持了矜持自尊。

金国东路军主帅完颜宗望亲自接见，双方的言谈举止没有详细记录，这很可能被南宋的史官们在历次修改史书的过程里刻意删除了，只留下来一些只言片语。比如，这位金国东路军的主帅给宋朝皇帝的信里说道，他"一见康王，便如兄弟相次"。但实际上此人"言语不逊，礼节倨傲"。

赵构就此留在了金营，开始了他的人质之旅。他不知道会羁留多久,也不知道自己最终的命运会怎样。

稍有历史常识的人都知道,人质的安全是毫无保障的,最乐观的估计是和谈成功,他会被金军带去北方,在金国境内继续当人质,每次两国间的风吹草动都会影响到他的生命安全。哪怕活下去,也谈不到乐趣或者幸福。

不乐观的话,他会成为破城的工具。比如在开封城下,在宋朝的君王、百官、军士、庶民的面前被金军斩首甚至暴尸,达到震慑的目的。

这时他应该会重新审视自己的决定了,他会回顾刚刚发生的事,当他为家国父兄奋勇站出来时,他的那一腔热血是从何而来的?

金营漫长的寒夜里有的是时间让他追问自己,每个人的成长都要经历这一步,就像古希腊德尔斐阿波罗神庙铭刻的那句箴言——"认识你自己"。同时他也会全面地回顾十多年以来宋朝的各项决策,试图搞清楚堂堂大宋怎么会落到这步田地。

赵构有足够的渠道和权力得到相应的资源和信息,宋朝对待皇子并不像唐朝和明朝那样必须外放就藩,或者不许参与国事,以保证国家的未来在根源上就集中在皇太子的手里。

宋朝的皇子们在十六岁时行冠礼、赐字、出阁、就外第,但是不必离开京城,宫禁对他们来说也并不严格,个别极受宠爱的皇子,比如宋英宗的第二个儿子赵颢,由于母亲的宠爱,年龄过限也生活在皇宫里。

但是皇子从政是受严格限制的,所以赵构得到的信息以及判断力都有局限性,不过渠道总是有的,在皇宫不远处就是最权威的消息集散地。

北宋的皇宫坐落在开封城的北端,皇城宣德门的外面是著名的御街。御街的前段先是一系列店铺,像唐家金银铺、梁家珠子铺等都是头等的大铺户。这是宋朝的特色,宋皇御下仁善,允许百姓接近皇宫,在仁宗时期宫门外的叫卖声都能传进皇帝的寝宫里。

宣德门广场左右布设了尚书省、中书省、门下省、枢密院与秘书省等国家最高官署,再向外是次一等的衙门,如都进奏院,是中央发给地方、地方呈进中央的报告文书的总联络处;太晟府,相当于国家音乐研究中心;都亭驿,是对辽外事办公厅兼宾馆;还有掌管陵庙祭祀、礼乐仪制、天文术数衣冠等职能的太常寺。

都进奏院和都亭驿每天人来人往,急如星火,只要有心就会了解到海量的国内外时局变化信息。关于北宋、辽、金三国兴亡的经过,赵构很容易就能获得,但是对他心中的迷惑没有帮助。赵构是一个接受了严格皇家教育的青年男子,从他之后的人生经历能够得出他是个谨慎、善思的人,那么他一定会意识到他的家族和时代有着怎样古怪的规律,却找不到答案。

宋朝的每一个时段都呈现着极端的因果颠覆,从宋朝的前夜后周王朝起,这种诡异就一直存在。

后周太祖郭威在家人尽被屠戮后才登上了皇帝宝座。

后周世宗柴荣在众叛亲离、濒临绝境时开始了百战百胜、波澜壮阔的一生。

宋太祖赵匡胤穷困潦倒,受尽白眼,选择离家出走,没人看好他的前程,可是区区几年之后居然黄袍加身,身登大宝。他身为军人却压制军队,拥有一生不败的战绩,在历代所有开国皇帝中开疆拓土的速度却垫底,站在支离破碎的国土上,又能以惊人的速度创造出前所未有的财富。

宋太宗赵炅一生都在发动战争,给人的印象却是温文尔雅,尤其是宋朝的核心底蕴——与士大夫共治天下出自他手。但这是他的本初理想，还是迫不得已？

宋真宗赵恒怯懦、病态，天书降，圣祖临，"君臣如病狂然"，却一手缔造了北宋长达一百多年的和平岁月，有宋一代的发展、富足的基础由他奠定。

世人称道宋仁宗"凡事不会，只会当官家"，可是西夏就是在他的治期里做大，好水川等三战之后，堂堂大宋居然要向西北蕞尔一小邦纳岁币，从此之后，西夏成了宋朝的噩梦，像一只水蛭，吸干了北宋的血。

这就是会当官家？

宋英宗登基当天不惜一切代价地拒绝，仿佛皇位是地狱，但是事后不仅自己恋栈不去，还要给他亲爹一个皇帝的名分和待遇，闹得举国哗然，官场大变。

宋神宗是北宋最有上进心的皇帝，他启动了王安石变法，结果是党争开始了，埋下了亡国的种子……

凡此种种，到了北宋靖康元年正月初三，宋徽宗夜奔前达到了巅峰。不久前北宋完成了此前七位皇帝都梦寐以求的功绩，灭吐蕃、破西夏、平内乱、灭辽国、复燕云，哪一件都堪称不世之功，形势却急转直下，不可收拾！

这是赵构以及整个宋朝高层都无法理解的巨变，哪怕他从都进奏院和都亭驿以及更多的渠道来了解，都很难接受这种断崖式的国运逆势。更让他不能接受的是，他那个享乐人间、心想事成、无所不能的父皇怎么可能出错呢？

之所以会对赵佶有这样高的评价和信心，在于上面那五个奇迹一样的功勋。

灭吐蕃，指的是收复河湟吐蕃部。宋朝自第六位皇帝神宗赵顼开始攻击河湟区域，经随后的哲宗朝几经反复，终于在赵佶手中收复了唐朝时失去的全部疆域，完成了以河湟威胁西夏的河西走廊这一重大战略目标。

破西夏，指的是宋朝自太宗赵炅时期起与西夏纠缠百余年，宋朝输赢参半，凭借强大国力，此时终于占尽优势。宋朝以河湟压制河西走廊，以鄜延军据横山俯视夏州，泾原军占据天都山直逼西夏国都兴庆府，可以说西夏从李继迁创业开始，到李元昊赖以立国的百分之九十以上的地理屏障都已掌握在宋朝的手中。

西夏灭亡，指日可待。

平内乱，指的是自赵佶登基以来，南方爆发了两次叛乱。前者发生在政和五年（1115），名为"宋讨卜澜晏州之战"。宋朝调两万西军南下，扫平两州八县，共三十余座城池，拓地千里。后者是著名的方腊起义，宋朝调集十五万西军、禁军南下，平定六州五十二县。

灭辽国、复燕云更是旷世之功。享国二百一十八年的辽国灭亡在徽宗手里，自后晋石敬瑭把燕云十六州割让给辽国一百八十六年之后被宋朝收回。当时举国欢庆，作《复燕云碑》诏告天地。

这些成就堪称经天纬地，然而形势突然急转直下，本是盟友的金国不宣而战，两路金军已经突破黄河。开封自古为四战之地，黄河之后一马平川，无险可守，眼见百余年不识兵戈的都城就将暴露在金军的铁蹄之下！

年轻的、只凭初心做事的赵构无法从深层次去解析整个进程的内在必然性，甚至还没去试图理解就把自己置身于死地。此时此刻，他真正地身处虎狼之穴了，他的力量、勇气、尊严形成了一道坚硬的外壳，让

第一章　北方强梁　017

他保持了矜持和体面。

然而外壳的下面是钢铁还是果肉，就无从得知了，就连他自己也不知道。毕竟每个人都不知道下一刻命运会带给他什么样的遭遇，更不会知道自己在这些遭遇面前会有怎么样的表现。

人，只有在经历很多很多事之后，才会认清楚自己。

女真人的族源可追溯到先秦时期的"肃慎"，世代居住在黑龙江下游、松花江、乌苏里江流域与长白山地区，隋唐时称黑水靺鞨，初属渤海国。渤海国被辽灭亡，女真随之分裂，被迫迁徙到混同江（今松花江）西南，隶籍于辽的称熟女真，仍居原地区而未编入辽朝户籍的称生女真。

也就在这时，他们在文献上被称为"女真"。

女真人在地理上与宋朝中间隔着庞大的、东亚最大的辽国，在古代基本上等同于两个世界，那么女真人是怎样与宋朝产生关系的呢？这要追溯到北宋政和元年（1111）十月的永定河畔。

距此时已经是十五年前。

永定河是一条承载着中国历史的河流，不久之后，准确地说在七十八年之后，它的上面会出现一道桥，长266.5米、宽7.5米、10座桥墩、11个桥孔，再到明朝会南北南侧各添加140条望柱，共485座石狮。

它就是卢沟桥。

这座桥承载着中华民族沉重的历史，七百余年之后，日本就是在这里发动了全面侵华战争。回到政和元年，它处于辽属燕云十六州的核心区域幽州城外，地理位置一样敏感。

同年十月的朔风寒雪中，一支出使辽国的宋朝使节队伍正在渡河，一个辽国人悄悄地接近了使团的副使童贯，与之有过片刻的交谈，之后这个人就消失了,谁也不知道他去了哪里。这个连插曲都算不上的小意外谁也没有留意,童贯更是守口如瓶。

直到四年之后的1115年,北宋政和五年三月,东北边关收到了一封信。

信是写给宋朝的皇帝赵佶的。写信的人叫马植,是一个辽籍汉人,出身燕云地区的名门大族,时任辽国光禄卿,算是一个国家级的中上层干部。信里列举了近七八年的时间里,发生在辽国东北部的一些事情。

赵佶立即下令边关要尽一切努力,尽快但要隐秘地把马植召进开封,他要与之面谈。然后马植立即被带进了皇宫!

他居然一直就在开封城内。有证据显示,从政和元年的永定河畔开始,当时的使团副使、内侍童贯就把他带在身边。他对童贯说女真人突然兴起,兵锋之强无可阻挡,辽国必亡。

四年的时间完全印证了马植的话,女真人每战必胜,辽国近半疆域易主,其首领完颜阿骨打称帝,建国号"大金",本人更名为"完颜旻",年号"收国"。

现在马植建议宋朝与金国结盟,共同覆灭辽国,争取在这场旷世难逢的灭国盛宴中分得一杯羹,重夺燕云十六州,打造汉人的生存保障线。

赵佶兴奋,群臣犹疑。

辽国的疆域东北至今黑龙江入海口,北至蒙古国中部楞格河、石勒喀河,西至阿尔泰山,南至今天津海河、河北霸州、山西雁门关一线。全国共五京、六府,一百五十六州、军、城,三百零九县。人口繁盛,战骑百万,两百余年间执东亚牛耳,是真正意义上的东亚第一

第一章 北方强梁 019

强国。

女真完颜部经过祖孙三代共五位首领的努力，掌控了生女真大半个族群，实际控制区域是东沫江以北，宁江以南，地方千余里。财富只有土特产，战士不足两千。这样的力量对比，女真人怎么敢发动战争？又怎么可能胜利？！

事实上时至今日，如果正视这段历史，仍然有很多的不解之谜。主要是完颜阿骨打的出现。

生女真完颜部活动在按出虎水一带。女真语"按出虎"是"金"的意思，一译阿触胡、阿术浒、阿禄祖，在今黑龙江哈尔滨东南阿什河。相传其水产金，故名。

女真部世居此水之源，故以金为国号，又称金源国。

但是所有女真人都不承认这一点，他们认定是完颜阿骨打说的，辽人以镔铁为号，取其坚硬，然镔铁虽坚，终会朽坏，世间唯金不朽不坏，所以女真帝国取名为"金"。金为白色，所以金国尚白。

这才是金国国号的正规出处。

完颜阿骨打生于北宋熙宁元年（1068），那一年宋朝的翰林学士王安石上书变法，言"大有为之时，正在今日"，中国历史上最著名的一次变法开始了。而完颜阿骨打勃兴的时间在公元1112年，北宋政和二年，辽天庆二年，他四十四岁时。

辽国有"捺钵"制度，即皇帝四时巡狩四方，"春水秋山，冬夏捺钵"，这并不是游牧民族的习性使然，而是管理庞大疆域的必要手段。每年农历二月新年前后，在混同江畔举行的头鱼宴就是其中之一。

那时大雪封江，玉带千里，周边各部落首领齐聚在辽国皇帐外，以各种形式，比如杀熊毙虎、献舞等向辽帝表示臣服。这一年进行得很顺利,直到一条女真大汉端坐不动,拒绝下场。

完颜阿骨打声称自己不会跳舞。这是对辽国皇帝的当面挑衅,原因是长达两百余年的欺压和羞辱。

生女真部落区域内的海中出产北珠,大受宋朝权贵豪富的青睐,在宋辽两国的榷场中身价百倍,为此辽国开辟了一条从生女真部落直到海滨的通道,名叫"鹰路"。

北珠每年十月以后才在海蚌中成熟,那时海水冰冷刺骨,无法下海搜取。当地有一种天鹅以蚌为食,藏北珠在嗉囊之中。另有一种猛禽名叫海东青,神俊无比,善捕天鹅,只要能捕获它加以驯服,不只能得到北珠,还有寒天纵鹰的乐趣。

每年在鹰路上奔驰着辽国的银牌天使,向生女真索要海东青。这些人所到之处,肆意勒索,还不问婚嫁与贵贱,每晚都要美貌的女真女子"荐枕"。稍有血气者都难以忍受这种奇耻大辱!

然而两百多年过去了,只有完颜阿骨打表现出了自己的愤怒。这在宋朝人看来是粗率鲁莽,找死的行为,对解决现状毫无作用,只会把事情搞得更糟。相信时至今日,绝大多数的人也这么想。

然而参照当年秦始皇车驾出行,皇皇天威之下,有无赖子称羡"大丈夫当如是",也有人大言"彼可取而代之",这一幕又怎么样呢?要正视这种勇气,不管他是汉人刘邦、项羽,还是女真人完颜阿骨打。

完颜阿骨打的出现绝不是必然的。

千年争论不休的到底是英雄造时势,还是时势造英雄,在完颜阿骨打这里绝对是前者。女真还是从前的女真,辽国虽然衰朽,不久之后与宋朝的对比仍然可以看到它很强大。之所以有后面发生的事,完全是阿骨打的个体现象。

完颜阿骨打回归部落，于次年起兵伐辽，雄居东亚之巅两个多世纪的庞然大物先以十万铁骑征讨，大败之后辽帝尽起精兵，号称七十万御驾亲征，结果内部突发叛乱，被两万女真人衔尾穷追，死者绵延达百余里。

此后战争的天平彻底倒向了女真人，到政和五年宋徽宗召见马植时，女真人不仅有了国家、国号，还有了官职头衔。他们的官阶叫勃极烈，冠以"谙班"，是指尊贵伟大的勃极烈；冠以"国论"，是指宰相级别的勃极烈。配合军职方面的猛安、谋克，一个国家的运转机制初步成形了。

这些还不是最惊人的，在这样短暂的时间里，女真人居然有了自己的文字！

这些都是梦幻级别的成就，远比耶律阿保机创建辽国、赵匡胤建立北宋的速度要快，力度更是无法比较。

女真人像狂风一样肆虐，所过之处无可阻挡！

宋朝的应对并不是史书里给人留下的普遍印象，仿佛马植在卢沟桥给童贯灌了一碗迷汤，童贯就当真了。马植到开封城给赵佶再灌一碗，宋朝就和辽国开战了，哪有那么简单。

真正的进程是童贯在政和元年出使辽国，在卢沟桥遇到了马植。四年之后马植才与宋朝高层接触，提出联金灭辽的建议。再过三年，宋朝才派出了使者，渡海与金国接触。

经过试探，在宣和二年（1120）二月，宋廷派赵良嗣为使节，以买马为名渡海，与金国缔结盟约攻辽。赵良嗣就是马植，为了奖励他不忘祖地，宋廷赐他国姓"赵"，以良嗣为名，顾名思义，他是赵姓的优良子嗣。

他带去的是徽宗皇帝的御笔,并不是国书。这一特色贯彻始终,用徽宗本人的话来说是以示郑重,但后果是灾难性的。

御笔写道:"……据燕京并所管州城,原是汉地,若许复旧,将自来与契丹银绢转交,可往计议。虽无国信,谅不妄言。"

赵良嗣看到御笔时心都凉了。御笔不是拿到手就能看的,里边写的是最高机密,只有在与金国皇帝面谈时才能展开阅读。

"燕京并所管州城",这几个字是个天大的误区。从字面上讲,燕云十六州当然是以燕京为主,它所管辖的州城是燕云十六州的全部。

错得离谱,燕云十六州在汉人手里时,它们是一体的,到了辽国的手里,一百七十多年来行政区域不断划分,平、营、滦三州已经单独组成了平州路,燕京所管辖的只有檀、顺、景、蓟、涿、易六州,十六州只得其六,只有个零头,怎么组成长城防线?

为了国家利益,赵良嗣把御笔抛在一边,与金国尽力交涉,最终达成的协议是金国攻击辽中京(今内蒙古宁城西大明城),宋朝攻击燕京一带,双方的攻击终点都在长城古北口,两国也以此为国境线,互不逾越。

攻击时间定在第二年,即宣和三年(1121)。

十六州中,宋朝将得到燕、云之外的檀、顺、景、蓟、涿、易六州。赵良嗣额外提到了宋朝还要辽西京(今山西大同)。阿骨打同意了,但要在抓到阿果(辽帝耶律延禧小名)之后。

另外,宋朝把每年给辽国的五十万两白银的岁币原数转缴金国。

赵良嗣归来,赵佶等人立即派人再去金国,一个笔误就造成了这样的损失,绝对不能接受,我们要的是整个燕云十六州!阿骨打大怒,要

第一章 北方强梁 023

十六州没有，辽西京也不给了，再出尔反尔，小心盟约作废。

至此，盟约成立。

宣和三年五月，金国的使者如期渡海到了宋朝，来商量具体出兵时间。宋廷态度暧昧，一连等了三个月没敲定任何事，金使只得郁闷回国。其实宋军已经集结完毕，但在出发前夕，江南突然爆发了民变。

花石纲等暴政终于尝到了恶果，由青溪（今浙江淳安）人方腊率领的农民起义，迅速蔓延了六州五十二县，等到童贯率领十五万西军、禁军南下平定，已经是这一年的八月间。

军队需要北返、休养，军资粮草需要再次集结，远征燕云只好等到来年。

第二章

仓皇北顾

北宋宣和四年（1122）五月，童贯率军北伐。此时金军已经攻破了辽国五京中的上、东、中、西四京，只剩南京析津府，即幽州府，还在辽人手中。辽末帝耶律延禧丧魂落魄，逃入夹山（今内蒙古武川阴山），与外界失联。

辽国魏王耶律淳在幽州即位，史称北辽宣宗。偌大的辽国只剩一隅之地，宋朝确信这是出兵的最佳时机。

宋辽两军在国境线白沟决战，关键时刻童贯出现严重误判，命令宋军后撤。这个决定是灾难性的。

白沟是现在的河北新城东部的白沟河。它地处京、津、保定三角腹地，北距北京、东至天津都两百余里，南到保定一百二十里，整片区域一片坦途。

宋军只要撤退，就会重演一百三十六年前雍熙北伐时全军覆灭的悲剧。辽国是全骑兵兵种，在这片两百余里的大平原上宋朝的步兵无险可守，无路可逃，哪怕先逃两三天，也会被追上全歼。

但宋军这次的撤退非常成功，赶在辽国骑兵到来之前到达了雄州城下。这时童贯的军令又到了，命令全军不许进城，背城决战。这是宋军常用的战术，往往成功，然而这一次突然北风大作，在阴历六月居然下起了拳头大小的冰雹！

天灾人祸让西军大败，"自雄州之南，莫州之北，塘泊之间，及雄州之西保州真定一带，死尸相枕藉，不可胜计"。造成这场惨剧的另一个原因就隐藏在这段史料中，宋军逃亡路线上有那么多的城市，没有一个打开城门，提供哪怕片刻的喘息之机，都坐视本国军人的死亡。

战后宋军就近休整。燕京局势瞬息万变，辽国新皇驾崩，皇后萧氏摄政，与萧皇后不睦的怨军首领郭药师以涿、易两州之地向宋军投诚。怨军是由家乡沦陷于金国的流亡青壮组成，专门向金军报怨复仇的军队，是当时辽国首屈一指的精锐。得此强援，宋廷命令童贯再次进兵。

易州投降，功劳算在了军中主将刘延庆的头上，他的儿子刘光世也晋升奉国军承宣使。父子俩由郭药师为向导，率十万雄师再次迫近幽州。

萧皇后陷入恐慌，哪怕刚刚战胜，也派出使节哀求童贯念及宋皇辽帝百余年兄弟之情，留契丹人一线生机，辽国愿降为臣属，永为屏藩。童贯尽显战争强人本色，将辽史韩昉呵斥出帐。

韩昉仰天悲恸："辽宋两国，和好百年。盟约誓书，字字俱在。尔能欺国，不能欺天！"这一幕看似悲壮，但是宋人充满了复仇般的快乐。

宋朝对辽国的感情是复杂的。宋辽的确有中国历史上为时最长的和平盟约，也基本上严格遵守了。随着时间的推移，更确切地说是辽国文化被宋朝影响越来越深，两国真的像是兄弟之国。

但是宋朝始终被一个心结折磨，即"正朔"。这在全人类社会里都有近义词，在国外有时是宗教的认可和继承权的合法性，在中国称为正统与天命，是中国特有的大一统思想的核心。

中国正朔一脉相承，秦朝之后是汉、唐，有争议时比如北魏与东晋，东晋偏安江南，但是宣称"魏朝甚盛，犹曰五胡，正朔相承，当在江左"。江左指东晋。这句话出自南朝名将陈庆之，那么就接近真相了。

纯汉血统的东晋是正朔，可是北魏承认吗？当时、后世都认可吗？说到底，国与国之间比拼的是国力，并不是能上溯至远古时代的衣冠样式，或者诗赋风雅。可是宋朝偏不这么想，哪怕辽国是当时东亚无可争议的最强国家，宋朝还是认定自己是正朔。

正朔的宋朝总是被辽国压一头，哪怕澶渊结盟时誓书上写着宋真宗是哥哥，辽圣宗是弟弟，也改变不了辽国每时每刻都存在着的优越感。他们在每次使节会面时，在各个场合对宋朝的大臣们无礼，比如提起耳朵灌酒，根本不去管宋朝人是否峨冠博带。

这时辽国人的末日到了，宋朝人很高兴地踩上一脚。

宋军发动第二次进攻时的心情非常放松，认定桃子已经成熟，只需探手采摘即可。郭药师心惊胆战地提醒刘延庆小心被偷袭。刘延庆不屑一顾，结果到了良乡（今属北京）附近，真的被辽军大将萧干偷袭了。

宋军势众，赶跑萧干后就此扎寨。郭药师灵机一动，制订了一个计划，由刘延庆本人牵制住萧干，他率领怨军偷袭幽州城，攻破城门之后，刘延庆的三公子刘光世负责接应，控制全城。

到时萧干不投降的话，被宋军前后夹击必定覆灭。如此，燕云区域的首府以及萧皇后等辽国最后的权贵都尽在掌握，其余诸州只能望风而降,大功告成!

刘延庆大喜,依计实施。

郭药师率领六千名怨军连夜出发,绕过卢沟桥,在黎明时分抵达幽州城的迎春门,出其不意地杀了进去。两百余年以来,汉人的军队第一次冲进了幽州城里。郭药师直逼萧太后的行宫。

至此他完成了计划中他负责的一块,只等刘光世接应。千载难逢的机遇,由郭药师拱手送到了刘光世的面前。只要及时到位,这泼天般的功劳就是他的了。说到底,这并不是非他不可,而是分给他父亲刘延庆的战争红利。

可是当晚郭药师在幽州城内孤立无援,拼命死斗,等来的是回救的三千名辽军。怨军大败,只有几百人用绳子从城头缒了下来,逃回大营。

刘光世从始至终不知去向。

刘光世,字平叔,生于北宋元祐四年(1089)。作为名将世家嫡出子弟,初入军营以恩荫补三班奉职,一路迁升至鄜延路兵马都监、蕲州防御使。方腊起义,他跟着父亲渡江作战,避开主战场,独自率领一支军队穿插到衢、婺两州,轻松获得胜利,晋升耀州观察使、鄜延路兵马钤辖。

这是一份完美的履历,代表着卓越的素质与能力,然而他这时的失踪不仅让家声门楣蒙羞,更让历史突然拐弯。

如果能就此攻克幽州,之后的宋朝或许就不会那样悲惨!

当晚从巍峨高耸的幽州城墙缒绳而下,逃出生天的几百个怨军士兵里,在史书中留下名字的只有郭药师本人,但是在一些似是而非的文字记载里,还有一个让人意想不到的人也在现场,他就是岳飞。

岳飞，字鹏举，生于北宋崇宁二年（1103）夏历二月十五日，比赵构大四岁。相州汤阴（今河南汤阴县）人。他出生时有一只巨大的飞禽在空中盘旋飞舞，鸣叫着落在他家的房顶上，他的父亲岳和因此给他取名为"飞"。

史书记载，岳飞未满月时黄河决堤了，滔滔洪水中，他的母亲姚氏夫人抱着他坐在瓮中，在波涛中被冲到岸边才侥幸活了下来。这是岳飞一生坎坷的开始，但是经考证能够知道，这并不是真实的。

北宋末年黄河并没有流经内黄县境内。阳历的二三月，黄河的确会因为初春时节上游河段开冻较早，冰冷的河水混合着巨大的冰块汹涌而下，河道凶险之极，有溃堤之险，但没人能坐着水缸之类的工具逃生，尤其是刚刚生育孩子的妇女。而且凌汛多发生在宁夏、内蒙古和山东境内的部分河段，河北境内基本没有。北宋官方记载里也没有黄河在崇宁元年（1102）时在河北区域决口的记录。

这段宋史取材自岳飞的孙子岳珂所著的《鄂王行实编年》，却绝不是岳珂有意造假。宋朝官方毁灭了岳飞的一切印迹，岳珂也只能在私人修撰的笔记、野史、传说中窥见先祖一生的浮光掠影。

岳飞自幼务农，由父亲教他识字读书。他天生神力，在未成年时就能拉开三百斤的硬弓，能引发八石（约合一千斤）的腰弩，这是宋朝三百余年间最强的力量。农事之余，他向周侗学习射箭，"尽其术，能左右射"。又向陈广学枪，很快一县无敌。

然而这些都改变不了他的身份和贫穷，最好的出路是给附近最著名的一个高官门第去当庄客。

这家人姓韩，是历仕仁宗、英宗、神宗三朝，数次拜相的韩琦的后代。宅院名为"昼锦堂"，取自西楚霸王的名言"富贵不还乡，如锦衣夜行"。这真的很符合韩琦霸道张扬、毫不遮掩的官场风格。

是时宋朝官逼民反已经是常态，各地盗贼横生，每座大庄园都是抢劫的对象。曾有一支百人左右的匪帮，在一个名叫张超的人率领下冲击韩氏昼锦堂。岳飞登上院墙，引弓一发，正中张超。

韩氏解围之后对岳飞另眼相看，岳飞有了与上层人物接触的机会，眼界、学识、观念都得以拓展，尤其是知道了一些时政，渐渐有了自己的看法。在他二十岁左右时被差派到相州做了一名游徼，即弓手。在宣和四年辞职应募从军，成为"敢战士"中的一个小队长。

这正是宋军北伐燕云的时间段，在岳珂编著的《鄂王行实编年》里，岳飞率领"敢战士"回到老家相州消灭了剧贼陶俊、贾进和等盗匪，并没有参与燕云之役。但矛盾的是，在岳珂编著的另一本书《鄂国金佗续编》里收录了岳家军几个幕僚的随军杂记，其中有一段文字记载岳飞成了方面大将后，与诸多部下闲坐述说平生往事，说他曾到达幽州城下，看到的城墙像小山一样高。

岳飞一生唯一能到达燕云区域的机会只能在"敢战士"时期，而宋军战士唯一一次看到幽州城墙的机会只有怨军攻进幽州城这一次。那么基本能够确定，如果那位幕僚转述的岳飞的话是真实的，那么在幽州城下仅存的几百名宋朝士卒中就有岳飞本人。

这与岳飞无瑕的伟岸形象不符，到底是真是假，无从考查。

残存的怨军回到了良乡大寨，刘光世也回来了，他毫发无损。郭药师再愤怒也不敢对刘氏父子有分毫怨怼，除了身份的沟壑不可逾越外，彼此间还要继续合作，毕竟宋军大寨里有占绝对优势的兵力，有数量空前庞大的辎重，仍然保持着对辽军压倒式的优势。只要成功，郭、刘都会迎来光明的前途。

然而刘延庆犯了和童贯相似的错误。童贯之所以命令西军撤退，是因为得到战报，有数万辽国精骑迫近战场。这时宋军的一支运粮队被辽军伏击了，逃回来的人说偷听到辽国人集结了三倍于宋军的骑兵，以举火为号，分三个方向合围进击。

刘延庆大惊，继而恐惧的情绪蔓延全军。当天深夜，真的火光四起时，宋军立即逃跑，来不及带走的战械、给养等物资就地烧毁。这一夜的大火烧掉的是宋朝自熙宁变法以来积累的所有家底，最重要的是军粮。"自熙、丰以来，所畜军食尽矣"。

宋军逃到白沟界河时，辽军追到了背后。这一刻宋军精疲力竭，再也无力抵抗，就像一百三十八年前一样，尸体填满了界河。等幸存的人勉强爬过对岸，才知道这一切都是萧干在绝望中设的一个圈套。

这是一道极其简单的逻辑分析题，如果辽国真的还有三十万生力骑兵的话，怎么可能让宋军抵近幽州府。又怎能在幽州城被怨军偷袭时，只抽调了三千人回援。

就是这么拙劣简单的问题，被宋朝的顶级武将刘延庆解读出了规模与后果都空前惨痛的悲剧答案。更可怕的是，宋朝就此丢掉了声望，让金国知道了虚实。

战后宋廷的惩罚出人意料，如此大败，童贯稳如泰山，刘延庆"坐贬率府率，安置筠州"。率府率是源自唐朝太子十率府的官职，宋朝沿用了官位却没有职司。安置不同于编管，简单地说就是放归田园，好生休息。三公子刘光世"降三官"，仅仅降级处分而已。

宋军就此退守边境。

两个月之后，宣和四年十二月，完颜阿骨打亲征燕云，辽人立即开始了逃亡。这太讽刺了，宋朝想在辽国灭亡前捡便宜，结果宋辽两败俱伤，让金国摘了桃子。

女真人没有遭到任何抵抗就占领了燕云全境，前所未见的繁华对女真人来说是致命的毒药，他们迅速沉浸在富贵逍遥乡里，唯一残存的理智就是望向更远的南方，那里有传说中像桃花石一样美丽富饶的宋朝。

这时宋朝居然派来了使者，不仅按合约索取州郡土地，还额外要求把组成原辽国平州路的平、营、滦三州也交给宋朝。完颜阿骨打哭笑不得，宋军没有按照约定抵达古北口，根本谈不上合作，拿什么理由来分战利品？但是宋朝有钱，几经周折，双方做了笔买卖。

一、金国把山前七州，也就是太行山以东的燕、蓟、檀、顺、景、涿、易交还给宋朝。但事实上涿、易两州本就在宋朝的控制之下，只相当于五州；

二、宋朝每年向金国进贡银二十万两，绸缎二十万匹，以及燕京赋税代金一百万贯；

三、双方不准招降纳叛；

四、宋朝一次性给付金国军粮二十万石。

当金军退去，童贯等人进驻燕京时，放眼望去是一片白茫茫的荒地。燕京居民被女真人随军掳走，这片与宋朝接壤，堪称辽国最富足的殷阜地带，两百余年所积累的财富被一扫而空。

看似双方各取所需，但后果是两败俱伤的。宋朝从此不断从内地运粮草军械来支应驻军的费用，注定劳民伤财，难以持久。金国则失去了他们的神。完颜阿骨打醉倒在燕云佳丽的温柔丛中，在归途中病逝。初生的金国面临第一次权力重组，注定了刀光剑影。

宋朝举国欢庆胜利，徽宗皇帝制《复燕云碑》告慰太庙。童贯封爵广阳郡王,是宋朝历史上唯一一个生前封王的臣子。

当时和后世无数人质疑这场"胜利",如此复燕云,是收复还是买卖,是功勋还是祸患?宋朝举国昏昏然,连起码的理智和羞耻都没有。根据后来发生的事,这个观点占主流,且公认正确。

但是还有另外一面。

首先,在国家的层面上没有永远的敌人,更没有永远的盟友。收复燕云,不管是怎么得到的,不管得到了多少,在战略上都绝对正确。花了钱又怎样,哪怕是英明神武的宋太祖赵匡胤也曾经说过"契丹数侵边,我以二十匹绢购一契丹首,彼精兵不过十万,只不过费二百万匹绢,则契丹尽矣"。

所以,赵佶是正确且成功的。

其次,宋朝在道义上站得住吗?

韩昉的哀号言犹在耳,百年盟书俱在,怎能乘人之危?好吧,百年的兄弟,但要想想这兄弟是怎么来的。是连年血战,迫不得已,绝不是情投意合。况且辽国也曾趁西夏兴起时背盟勒索宋朝的土地,不过五十步与百步而已。说到底,可以参照亚圣孟子的话,"夫大人者,言不必信,行不必果,惟义所在"。

至于"义"是什么,则心照不宣。

这些道理或者说世间真相,对年轻的赵构而言并不陌生,这本就是皇家教育的一部分,是深植在赵氏子弟灵魂中的本能,所以他对父亲赵佶只会敬仰、赞美,甚至由于宋朝不断的"胜利",变得盲目崇拜。

对岳飞来说以上就超纲了,就他的履历与识见来说,很难相信他会对这样一盘大棋有自己的见解,即便有,也难说正确深刻。我们只能分析出他是认可国家北伐决策的,并且冒着枪林箭雨为之征战。如果他真的冲进了幽州城的话,以九死一生形容都不为过。

经历惨败,侥幸余生之后,岳飞的心态是怎样的无从考证。历史记载的是他的实际遭遇。"敢战士"是招募的临时参战人员,在正规军崩溃之后就地解散,恰在此时岳飞的父亲病故,他只好回乡奔丧。这之后他留在了老家汤阴县,守孝养母,耕田自食。

如果一定要深究岳飞这段时间的感受和对赵宋朝廷的认知的话,可以参考《宋史·岳飞列传》中的一段记载。

"……侗死,朔望设祭于其冢。父义之,曰:'汝为时用,其徇国死义乎!'"

岳飞的师父周侗死后,每到初一、十五,岳飞都会去周侗的坟墓祭祀。岳飞的父亲岳和认为这是合乎道义的做法,很是赞赏。说如果以后你为国家效力,会为国为正义献身的吧!

这是岳飞的心灵内核,道德与正义,国家和民族占有绝对地位,牢不可破。纵观岳飞的一生,会发现他在原则问题上一以贯之,从无半点改变,无论面对怎样的局面都毫不犹豫地选择遵从内心的决定。

所以兵败险死不会动摇岳飞为国效力的决心,更不会产生怨气,或者产生对战场恐惧的心理。他是一位天生的战士,超强的武力只是他能力的一部分,真正的核心是他坚定的信念。他蛰伏在相州汤阴县的农田间,只是在等待时机。

以上是基于他参加了北伐幽州之役为前提做出的分析。退一步讲,并没有"敢战士"这段战史,岳飞也没有从幽州城像小山一样巍峨高大的城墙上縋索逃生。他只不过不久之后回归老家守孝,在乱世中等待必将到来的命运。

对他而言,国运即命运,像每一个宋朝人一样,都要在乱世洪流中浮沉。而主导者宋徽宗赵佶在短短的两个月之后就开始了自寻死路。

宋朝于宣和五年（1123）四月收复燕云，六月时就背盟接受了平州留守张觉以平、营、滦三州的投降。

盟约第三条，双方不许招降纳叛！

五个月之后金军突袭平州，张觉不敢抵抗，逃入宋境。金军向宋朝索要张觉，宋朝再一次暴露卑劣本质，杀掉张觉，把人头送往金营。北方防线一片哗然，怨军郭药师物伤其类，公开质问如果明日金人索要我郭药师，是不是也杀头送过去？

宋金战争一触即发，赵佶却越过千山万水和金国人的重重围困，把一封邀请函送到了辽国末代皇帝耶律延禧的手里。此时耶律延禧躲在夹山深处，一道道泥潭湿地组成的天然迷宫把他保护得很好。

赵佶向他保证，在宋朝他将得到皇兄的称号，有一千间大屋的住宅和三百个女乐等待他来享用。

对于战争，宋朝重新起用童贯。广阳郡王莅临幽州，金军立即安静，变得"驯服"。童贯在尊严、荣誉的感觉中派人去向金国索要山后九州。他比宋皇赵佶更加强势，一定要组建完整的燕云防线。这时是北宋宣和七年（1125）十月，整个宋朝都不知道金国安静的背后正在发生着什么。

金太祖完颜阿骨打死后，皇位由他的四弟完颜晟（吴乞买）继承。这次的权力交接比宋朝的第二任皇帝是赵匡义，却不是赵匡胤的成年嫡子赵德昭更加诡异。赵德昭几乎没有在政治场合上露过面，赵光义在兄长出征时数次监国，位尊望重，党羽遍布朝野，赵匡胤想迁都都无法实施。所以，尽管赵光义登基时世间惊诧，却没有引起波澜。

完颜晟在女真人建国史上几乎没有战功，一直在后方给哥哥阿骨打看家。那个家在东北一隅，称"皇帝寨"。只有象征意义，想号令全国的话一份诏书真得跨越千山万水。

阿骨打的嫡长子完颜宗峻（绳果）早死，次子完颜宗望（斡离不），俗称"二太子"，军功显赫，手握实权，要说有瑕疵的话，是庶出。然而女真人在草创期根本不讲究这些。可偏偏就是完颜晟登上了金国的帝位。

底蕴决定了完颜晟的为政之道，他必须在各大实力强劲的山头间平衡斡旋，为了度过最艰难的登基时段，他给女真人找了个外部对手来转化内部危机。这也舒缓了一股来自顶级女真贵族家庭内部的反宋情绪。

此时金国顶级战将都配备了辽国的顶级女性，完颜宗翰娶了辽国皇帝耶律延禧的前妻，完颜宗望娶了辽国金辇公主，辽国原宗室耶律余睹等也成了金国新贵，这些人牢记宋朝背盟之仇，鼓动金国攻宋。

就在童贯讨要山后九州时，完颜晟下令伐宋。北宋宣和七年十二月，金军分东西两路南侵。

东路军由完颜宗望率领，由平州出发，攻击燕云区域。西路军由完颜宗翰率领，从云中（今山西大同）出发，直扑宋朝内部。两军计划在渡过黄河后再会合，进攻宋朝都城开封。

战争的焦点在太原城，由宋朝总领军事的童贯对阵金国军事领袖完颜宗翰，这真是开战即巅峰，注定是一场殊死决战。然而童贯惊呼女真人刚刚立国，怎么敢做出如许大事？随后不顾一切逃回都城。

东路军兵临燕京城下，时任燕云防务的怨军首领郭药师投降，完颜宗望兵不血刃地穿越燕云十六州，直扑黄河。这是北宋的最后一道防线，由黄河天险与保定路的保州（今河北保定）、中山府（今河北定州）、北京大名府等军事重镇组成。

消息传来，赵佶的反应是继江南民变之后，第二次下罪己诏。他历数自己的罪恶，裁撤花石纲、应奉局等恶政官署，补偿受害百姓，做完这些他觉得上天已经原谅了他，于是派出使者向金国求和。

仿佛上天会通知女真人，他已经变好，金国就会退兵。

使者是陕西转运判官李邺，他携带国书与一万两黄金上路，回来时行囊空空。金人强夺黄金，拒绝求和，计算时日，十天之后就会兵临开封城下。他目睹了女真人的彪悍，对城中百姓宣扬："（金军）人如虎，马如龙，上山如猿，入水如獭，其势如泰山，中国如累卵。"

于是本书开头的一幕出现，赵佶以空前的速度"中风"，传位给长子赵桓，之后不顾一切地连夜逃往遥远的江南。

开封城并不知道赵佶的逃离，事实上极少数知道的人还想着天亮时向他道别，因为太史占卜的逃亡吉日是一天之后的正月初四。

赵佶提前逃跑是因为他得到密报，初二晚金东路军主帅完颜宗望攻陷相州（今河南安阳），驻守黄河南岸的宋将梁方平望风而逃，北岸宋军烧断桥梁，一哄而散。黄河天险无一兵一卒抵抗，就此陷落。赵佶不逃还等什么？他之前"病"中传位，为的就是这一刻。

千年以降，宋徽宗的逃跑都让世人耻笑，认为他让本就胆怯的宋朝更加仓皇，国无胆气注定灭亡。长达二十五年的执政期让整个国家习惯了他的统治，他的失踪或许会让开封城政令系统突然瘫痪。

然而事实正相反。宋朝像是一夜之间就焕发了青春，充满了活力，这一切来自太常卿李纲。

李纲，字伯纪，生于北宋元丰六年（1083），祖籍福建邵武。进士出身，曾任监察御史兼权殿中侍御史，言官做得认真，必然得罪权贵。

李纲被贬南剑州沙县,在金国发难前百天左右才重回京城,任职掌管礼乐祭祀的太常卿。

这是上苍对宋朝最后的一点善意,就像百余年前澶渊大战前夕,副相寇准突遇政治陷阱,当时的首相毕士安以身家性命担保,才让他保住官职为宋朝力挽狂澜。李纲的及时回归,意义比当年更加重大。

从前是澶州,现在是京城。

李纲认为宋朝唯一的活路是必须得有一个新皇帝。他鼓动好友给事中、权直学士兼侍讲吴敏以一场荒诞的梦境来暗示赵佶留恋皇位的可怕后果,才有了新皇帝赵桓的登基。

这时赵佶失踪,真是妙不可言!

第三章

当年秦桧

赵桓，生于北宋元符三年（1100），他是继宋仁宗之后唯一被确立的皇太子，但不见得能顺利即位。他的生母王皇后去世太早，王贵妃生的皇子赵楷深受徽宗喜爱，徽宗不惜违背宗室不领职事的祖制，任命赵楷担任提举皇城司，可以随时出入禁中。

赵桓地位不稳，道士林灵素都敢在皇宫里骑青牛与之争道，可见他的真实权柄不足以震慑朝野。

现在没有了太上皇掣肘，赵桓任命李纲为兵部侍郎，立即就职，主持开封的城防。可李纲毫无根基，在蔡京、童贯、梁师成等六贼及其党羽仍然横行的政府里起不了任何作用。

破局者是个臭名昭著的人物。翻遍史书都没有记录此人这时的作为，原因很有可能是出于十几年后发生的事而刻意忽略了他。

这个人的办公场所离都进奏院、太常寺不远，沿着御街继续向前走，也就是向南走，经龙津桥，过看街亭，街西有延真观，街东是五岳观，再之后就到了太学。它相当于大学的主体，具体位置在东京城内汴河南岸的蔡河湾。

北宋礼重文官，与士大夫共治天下，相应地，对教育的投入力度也是各个朝代里最大的。开封城内的学校门类众多，隶属国子监的除太学外，还有国子学、四门学、宋学、律学等专项科目学校。它们的招生范围宽泛，贵族高门后裔与庶族寒门子弟一视同仁，学生的数量随着时代的发展呈井喷式增长。

以太学生为例，宋仁宗时代有一二百人，神宗时期出于变法需要增至两千四百人，徽宗崇宁元年再次扩招到三千八百人。

这个人现在是太学学正，相当于大学的校长。他叫秦桧。

秦桧，字会之，生于北宋元祐五年（1090），出生在湖北的黄州（今湖北黄冈黄州区）江边舟中。父亲秦敏学做过两任县令，家资拮据，有宋人笔记记载他早年被迫充当私塾先生，靠微薄的束脩度日，曾作诗自嘲道"若得水田三百亩，这番不做猢狲王"。

北宋政和五年，秦桧考中进士，补为密州（今山东潍坊诸城）教授，时年二十五岁。

古人在这个年纪普遍已经结婚，秦桧的妻子是宋朝名相王珪的孙女，史书没有记载他们是何时成亲的，又是怎样联姻的，毕竟双方的社会地位天差地远。

这可以解释上面的一些问题。

秦桧是县令之子，曾任私塾先生，如果这是真的，那么在中举之前是无论如何也迎娶不到王氏的。如果在二十五岁时还没有结婚的话，对一个县令之子又是不可思议的。所以可以推断，秦桧当私塾先生一事是假的。

传说秦桧科考时得中头名，也就是状元。然而北宋政和五年这一届的进士有明文记载，殿试第一名是何栗。

何栗官场得意，在徽宗时做到了御史中丞。这是宋朝两大言官系统御史台、知谏院中前者的主官。他官声正直，弹劾六贼之一的王黼奸邪专横等十五条罪状。一次不成，连续上书七次，终于让王黼及其党羽多人罢职，自己也被外放泰州。

这时何栗已经重新回到开封城，再次担任御史中丞，他注定会在历史上留下浓重的印迹。

秦桧在密州当教授时参加了一次制科考试。

宋朝的科举有三种模式，分常科、武举、制科。之前秦桧参加的科考是常科，武举顾名思义与文人无关，制科是君主下诏临时安排，用来发现和选拔特殊人才的考试。

制科基本分为九科，有三科向布衣平民开放，分高蹈丘园科、沉沦草泽科、茂材异等科。其余六科为官员准备，分别是贤良方正能直言极谏科、博通典坟达于教化科、才识兼茂明于体用科、详明吏理达于从政科、识洞韬略运筹决胜科、军谋宏远材任边寄科。

秦桧参加的科目名叫词学兼茂科，并不在这九科之内。他考中了，这是极大的殊荣。有宋一代三百余年，制科登科者仅有四十一人。不要说以官员身份考中，哪怕是布衣平民，只要成功了立即就是天之骄子。宋仁宗时代与范仲淹、韩琦、文彦博等顶级重臣齐名的富弼就出自茂材异等科。

秦桧被任命为太学学正，赶在靖康元年前调回都城开封任职。

从这件事上可以得出结论，秦桧是真的很有才华，除了常科进士必须精通的儒家正学，在声律诗词方面的能力也卓然可观。朝廷委任他为大学的校长，更是对他才华的认可。

根据这些可以勾勒出秦桧的形象了。他身材瘦高，举止文雅，宁静沉着，一双细长的眼睛凝视着交谈的对象，有足够的学识令人信服，是个善于倾听的中年男士。可以说，在北宋靖康元年的正月期间，秦桧是宋朝学术与精神的代表。

在文官当道的宋朝，在与士大夫共治天下的政治内核里，这个籍贯在南方的县令之子走在了金光大道上，很快就会跻身顶级高官的行列。当然前提是不要行差踏错。

要做到这一点非常容易，只要躲在象牙塔里安稳地工作就行了。这对出身基层，仰望宋朝政治天空的人来说是多么的珍贵啊！谁会允许自己在这种时刻出错，或者稍有瑕疵呢？然而秦桧偏偏是例外的那一个。

此时李纲面对现任政府无计可施，太学生们突然自发走上街头号召开封市民一起游行示威。学生首领陈东倡议道："今日之事，蔡京坏乱于前，梁师成阴谋于后，李彦结怨于西北，朱勔结怨于东南，王黼、童贯又结怨于辽、金，创开边隙。宜诛六贼，传首四方，以谢天下。"

这次学生运动帮助李纲打破了二十多年的政治铁幕，六贼的末日到了。李彦被杀头抄家。前首相王黼被贬黜永州安置，他走到东京（今河南开封）附近的雍丘（今河南杞县）村中，被开封府尹聂山遣武士杀死。联系到赵宋祖训不杀士大夫，懂的都懂。

内侍之祖、隐相梁师成败坏朝政，但为人有独到之处，与新皇帝私交甚笃，要在旬日之后才到死期。蔡京被徽宗先一步贬过了长江，暂时躲过一劫。朱勔贼彰贼智，逃回了自己的东南小朝廷，随后贬官旨令追了上来，免去一切公职，放归田里，只差最后一刀。

童贯率领亲军追上了赵佶，名为护送，实则避难，暂时安全。

千年以降，世间歌颂这次太学生的自发救国行为，却漠视太学学正秦桧容忍或者是纵容他的学生们挑战当时的法律秩序。这是要冒风险，要得罪六贼的，太上皇如果回銮重新掌控国家，六贼再次得势，他会被残酷报复！

这一点都不牵强附会，不久之后新一任的太学学正就以学籍要挟太学生们安静回校。

开封城内官场清洗与城防事务混合在一起急速进行，想在几天之内就完成基本上不可能，然而赵桓、李纲有一个给力的盟友——金军。女真人的动作越快，宋朝的改革就越快。

靖康元年正月初一，赵桓宣布改元"靖康"初二北方战报传来，金军渡过了黄河。初三，赵桓下诏亲征，夜间徽宗南奔。初四赵桓突然间勇气尽失，决定追爹而去，一起南逃。

李纲与整个宰执集团抗争，费尽口舌也毫无用处，只能强调逃跑已经来不及了，以金军骑兵的速度，宋人一旦失去了城墙的保护，随时能被追上。至此赵桓终于下定决心，成立了亲征行营司，以李纲为行营使，在京城布防。

开封城近二十年以来大兴土木，修艮岳、建延福、筑九成宫等都是劳民伤财的娱乐工程，城防设施早就抛荒了。眼下大难临头，修楼橹、挂毡幕、安炮座、设弩床、运砖石、施燎炬、垂檑木、备火油等千头万绪，想一蹴而就，哪有那么容易。而真正让人绝望的是没有兵。

开封城周长八十里，需要海量的守城军士，可它并没有《水浒传》里所写的常年驻守的八十万禁军。

在徽宗朝的二十五年时间里，禁军参与了太多的战争，抽调数量仅次于西军。同时也早就不是建国初期以"兵梃"选拔出来的精锐了，他们在承平岁月中每日里为上官忙碌，从事各项赚钱的买卖。说到操练，每年金明池阅军倒是铠甲鲜明，人马雄壮，搞得像仪仗队一样，为了城中小娘子们的尖叫欢呼和上官们的一点赏钱争得头破血流。

此时剩余的精锐由内侍梁方平率领驻守黄河北岸桥头，城里只剩些老弱。李纲只能勉强为无米之炊。

开封全城有四万八千名士兵，把四万马步军分为前后左右中五军，每军八千人，作为机动力量。其余八千士卒分配到四面城墙，人力不足，以厢军、保甲民兵增配。

李纲查阅城防记录，发现有两处需要重点防护。一个是东水门（通津门），那里有储藏四十万石粮食的延丰仓。另一个是宋门（朝阳门）外的樊家冈，那里的城濠最浅。可是文官当国，顾此失彼。

三天之后，正月初八，金军杀到了开封城下，直扑地处开封城西北的牟驼冈，不费吹灰之力就得到了养在这里的两万匹战马和无数的草料，获得了长途奔袭之后急需的给养。

开封城外也是百年聚集所得的繁华之地，居民没来得及疏散，都成了金军随意捕猎的另类给养。

北宋靖康元年正月初八的夜晚，金军发起了第一次进攻，目标是汴河。

汴河、惠民河、五丈河、广济河四条河流穿城而过，汴河是最大最宽的一条，它"自淮而南，邦国之所仰，百姓之所输，金谷财帛，岁时常调，舳舻相衔，千里不绝"。

夜色中，金军分乘几十艘船沿汴河而下，冲向西水门。激战一整夜，宋军击毙一百余名金兵。天亮以后，金军在酸枣门、封丘门一带发起强攻，正中开封城的软肋。

酸枣门、封丘门位于开封城北部，城墙内就是延福宫和艮岳，继续向里就是建在内城的皇宫。如果破防,将直接威胁到皇帝。

李纲率领一千余名弓箭手紧急赴援,为了节省时间,他们在夹道窄巷中穿行,赶到时金军已经渡过了护城河,正在架设云梯。

城墙与护城河之间是大片的空地,宋军居高临下射击,有宋一代最强的军械就是弓箭,开封城头上从床子弩的"一枪三箭"到神臂弓,各种弓弩齐备。金军"乘筏渡濠而溺者,有登梯而坠者,有中矢而坠者甚众"。

乘金军溃乱,李纲招募数百名壮士缒城而下,烧毁了数十架云梯,斩杀十多名金军将领。同一天,金军还攻打了陈桥、卫州(今河南卫辉)等城门,金军阵亡数千人,一无所获。

夜幕再次降临,金军使出了新招数——和谈。

女真人在灭亡辽国的庞大工程里学会了以和养战。每当经历一次重大战役之后都会第一时间主动和谈,甚至向辽国索要官职以示臣服。辽国每次都喜出望外,以为噩梦结束了。

女真人消化了夺来的土地人口之后国力大涨,发起更加猛烈的进攻。

这个陷阱很简陋,可身在其中时谁会拒绝这种毁灭途中的短暂安宁?宋朝就是这样,守在城头的李纲勇气百倍,可等在深宫里的顶级权贵们早就怕得要死了,听到"和"字,简直是天降福音。

宋朝派同知枢密院事李棁出城与完颜宗望议和,带回来的五个条件:一、宋皇尊金太宗为伯父;二、凡燕云在汉之人悉归金国;三、割让太原、河间、中山三镇;四、纳犒军费金五百万两、银五千万两、锦缎一百万匹;五、以亲王、宰相为质。

首相李邦彦力主全部答应,这也是皇帝与大臣们的共同心声。

李纲觉得荒谬到无法理解,"伯父"的称呼无关紧要,燕云的丢失已是既成事实，但太原等北方三镇如果割让，金军南下将直达开封，和谈还有什么意义？至于犒军费的数额，哪怕穷尽开封全城也无法满足！

李纲强调只要再坚守几天，勤王大军就会陆续赶到。金军孤军深入，背后还有黄河天险、太原等北方三镇截住回程，正好前后夹击。到时是金军向宋朝求和。前景大好，可是满殿高官一致决定立即议和。

李纲愤而辞职，皇帝立即支持他。可等他出殿再去主持城防，宋朝使者就带着誓书和北方三镇的地图出发了。紧接着就出现了赵构出城的一幕，匆匆赶来的李纲只来得及扣留割让北方三镇的诏书。

身在金营中的赵构不知道开封城里正在发生什么，不然的话，他充满神圣感的牺牲就会显得很滑稽。

宋朝的官员以宰执大臣为首，上下齐心，想尽办法筹钱。金、银、绢各一千万，马、驴、骡各一万头，要在几天的时间里搜括出这些财富，非常考验官员们的"才能"。

首先他们想到了皇帝。

宋朝天子的衣服、车马、宗庙祭具、六宫官府器皿等都被拍卖了。由此可见，宋朝真的是政治清明、人民自由，这些敢拍就有人敢买，拍卖所得黄金三十万两、白银八百万两。

接下来皇帝下令百官军民把钱都交到有司衙门，不交者斩首，隐匿财产者许奴婢、亲眷、邻里揭发，告密者有奖。也就是说，之前参加皇家拍卖会的开封居民得把所得再吐出来，一份财产卖了两份钱，宋朝不愧以钱财立国，真是精明绝顶。

钱还是不够，接下来的目标是蔡京、童贯、何执中、郑伸、梁师成、高俅等近二十年以来的高官显贵。宋廷下令查抄他们及其亲属的财产全部充公。仍然不够，又查抄各大名妓如赵元奴、李师师、王仲端等人的家产，全部充公。再查抄所有内侍的财产，曾经的赏赐都有详细的条目记录，按件收回，概不例外。

如此这般，总计得黄金六十万两、白银一千三百万两，由梁师成、李棁在正月十二日押运到金营。就在途中，号称隐相的内侍之王梁师成到了末日。宋廷宣布他的罪行，立即押赴贬所，十七天后被缢死在八角镇（今河南开封西南）。

宋朝继续搜刮绢帛马匹等赎命物资，金军游骑四出劫掠周边。

三天之后，宋朝的第一批勤王部队终于赶到了。数量很少，直接进入城内。再三天之后，西京洛阳统制官马忠赶到，在郑州南门外遭遇金军游骑，双方短暂厮杀后金军退走。随即完颜宗望收笼人马回归大营，观察宋朝虚实。

正月二十日，宋朝靖难军节度使种师道赶到，他直抵京西汴水南岸，与金军对垒。这给宋朝带来了巨大的信心，开封民间甚至传言西军尽起入援，有百万之众。完颜宗望心惊之余派人远哨，发现后面真的还有援军。

金军退回牟驼冈，增垒观望。

其实他被骗了，种师道只带来了不到一万名士兵，之所以大张旗鼓，正是因为兵少事急，才示敌以强，振作开封城内的士气。

士气是不可能振作的，这辈子都别想振作。种师道在金殿上与首相李邦彦针锋相对，甚至无礼地嘲讽对方，打击议和派的气焰，朝廷也只是把李纲的权力分了一半给他，一天之后姚平仲赶到，军权又被一分为三。

种、姚都是西军世家，宋廷之所以分权，一是对军队的倚重，二是所谓的祖宗家法,哪怕虎狼屯于阶陛,也绝不能把军权集中在一人之手。

勤王部队络绎不绝,很快达到十多万,城里无处安置,很多在城外扎营。

这期间开封城的大门总是大开着,数不尽的金银绢帛、名果、珍膳、御府珠玉、古玩、宝带、鞍勒、妓乐、珍禽、驯象被送进金营。负责这些事的人是中书侍郎王孝迪,他在都城搜括民财,威胁民众说如果惜财,让金军杀进城来,就会"男子杀尽,妇女虏尽,宫室焚尽,金银取尽",由此得名"四尽中书",与之前的"六如给事"李邺并列。

丑陋的迎奉让金军肆无忌惮,他们掘开了宋朝历代皇室后妃、皇子、公主的坟墓,窃财取乐。宋钦宗忍无可忍,命令李纲等人立即拿出战策报复。

李纲给出了一套整体方案。

城外金军有六万,一半是契丹、渤海等族的杂兵,本是女真人的死敌,只要金军兵事蹉跌,就会变生肘腋。宋朝勤王军队达到了二十多万,先分兵迂回到黄河南岸区域,恢复州郡,切断金军粮道。金军给养匮乏,只能派出游骑劫掠,待其出营宋军就以优势兵力歼灭,再以重兵围困牟驼冈,坚壁不战,等金军无力支撑时逼使其承认北方三镇是宋朝固有领土,才放他们北归。宋军在其渡河时截击,必定大获全胜。

钦宗大喜,诸将、大臣也都赞成,那么剩下的就只有一个问题了,什么时候实施?

这是宋朝独有的难题,从宋真宗"天书降、圣祖临"开始,到徽宗赵佶自封道君皇帝,宋朝一直笼罩在浓重的宗教氛围里,所有大事都要由上天决定,连徽宗南逃时都要由太史占卜一个良辰吉日。

这事关系到社稷存亡,自然要找一个术士来决定。术士计算,二月六日大吉。

赵构对以上消息一无所知,尤其是即将发生的攻击行动。这就是人质的悲哀,无论胜利或者失败,对他都只有伤害。在二月初一的夜晚,赵构察觉到金营躁动不安,兵马调动频繁,有非常多的骑兵迅速远去。

这在古代宁静的夜晚会形成巨大的声源,赵构养在深宫,刚刚开府不久,要在以后历经多场磨难之后,才能培养出徘徊生死之际的求生本能,那时他会清楚地意识到有一场突发的大战开始了。

夜色更深之后,赵构很可能已经就寝,他被金军唤醒,带到了完颜宗望的帅帐外。完颜宗望向他展示被抓到的宋军俘虏,他才知道姚平仲欲独建大功,在当晚率一万步骑出城偷袭金营。姚平仲对内封锁消息,其实哪怕李、种两人知道也无可奈何。赵桓下令军权三分,各自统率,姚平仲有权做任何决定。奈何对外却消息走漏,金军在半路设伏将其击败。

金军惊怒之余,召唤赵构,以及同行的宰执张邦昌责怪呵斥。张邦昌就是"以亲王、宰执为质"中的宰执,时任少宰。

张邦昌,字子能,生于北宋元丰四年(1081),永静军东光县(今河北东光县大龙湾)人。进士出身,历任大司成、知州、礼部侍郎、尚书右丞、尚书左丞、中书侍郎、少宰、太宰兼门下侍郎等职。其中大司成是学官,总管国子监与辟雍等内外官办学府,可以说是宋朝教育部长。从履历上看,此人宦途数十载,历任国家各大要害部门的长官,堪称资历深厚。但是查阅史料,他居然没有任何突出的政绩。

可查的唯一记录是"首请取崇宁、大观以来瑞应尤殊者增制旗物"。这是为宋徽宗时期各种瑞祥事件制造官方升级待遇，典型的溜须拍马。也就是说，他一直躲在六贼的阴影里苟且偷安，不敢有丝毫的作为。

这时宋朝宰执一大堆，偏偏是他被推出来当人质，可见关键时刻越是骑墙观望的人，越会被当作替罪羊。

面对暴怒的完颜宗望，张邦昌"恐惧涕泣"，被吓坏了，他的惶恐、怯懦给完颜宗望留下了深刻的的印象。这一刻，张邦昌绝对想不到惶恐和怯懦会是怎样珍贵可靠的品质。

赵构则"不为动"，保持了皇子应有的镇定和荣誉感。这让完颜宗望诧异，进而怀疑赵构不是真正的皇子，他要宋朝换一个亲王来当人质。经了解，他选了肃王赵枢。

另一边，开封城内乱成了一锅粥。

本国军队的失败让以李邦彦为首的宰执高官们看到了和平的希望，他们围攻李纲，警告主战派不许再有异动。李纲震惊之余，只有慨叹全盘布置落空，难以为继。

种师道从纯粹的军事角度出发宣称劫寨虽然失败了，但正是胜利的契机。今晚还去劫，不管是否再败，一连劫十天。十天之后金军必将惊恐疲惫，只有退兵。那时实施李纲计划的条件仍然还在，黄河南岸还是宋军的决胜之地。

这引发了新一轮争论，廷争愈演愈烈，直到李纲、种师道被解除职务。主和派在百忙之中牢记金军的吩咐，由秦桧与程瑀为割地使，护送肃王赵枢和割让北方三镇的诏书去金营，一同带来的还有张邦昌的职务调动：少宰升太宰，继续当人质。

赵构被送回开封城。他在正月十四日出城，二月上旬回归，共计二十余天。这段时间被宋朝官方大肆歌颂,他之所以能在后来重建乾坤,从这时就可见端倪,实在是坚忍英武。

实际情况是,赵构在金营的短暂时光里是被软禁的,他没有行动的自由,但也没有受到欺凌和侮辱。这时的金军没有实力攻破开封城,一切所得全在于威慑。出于军事态势和政治需求,完颜宗望是始终善待赵构的。

也就是说,赵构的"坚强"没有遭到足够的挑战。那么是否可以理解为他本人也没有改变呢?出城时是勇于牺牲的爱国亲王,回城时仍然热血,甚至多了些经验,变得更加成熟?这在此时是不需要质疑的,皇室和民间都热烈欢迎他的回归,可以想象,他在一片绝望的恐慌里树立起了属于自己的独特标签。

皇九子赵构,再也不是默默无闻的皇子了。

这时的赵构是不会对刚刚在匆忙中有过短暂交集的秦姓官员有深刻印象的。虽说是这个人带给他返回开封城,结束人质生涯的好消息,但他也仅限于传旨,并不是决策者或首倡者。两个人都不会意识到在未来彼此还会有怎样的交集,对彼此有多么的重要。

秦桧,他不再是太学学正了。由于学生运动和他自己的主张,他被主和派从象牙塔中拎了出来,执行他这一时期最反对的任务。

金军提出割让北方三镇时,秦桧上书反对,提出了四点建议:一、金人贪得无厌,乞止许燕山一路;二、和议不可恃,必须增强守备;三、召集百官廷议,选择正确意见写进誓书;四、不许金使入城,不可入宫门,不可上殿。

宋廷的回应是不报,即不批复。

随后秦桧的职务被调动,任职方员外郎。太学学正是正九品,职方员外郎是正七品,升官了。紧接着就接到了命令,命秦桧与礼部侍郎程瑀为割地使,护送肃王与割地诏书去金营。这真是巨大的讽刺,你越反对什么,就偏要你去做什么。

秦桧抗旨,"是行专为割地,与臣初议矛盾,失臣本心"。他三次拒绝,但朝廷不许,只好启行。

此行秦桧与程瑀一路跟着金军到达燕云区域,交割所有公事之后才返回。

在这一过程中,秦桧与赵构都没有发现彼此在最初时是那么的相似。

第四章

靖康众生相

赵构进入开封城时恰逢动乱,目睹了北宋史上最大的游行请愿活动。富足的开封居民被本国无能的官员掠夺到一无所有,变成赤贫之后仍然无法保证自身的生命安全,至此忍无可忍。他们以陈东为领袖,一千多名太学生为前导,聚集到皇宫门前,向皇帝请愿,要求恢复李纲、种师道的职务,带领他们抗金,一致对外。

李邦彦再一次大怒,然而秩序和权威只存在于正常状态下的社会里,人类一旦一无所有就会变得无所顾忌。他的怒火换来的是雨点般的砖头、石块、垃圾等街头武器,只能抱头鼠窜逃回皇宫。接下来出面的是开封府尹王时雍和新任宰相吴敏,无一例外都被赶跑。

群情如沸,民众敲响了登闻鼓,要皇帝出宫。出来的是十几个太监,这些阉人像往常一样嚣张跋扈,迎接他们的是更加汹涌的民潮。自古以来中国的民众都是最容易被统治的一群人,只要还能勉强生存,他们就会一直隐忍下去。然而一旦把他们逼上绝路,下一刻就会改朝换代!

这群太监被怒不可遏的开封百姓撕成了碎片,皇宫深处的达官贵人们吓得瑟瑟发抖，皇帝颁发圣旨恢复李纲职务，然而就像要挽回那么一点点可怜的尊严似的，他居然派了一个肥胖到极致的太监去李纲的府邸传旨。

民众们被气疯了，他们扑过去再次撕碎了这个胖太监。宋廷震怖，这一次快马加鞭，迅速送达，很快李纲出现。然而民众还要种师道。官方照办，当种师道的车驾来到皇宫门前时，百姓们害怕上当受骗，上前揭开了车帘，目睹了种师道的满头白发，才放心地离去。

这一幕落在了赵构的眼里，他牢牢地记住了这个"耻辱"。这是朝廷第一次在民众面前低头，皇权受到了空前的挑衅和蔑视，作为皇室成员的他无法忍受。赵构牢牢地记住了罪魁祸首陈东和欧阳澈。

宋朝是开明的，祖训"不杀上书言事者"，更因为这时异族围城，空前危险，所以陈东等人暂时安全。

很多史书或者教科书都没有发现或者不承认这次民潮的重要性，它不仅让宋朝上层一改对内强权、作威作福的痼疾，更震慑了女真人。当金军听闻李纲、种师道复职后，完颜宗望下令撤退。

金军终于撤退，宋朝官方赶制了两面大旗，抢在金军的前面到达黄河。旗上写着"有擅出兵者，并依军法"。在这两杆大旗的护送下，六万金军拖拽着无数的财宝缓缓渡河，安全北返。李纲、种师道的计划胎死腹中。

综上，可以明确金军这次南侵只是打了两场毫无战果、没有威胁的进攻，就得到了梦幻般的收获。整个过程没费吹灰之力，都是宋朝自己主动奉献出来的，连撤退时的安全都体贴地照顾到了。

这根本不是什么战争，而是媾和。

开封解围之后，宋朝并没有在第一时间加强北方防务，以杜绝金军的第二次入侵，而是把目光投向了遥远的江南。

赵佶、蔡京、童贯、朱勔等人聚在一起，军、政、财应有尽有，是全套的君臣班子，如果另立朝廷的话，钦宗会被架空。

赵桓派李纲过江，接赵佶回京。在以孝治天下的封建时代，二十五年执政的信心，以及父亲的身份，哪一项都彰显赵佶的地位永远不会有变化。于是他在四月初三回到了阔别百余天的京城，结果立即被长子驱逐了所有侍从，收缴了财权，孤零零地软禁在龙德宫。

他竟然失去了所有权力，真的变成了太上皇！

赵佶极力挣扎，可机会渺茫。事隔半年，到了十月初十天宁节（赵佶生日）这天，才在祝寿环节时见到了赵桓。赵佶亲自起身斟酒，可儿子无动于衷。这一刻父子都知道问题出在哪里。

赵桓怕这杯酒里有毒。

当天赵佶掩面痛哭，自动回归龙德宫。赵桓随即下令封禁太上皇居处，隔绝内外消息，同时杀朱勔、杀童贯、贬蔡京。

朱勔，这个花石纲的始作俑者死有余辜，但童贯的死就让人心情复杂了。

宋廷剥夺童贯一切荣誉头衔，贬为昭化军节度副使。流放琼州（今海南岛）的英州、吉阳军，走到南雄州（今广东南雄）时被监察御史张澂追上。

张澂带着追斩童贯的命令，怕童贯知情后选择自杀不能明正典刑，于是派人传话，说军情紧急，皇帝任命其为河北宣抚使，总理北部防线。

童贯惊喜交集："又却是少我不得。"于是期待张澂到来……童贯的头颅被水银浸泡，装在黑漆的木匣中送往开封。所谓"函首赴阙，枭

第四章　靖康众生相　055

于都市"，广阳郡王的大好头颅成了开封城的一道景观。

回顾他的一生，此人在六贼中是特殊的存在。他专注军事，曾经为国家拓地异域，扩张版图，是实打实的功勋。做事时总能让人感受到他未曾完全泯灭的良知，当他平定方腊起义后，宋徽宗又想重开花石纲时，他叹息道，东南人家的锅子还没有支起来，就又要行此等事了吗？

不知开封百姓目睹他浸泡过水银的头颅时，能否记起十余年前他西征河湟铁马冰河带给国家空前荣耀的时刻。蔡京死得丑陋潦倒，宋廷流放他时整个帝国的积怨让他每到一处都被谩骂羞辱，想买吃的都没人卖他，勉强拖到了潭州（今湖南长沙）终于病倒。孤单和疾病让这个北宋史上最大的官场赢家以及政治恶棍死亡。相传他在弥留之际留下了一首词：

八十一年住世，四千里外无家。如今流落向天涯，梦到瑶池阙下。

玉殿五回命相（是四次），彤庭几度宣麻，止因贪此恋荣华，便有如今事也。

那是北宋靖康元年的七月二十一日。

蔡京死后，没人为他收尸。押送他的人用些青布缠上尸体草草埋葬在当地的公墓漏泽园。

蔡京对宋朝的重要性怎样强调都不过分。他是宋朝的节点，他把新旧两党一网打尽，不论是活着的、死了的、流放的，还是他们的后代子孙，全都永无翻身之日！

从某种角度上来说，这几乎就是结束党争的唯一办法，但是造成的恶果是空前的，宋朝这个公认的最开明的王朝，因为蔡京进入了一言堂时代。与之相比，各种具体的败坏宋朝的恶政都变得次要，因为他毁灭的是宋朝人的血性和脊梁。

六贼灭亡，宋朝人欢呼雀跃，他们没有意识到其实一点都没有解决问题。宋朝并没有因为自身的猛醒而斩除身上的毒瘤，一切都是因为金军入侵，赵佶南逃，赵桓需要一些牺牲品来稳定局势，宣泄举国上下积郁已久的怒火，才把这些魔鬼扫除。

所以国家还是从前的国家，官场也是从前的官场，一切都没有改变。

李纲、种师道被排挤出京城。名义上他们仍然是抗金的首脑，两人都担任河东、河北宣抚使。宣抚使地位与宰执大臣相当，通常也由宰执担任，并不常设，哪片区域需要就临时任命，主管一地的军、政、财所有权力，是中枢之外仅低于宣抚处置使、都督、督视军马的大军区长官。

具体到时下，宋廷为了应对金军第二次南侵的可能，设立两河宣抚司。李纲有一万余兵力，种师道名下一个大兵都没有。这样安排，是宋廷忘记危机了吗？不，恰恰相反，他们在积极组织反攻。焦点是北方三镇：太原、河间、中山。

三镇的守将很争气，把拿着诏书去接管的女真人赶走，然而从长远上看，三镇一定会被围攻，直至陷落。于是宋廷命令种、姚两姓将官率领西军赴援。

种氏由种世衡发轫于仁宗朝，至此已历三代，史称"抚循士卒，威动羌、夏，诸子俱有将材"，此时初代种世衡，第二代种古、种谔、种诊、种谊早已离世，第三代中种朴战死，种师道老病，只剩下种师中堪为一战。

种师中，字端孺，历知环州、秦州、邠州、庆阳府，侍卫步军马军副都指挥使、房州观察使、奉宁军承宣使，号称"小种相公"。姚氏出战的是姚古，"种氏、姚氏皆为山西巨室"，姚古是之前入援开封，擅自夜袭金营的姚平仲的父亲。

两人分摊军务，姚古救援太原，河间、中山两城交给种师中。

北宋靖康元年五月，种师中出战，他率领的已经不是身经百战的西军士兵，而是一些生瓜蛋子。

这里边的内幕很厚黑，这些年里朝廷的确频繁地抽调西军将士出战，战损率还非常高，感觉陕西、甘肃一带的西军老巢已经空虚。但实际上实力仍然雄厚，几年之后还能与金军展开"半天下之责"的集团决战。

那么是将领少吗？更不是，总而言之，西军强盛百年，内部山头林立，内耗严重。种、姚两姓三代人执西军牛耳，早就谤满甘陕，这时终于人才凋零，方方面面都会踩上一脚。

种师中分到的士卒过半训练不足，连起码的军纪都成问题。刚刚分发下来的神臂弓、箭、牌、马甲等军械就被他们拿到黑市上换了酒肉吃喝。让这样的"军人"去和第一代女真人作战，简直像噩梦一样！

种师中过井陉出太行山，在杀熊岭（位于今山西晋中榆次区东北）遭遇金国常胜将军完颜娄室的儿子完颜活女率领的数万金军。

种师中手中此时有一张王牌。实事求是地说，如果宋朝后来没有出现那三位战争之王的话，这张牌就是汉人的巅峰战力。

张俊，字伯英。生于北宋元祐元年（1086），凤翔府成纪（今甘肃天水）人。成纪地理位置偏僻，物产贫瘠，张俊出身平凡，成长之路注定了艰难困苦。

张俊在十六岁时参军成了一名弓箭手,十五年之后参加了政和七年（1117）征讨南方蛮族的战斗,后又回到西北与党项人作战,积功受封承信郎。北宋徽宗政和年间,定武臣官阶五十三阶,承信郎排在第五十二阶。

三十一岁转战南北只混到了这么个官。

张俊参与了燕云之役后官方对河朔、山东区域的剿匪行动。这是个大范围、长时间、众多军团合作的行动,战后张俊从五十二阶的承信郎升到了三十六阶的武德郎。

靖康元年,金军入侵,张俊在东明县（今河南兰考县北）抗击金军,战后升职到了第二十七阶武功大夫。

种师中救援三镇,张俊是队将,正面硬撼金国二代精英完颜活女,大获全胜,缴获战马一千余匹。然而次日黎明时分,金军发起总攻,宋军的新兵们一哄而散,种师中的亲信中军从卯时（早五点至七点）至巳时（早九点至十一点）以神臂弓等战械一次次击退敌人,然而老毛病也犯了。

他们向种师中要赏赐,这是宋朝军队的惯例,出力拿赏天经地义!可是宋廷强令种师中迅速出兵,"辎重赏犒之物,皆不暇从行",这时讨赏,怎么拿得出来？一见没钱,中军一哄而散,留下的只有百余人,种师中一下子暴露在金军面前。

"师中身被四创,力疾斗死。"

这时的张俊处在一生中最英勇无畏的阶段,自知只是烂命一条,胸中的不平之气杂糅着比例还算充足的忠勇,促使他奋勇杀向金军。

顺便说一下,张俊是没有战术的,临阵只有勇猛,对他来说无论做队将或者做方面大将，甚至诸将之长，在技能上都是同一个工种，必要的时刻能迸发出让那个时代咋舌的强悍。

此时在十余万众的乱军丛中，张俊率领数百名部下冲出重围，且战且退，退到乌河川时再次遭遇金军。张俊鼓起余勇，斩杀五百名金军，再次破围而出。

张俊脱离战区，在信德附近休养。他没有急着进行下一步行动，而是观察局势，默默地等待自己的机遇。他是那一代传奇军人中年岁最长的人，从底层爬起的经历赋予了他坚忍沉稳的特点。他寻找、珍惜每一份机遇，或者是生存的机会，他手握这一点点可怜的兵力等了下去，不知道这一点筹码会给他带来什么。

三镇危在旦夕，宋钦宗为之做的努力是拜托金国使者萧仲恭给前辽国皇族、现任金军左路军三号人物，元帅都监耶律余睹带去了一封信，信里说他可以帮助耶律余睹复国。

这封信理所当然地到了金国皇帝完颜晟的手里。真不知道赵桓是出于怎样的逻辑判断，才能觉得让金国的大使寄送策反金国大将的信，却不被金国的皇帝发觉？！

赵桓并不觉得这有什么不妥，他的脑子里根深缔固地存在着一个真理，这其实也是中原汉族皇帝们共同认可的，他们无论做什么都没有责任，都不受指责且不承担后果。所谓皇命即天命，是所有封建王朝的基石。只有认识到这一点，才会明白赵桓并不是神经错乱，而且在不久的将来，赵构的那些匪夷所思的行为也都有了支撑点。

回到现实，宋朝背盟不割让三镇，又离间金国大将，完美地给了金国再次南侵的理由。

北宋靖康元年八月，金国发动第二次伐宋之战，宋朝的应对措施是建立黄河防线，以及军事改革。

宋廷任命折彦质为河北宣抚副使，率领十二万重兵防守黄河南岸。李回担任大河守御使，率领一万名骑兵机动待援。

把全国二十三路归总为四道，分别由知大名府赵野总管北道，知河南府王襄总管西道，知邓州（今河南邓州）张叔夜总管南道，知应天府胡直孺总管东道。允许总管们总揽道内军、政、财一切权力，统一向设在邓州的都总管府负责。

这是藩镇，是国中之国，是导致唐朝灭亡的祸根，是宋朝立国之初就决定不惜一切代价铲除的毒瘤。然而眼下宋廷顾不上这些了，它命令在国家危急时，四道兵力必须第一时间勤王。

金军东路军攻破太原，完颜宗翰直扑黄河北岸。

西路军完颜宗望迅速攻破中山府，逼迫种师道昼夜兼程出井陉决战。种师道败逃病死，临终前警告宋廷这次金军不再是试探，而是要灭国。皇帝必须立即逃往陕西避难。如果来不及的话，南、西两道要立即勤王。

历史证明，他是多么的正确。但是宋朝永远不会采信军人的判断，哪怕是纯粹的军事问题。

黄河、真定府，十三万重兵在望，金军权衡再三决定谈判。

宋朝喜出望外，提出割让北方三镇，外加开封城内府珍宝以及一大笔钱财换取和平。金军加价十万匹绢。

价钱谈妥，宋使王云带财物上路。很快在黄河边传回好消息，金国自动降价了，北方三镇不要了，只要宋朝交出五辂、冠冕、尊号就立即退兵。

第四章　靖康众生相

宋朝举国愕然，这真是天大的便宜！

五辂是中原皇帝的仪车，是皇帝出行时卤簿的核心。据《周礼》中记载，五辂由玉辂、金辂、象辂、革辂、木辂组成。

这些东西宋朝真有，宋朝第四位皇帝仁宗赵祯一生没出过开封城，在他漫长、寂寞的生活里，有限的几种消遣之一就是坐着玉辂在皇城附近的街道里慢悠悠地行走，据说那架玉辂是唐朝传下来的，年久失修，咯吱吱作响。

但是金国有一个附加条件，一定要康王赵构带东西去前线交割，据说是因为上次在开封城边完颜宗望与赵构结下了兄弟般的感情，分别了几个月，甚是想念。赵桓立即给九弟配了个叫冯澥的副手，命令立即上路。

天子五辂先期运送，到达长垣时遇到金军，被退了回来。一起回来的还有王云。此时赵构还没有动身。

王云带回了最新消息，金人还是要北方三镇，如果不给就进攻开封。冯澥大怒，他不怪金人出尔反尔，怒的是王云消息不准。为此他上书弹劾王云误国。看着逻辑混乱，其实这是个政治招数，冯澥被撤职，逃出生天，陪同赵构出使的变成了王云。

赵构在十一月十六日再次离开开封城，这一刻他不会知道自己再也没有机会回到这座记录他出生、成长的城市，就这样他永远地离开了故乡。

当天赵构回望都城时，王云低声叹息，说"京城楼橹，天下所无，然真定城高几一倍，金人使云等坐观，不移时破之。此虽楼橹如画，亦不足恃也"。这些话悲观怯懦，以此前赵构的热血强硬，一定会严厉斥责他。然而这时的赵构什么都没有说。

时隔近一年,参考冯澥不惜动用阴险手段拒绝出使,赵构闻命即行,毫无怨言是极其难能可贵的。他还变得有城府了,不再有"朝廷若有便宜,无以一亲王为念"的壮烈语言,面对同行官员的慨叹也不发表自己的意见。年纪轻轻,讳莫如深,有了上位者的基本素质。

一路向北,途中无事,直到抵达相州,知州汪伯彦出迎。

汪伯彦,字廷俊。生于北宋熙宁二年(1069),徽州祁门(今安徽祁门)人。进士出身,在徽宗朝从一介主簿做起,最高官职做到工部的虞部郎中,负责山泽、苑囿、畋猎,取伐木石、薪炭、药物,及金、银、铜、铁、铅、锡坑冶废置收采等事项。京城高官多如牛毛,这只是个负责具体事物的小官。

靖康元年,钦宗即位不久,便召集百官询问国防政策。汪伯彦因献上《河北边防十策》,被任命为直龙图阁,知相州。也就是说,在赵构出使之前他刚刚上任。

汪伯彦告诉赵构,现在不必再赶往北岸了,就在几天前,完颜宗翰的西路军在北京大名府(今河北邯郸大名县东北)魏县李固渡过了黄河。这简直是晴天霹雳,让赵构措手不及。十三万重兵把守的黄河天险怎么会这样快就失守?!

事实上金军只是找来了几百面大鼓,隔着黄河敲了一夜,十三万宋军就全跑光了。金国西路军安全渡河,宋朝的国都再一次被围已成定局。

汪伯彦建议赵构放弃任务,就留在相州。赵构拒绝,"受命前去,不敢止于中道"。他再次向北方前进,但不是去大名府区域搜寻金军,而是去了磁州(今河北邯郸磁县)。这是正史记载中赵构第一次没有百分之百地执行使命,但没有谁因此指责他。毕竟他仍然在前进中,没有像绝大多数的宋朝官员那样胆怯畏难，转身逃跑。

磁州的知州名叫宗泽。

宗泽，字汝霖。生于北宋嘉祐五年（1060），浙东乌伤（今浙江义乌）人，时年六十六岁。宗泽在科考的策论环节中对北宋现状大加鞭挞，惹怒考官，考官将其名次黜落至末甲。带着这样的经历，宗泽二十多年的官场生涯都在县令的位置上各处调动，直到辽国灭亡前夕才勉强当上了登州通判。

宋朝启动海上之盟，联金灭辽，这个决策是当时最大的政治话题，宋廷向整个官场寻求意见。宗泽上书反对。这等于和六贼唱对台戏，他自知不免，索性到庐山避世隐居。

靖康元年，金军第一次围攻开封，宋廷派宗泽充任和议使。宗泽慨然领命，临行前声称"是行不生还矣"，哪怕死在金营也不损害国家利益。宋廷慌了，这样的人会把议和搅黄，于是没有派他去。

宗泽被外放知磁州。这是一次匆忙的决定，本无深意，却改变了历史，给崩溃绝望的宋朝注入了一支强心剂。

甫一见面，宗泽对赵构的建议和汪伯彦是一样的，此时寻找金军议和已经没有意义，"肃王去不返，金兵已迫，复去何益？请留磁"。这让赵构对宗泽的第一印象非常好。可是突然间就出事了。

王云被磁州百姓认了出来。

不久前王云出使金营曾路过磁州，他下令坚壁清野，把百姓与财物等都运进城里。平心而论这是对的，然而磁州百姓在迁移过程中饱受劳累苦楚，对王云恨之入骨。这里要强调一下时局和环境。

如果换一个时段或许没有这么大的民愤，但是此时此刻河朔大地上民怨如沸、烽烟四起,两个实例可以反映最真实的社会现状。

就在赵构离开京城出使金营的前后,完颜宗翰再次派出使者,这次不要北方三镇了,而是索要整个河北、河东。宋朝召开廷议,一番争吵过后仍然是全部答应。主张割地的大臣耿南仲、聂昌北上,到河东、河北区域配合金军解除宋朝军队的武装。

聂昌赶到绛州(今山西新绛县),举着诏书要守将赵子清向金军投降。城上放下了一架梯子,要聂昌爬上去,赵子清要鉴定诏书的真假。

为了顺利割地,聂昌一介文官真的爬上了城墙。暴怒的赵子清先剜了他的双眼,再将其扔下城去!

耿南仲走到卫州时被当地的民兵截住。审问出他们的使命之后,民兵们暴起准备杀人,金使见势不妙骑马跑了,民兵们追不上,回头杀耿南仲时发现他也不见了。耿南仲再次出现时已经到了相州。

王云就死在这股对宋廷失望怨恨的民潮之中,但宗泽是磁州的父母官,在他的治下出事,他必须给出交代。

宗泽彻查之后,送来了两顶"番头巾",就是金人常用的头巾。这是磁州人杀王云时的公开理由,认为王云随身携带这种头巾,是在某些时刻装扮成金国人的证据,也就是私通金人。

赵构当时不动声色,接着迅速离开了磁州。十年以后,赵构回忆了这件事,他认为"王云之死,乃邦人疑其为奸细而杀人,泽不为无过"。至于证物,"云亦孜孜为国,岂可污蔑以此"。

赵构认为证据是假的,是污蔑,王云的死是宗泽一手操作的,还在事后侮辱死者的名誉,是极不道德的劣迹。

这个结果对宗泽个人来说是个极大的遗憾,他没杀王云却代民受过。对宋朝的命运来说就更是个灾难了，从此赵构不敢也不愿信赖宗泽。

赵构离开磁州还有另一个原因，金军的游骑遍布河朔区域，已经有数百骑集结到了磁州附近，赵构有理由相信他的行踪泄露了。那么要到哪里去呢？关键时刻，一封密信寄来，汪伯彦邀请赵构重回相州。

相州在真定府陷落之后成为这片区域新的帅府，由汪伯彦主管。赵构隐秘起程，在黄河边如约见到了汪伯彦派来接应的亲信。接下来的一幕就感人了，汪伯彦亲自背着箭囊充当卫士迎接赵构。

与磁州的遭遇对比，怎能不让人感动？

从这一刻起，汪伯彦成了赵构的心腹，一生深得信任。赵构就住在了相州，得益于宋朝土地的广袤和金军的数量，相州与开封之间的联系没有中断过，他能及时地知道所有发生的事。

北宋靖康元年十一月二十五日，金国东路军杀到开封城下。宋钦宗赵桓率领全体宰执登上城头观察，他们一露面，守军和助战的百姓们就拿起武器冲向了首相唐恪。

这位首相是浪子宰相李邦彦下野前按惯例推荐给朝廷的，赵桓是如此痛恨李邦彦之流误国害民，杀尽六贼后，却听从了李邦彦的意见，真的把帝国首相的位置给了唐恪。这是赵桓当国执政的一个缩影，可以说这位年轻的皇帝没有做出一件逻辑正确、为国为民为己有益的事情。

唐首相的主要"政绩"是命令勤王途中的南道主管张叔夜、西道主管钱盖原路回去。理由是哪怕金国的和议价格始终在浮动，也一直在进行中，这时调集重兵会引起金军误会，对和谈不利。

还有就是开封城在上一次金军围城时元气大伤，没钱了，如果突然间涌过来几十万的援军，每天要消耗海量的物资，根本养不了。而当时开封城内的守军只有三万人，临战只能全城招募义勇。

堂堂帝都变成了孤岛，全城人把唐恪恨到了骨子里。

唐恪以高龄文官罕见的敏捷跳上一匹马冲下了城头，消失在开封城密集的街道里。首相以这种方式辞职，搞得赵桓只能现场任命新首相。何栗中选，与同知枢密使孙傅一起负责城防。

这是个应急措施，但是谁也没料到它会有怎样严重的后果！

何栗仿效东晋谢安，强敌压境也要保持安稳闲适的风度，越是危急越要闲适，据说能稳定军心。孙傅则拿出了具体的作战方案，他在恐慌中习惯性地读书，一定是命运使然，让他看到了丘濬的《感事诗》，里边写道："……郭京、杨适、刘无忌，尽在东南卧白云。"

前面提过在宋朝万事都要"不问苍生问鬼神"，孙傅认定这是神灵在启示，开封城的救星就是这三个人。那么立即开找！

钦宗则以更大的力度寻找李纲，这位不久前还是两河战区总司令的名臣，现在已经被贬到了宁江府。断崖式的官位下跌，速度和原因都让人措手不及。起因是李纲发现自己被架空了，尊严和急性子让他铤而走险，选择以辞职来要挟。这招以前管用，却不料这次宋廷真的同意了，罢职的理由是李纲专主战议、丧师费财。

辞职变贬职，李纲的尊严受到了更大的伤害，而防金的任务也搁浅了。李纲只能动身去安置地建昌军（今江西南城县），当赵桓的圣旨追上来时他已经到长沙了。这么远的距离，无论如何也赶不回去。

赶回来的是南道都总管张叔夜。张叔夜，字嵇仲，生于北宋治平二年（1065），时年六十一岁，河南开封人，仁宗朝早期宰执张耆的曾孙。参见元祐党人碑，可以知道名门之后在六贼时代是活得最悲催苦闷

第四章　靖康众生相　067

的一伙人。

张叔夜被贬得最狠时是去西安州看守草料场,和《水浒传》里林冲一个工种。后来勉强做到了州官,在金军第二次南侵前被委任为南道都总管。这个提升很突然,与钦宗赵桓的一个"英明"举措有关。

杀灭六贼之余,赵桓把所有与六贼有关的亲眷子弟都发配江南,真是大快人心。与之对应的是起用之前被压抑的忠良后嗣。参照之后的历史进程,这真是一个黑色幽默,上天开了宋朝一次最恶毒的玩笑。

六贼的亲眷子弟被遣送到平安的江南,完美避开了金军入侵。忠良后嗣在最危险的时刻到了开封城,坠入人间地狱,简直荒唐悲愤到撞墙!

张叔夜是北宋灰暗的天幕下唯一的亮点,他率领两个儿子和三万名士卒赴援,在尉氏(今河南尉氏县)附近击破金军的封锁到达开封城下。南道都总管的到来让开封守军士气大振,但是在与皇帝单独见面时,他劝赵桓逃亡,可以去襄阳(今湖北襄阳),那里是江淮重镇,毗邻长江,南渡之后就是一片新世界。

也可以去雍州(今陕甘宁青一带),那里是西军的大本营,百年经营非同小可,加上独一无二的山川地理,当年秦、汉、唐三代都在那里建都,宋太祖也曾想过迁都,去那里可以暂时避难,徐图再起。

张叔夜的话不甚壮烈,但非常理智。在中国历史上,以强盛著称的唐朝曾"国都六陷,天子九迁"。

宋帝可以也必须逃跑。

没等赵桓动身,噩耗传来,东道都总管胡直孺在拱州(今河南睢县)被金国东路军击败俘虏,押到了开封城下示众。几乎同时,完颜宗翰的西路军也到了。上次围攻开封城的只有完颜宗望的东路军,现在情况危险了一倍。

宋廷完全没有预料到金军的速度会这样快，赵桓的出逃之路被截断了。

围城之战进行到第二十一天时，宋军到了极限，整天大风、大雨、大雪一刻不停，城头的士兵们被冻得全身冰冷，手冻僵到握不住武器，甚至冻死在城墙上。

这期间宋钦宗一直活跃在军民的视线里，史书中记载这位年轻的皇帝不畏严寒冰雪，与士卒同甘共苦，表现得远比他的父亲强。"时雨雪交作，帝被甲登城，以御膳赐士卒，易火饭以进，人皆感激流涕"。"帝幸宣化门，以障泥乘马，行泥淖中，民皆感泣"。"帝在禁中徒跣祈晴"。

皇后朱氏也在后宫组织宫女赶制寒衣送往城头。这些事例很振奋人心，后世读来也有同仇敌忾之感。然而这很可能只是一些政治秀，赵桓并没有真正为他的江山社稷，以及个人安危努力。

试问他的御膳能让几个士兵吃饱？其他没吃到的会感恩还是怨恨？皇后能在十几天的时间里赶制出多少寒衣？他本人骑行在泥淖之中能产生多大的带头作用？要知道宋朝的士兵是必须及时赏赐真金白银才能进入工作状态的，种师中的死法就是活生生的例子！

说到底，以富足著称的宋朝在生死关头居然让士兵冻死在城头上，这是极端诡异的事情。宋朝是没钱还是没物资了？参考之前和之后的史实，我们很轻易地就能得到答案，赵桓什么都有，就是不拿出来。

至于为什么不拿，历史上的例子有很多。比如，明朝末年李自成攻打洛阳城，明福王朱常洵深受明神宗的宠爱"耗天下之财肥福王"，是当时最有钱的人。事关生死，但他就是一毛不拔，结果城破之后身死。

虽有福王的前车之鉴，但都城内的权贵们面临皇帝无钱发兵饷，向他们筹借时仍然一毛不拔。等到城破之后，他们辗转哀号于闯军的皮鞭刑具之下什么都没能保住。

可见这种事屡见不鲜，原因不过是善财难舍，尽管理智会告诉他们城破之后会家破人亡，但是鞭子没抽到身上，仍然会死死地攥住自己那点家底，无论如何都不肯交出去。

花自己的钱救别人，该有多傻！

回到靖康元年闰十一月二十五日的开封城墙，这一天的清晨酷寒大雪，朔风凛冽，金军乘势急攻。最后的时刻到了，赵桓命令全军上城，集结所有力量防守。对此何首相、孙枢密反对，因为他们相信神会解决一切危难！

"郭京、杨适、刘无忌，尽在东南卧白云。"殿帅王宗濋找到了郭京，此人在龙卫兵中服役，职务是副都头。郭京能"撒豆成兵"，兵是隐形的，能无视金军的强悍战力直接活擒完颜宗翰、完颜宗望，符合时下的所有需求。他强调要扫荡金军的话，需要七千七百七十七个特殊的人。

这些人不问出身、技能，只要有特殊的、符合要求的生辰八字就行。

宋朝的传统以及灭亡在即的恐慌让宋朝君臣都对此深信不疑，赵桓立即委以重任，"命以官，赐金帛数万，使自募兵，无问技艺能否，但择其年命合六甲者。所得皆市游惰，旬日而足"。

郭京晋升武略大夫、兖州刺史，开始寻找神兵。街头卖艺的薄坚、卖药的刘宋杰、还俗的僧人傅致临等都成了神兵的首脑，"不问能否，微贱自布衣而为统制，由技术而参机谋，以商贾而任将佐"。

眼见笑话成为现实，有人劝始作俑者孙傅，如此儿戏会误大事。孙傅勃然大怒，训斥道郭京乃应运而生的神人，无事不知无所不能，不容诋毁，不然必治"沮师之罪"。

在争议中神兵完成了职务细化，"有下丁力士""北斗神兵""天阙大将"等不一而足，宋廷自赵桓以下皆欢欣鼓舞。

此时情况危急，孙傅等发挥了文臣们临难决疑的大气魄，决定派神兵出战。郭京毫不迟疑，率领全体神兵登城，先把正规军及义勇等赶下了城墙，理由是神兵发威，凡人在场法术会受影响。

片刻后法术完成，神兵们打开宣化门，在宋朝皇帝、宰执大臣们狂热期盼的目光中冲向了金军铁骑的滚滚洪流。下一刻神兵们像洪流一样滚滚被压进护城河里全部淹死。皇帝、贵人们目瞪口呆，郭京勃然大怒，决定亲自出战力挽狂澜。

绝望中的宋朝君臣重新点燃了希望之火，注视着郭京孤身冲向了金军的铁骑，双方越来越近，眼见奇迹就要发生，郭京突然转了个弯向南方跑了过去，越来越远，直到再也看不见。金军显然不知道这是位"神仙"，都涌向了大开着的宣化门。

开封外城就是这样失陷的。

金军迅速占领了城墙，却没有等到宋军的反攻。此时城墙内侧下方沸反盈天，宋朝的士兵们发生了哗变。他们积压了太多的愤怒和痛苦，每个人都知道国家财富堆积如山，可就是要让他们饥寒交迫，冻饿而死。现在都城以这种荒谬的方式被攻破，大家都难逃一死，何不在死前发泄一番？！

这一天的哗变里，被杀的无名百姓与小官无法计算，权贵则有统制官姚平仲、何庆言、陈克礼、中书舍人高振、宦官黄经国等人，家小也一同遇难。

空前的混乱中刘延庆再次成为异类,这个导致燕云大败的罪魁祸首居然能率领一万多士兵冲出城门逃跑。城里本来就兵力不足,他在这种时刻带走一万多士兵,可见逃跑的经验与实力兼备。然而这次他失算了,如此兵力金军怎能放任不管?金军穷追不舍,终于在龟儿寺把他杀掉。

张叔夜父子护翼外城百姓躲进内城。开封有三重城墙,外城八十里,内城二十里,皇城五里。生存空间骤然被压缩四分之一,涌进来的百万市民拥挤踩踏,其中还夹杂着身穿敝衣、携妇将稚的士大夫贵人们,茫茫然随着人流逃窜,如覆巢之雏。

金军本想纵火焚城,但是很快知道宋朝开放了武库,百姓自发领取武器的达三十万之众。于是照例派出了议和使者。

宋朝看到了生存的希望,大批的金银珠宝、美食器具、美女名马再次运往金营,可见兵变完全是有理由的!

赵桓在绝望中突发奇想,觉得还有一线生机,那就是他流落在外的九弟赵构。他派武学进士秦仔"赍蜡弹"到相州,任命康王赵构为河北兵马大元帅,中山知府陈遘为元帅,宗泽、汪伯彦为副元帅,火速发兵救援开封。

这个决定在当时是百分之百的拍脑袋产物,不见得有多么的正确,但谁也没法否认它的唯一性。钦宗乃至宋朝能指望的只有这位血脉至亲。

但是放在赵构的身上,这件事就是另一番滋味了。首先,他肯定从来没有想过,自己会从一介闲散亲王变成国家首都区域内最高军事指挥官;其次,是此时摆在他面前的局面。

河北兵马大元帅的辖区是京畿路、京西南路、京西北路、京东西路、京东东路等地，这片区域自从宋朝建立以来，除了开封城外，就从来没有过军队。

再远些的淮河至长江区域、长江以南更是刚刚被方腊起义、花石纲等恶政荼毒，除了没有军队外，还彻底荒废糜烂了。说边疆，此时北部边疆落入金国之手，西北连续调兵实力大降，还要防备西夏趁火打劫。如此算来，新上任的河北兵马大元帅不仅眼下没有兵，就算升级到天下兵马大元帅也没有兵！

这让他怎样救援开封？

理智会告诉任何人，在这种情况下先保证自己能活着才有可能去做点什么。可是在宋朝，父子君臣大义所在，哪怕没有河北兵马大元帅的册封，赵构也有义务无条件地救援皇帝，保卫国家。

何况此前他的形象是英勇刚烈的，他应该像当初主动请缨去金营当人质那样，闻命起行立即去救开封。

靖康元年十二月一日，赵构在相州开大元帅府，向管辖区域内征兵集粮。很快，失去了中央枢纽控制长达两个月的河北大地上，开始有军队调动，向赵构身边集结。开封城的消息也一一传来了。

就在赵构就任的一天前，靖康元年闰十一月三十日，赵桓带着首相何栗、中书侍郎陈过庭、同知枢密院事孙傅等官员出城进入金营投降。这是中原的汉族皇帝第二次被入侵的异族人逼到绝境。八百余年前，西晋的两位末帝晋怀帝司马炽、愍帝司马邺被匈奴人俘虏，受尽屈辱死去。

三天之后的十二月初二，开封城南青城斋宫屋脊两端的鸱尾，有龙形图案的墙壁，都用青毡帷幕遮挡，金人向北设香案，宋朝君臣立于香

第四章 靖康众生相

案前听一个会说汉语的金人宣读降表。

"……三匝之城,遽失藩篱之守;七世之庙,几为灰烬之余。既烦汗马之劳,敢缓牵羊之请。又云上皇负责以播迁,微臣损躯而听命。又云社稷不陨,宇宙再安……"

这份降表是按完颜宗翰的要求写成的四六对偶句式,堪称仅此一份。完颜宗翰认为他的名字会因为这份降表流传后世。

随后一个叫萧庆的金军官员进驻开封城,接管政权。再三天之后,开封城的劫难正式开始。

十二月初五,金人索良马一万匹。自御马以下,在京执政、侍从、卿监、郎官准许留马一匹,其余限三日内赴开封府缴纳。敢有隐藏者,全家处以军法,告发者赏钱三千贯。此令一出,士大夫官员只能骑驴出行,或者乘轿徒步,狼狈不堪,尽管如此也只搜括到七千余匹马。

金人是狡狯的,他们灭亡宋朝的每一步都充满了强盗的聪明。

比如先抢马,宋人没有了马匹注定坐困愁城,无处可逃。之后再搜罗什么都只能乖乖地交出来。

女真人还记得宋朝向民间发放了海量的武器,这时严令开封府收缴,等完成之后,才宣布索要"金一千万锭、银二千万锭、绢帛两千万匹、少女一千五百人"。

这个数字比半年之前的开价高了整整一倍,宋朝掘地三尺也无能为力。负责搜刮的梅执礼等四名大臣因此被杀,御史胡舜陟、胡唐老等四人各杖数百,胡唐老被打死。赵桓派首相何㮚去金营向完颜宗翰求情减免,被无情地拒绝。

完颜宗翰心如铁硬,对宋朝的态度早在钦宗呈献降表时就表明了。那时赵桓在仪式完成后献上了一份礼物,"金银十六担,缣帛五十床,金、玉带各二为贽，又命左右出内府蹄金以赐二酋"。完颜宗翰哈哈一笑："城既破，一人一物皆吾有也。皇帝之来，所议者大事，此何用为？"

开封城内小民灾劫之余，往日里尊贵的文官们自宰执以下被指名索要，拿不出来的枷拷锁固。戴枷者相望于道，求死不得。然而钱还是不够，宋朝只能对自己的立国之本商业下手。

在京所有商号的存货全部充公，全国商号只要在开封出过货的，所有身家全部充公。

京城底定，萧庆命令宋朝派出河东、河北割地使，去宣召当地州县投降。同时抓捕宋朝河东、河北两地官员在京家属，官员不降，全家处死。

初十，完颜宗翰再次命令宋钦宗出城。这一次赵桓似乎知道了他的命运，百姓们也攀住车架不放他走。君民悲凄间，京城四壁都巡检使范琼拔刀斩断百姓们的手，喝令车驾出城。宋钦宗就这样离开了他的都城，永远都没再回来。

宋朝官员以为金人贪图财货，欲收集金软赎回皇帝。开封府官吏"直入居民家搜检，使臣从吏所至，如捕叛逆"。百姓每五家为一保，凡有金银一钱以上，布帛一匹以上均须上缴。"至有囚执妇女，发掘房闱者，内侍寺观，介优旅邸，根刷殆遍。亲王公主宅所有，悉数输纳有司，景灵宫内庭驾前器具，无一存者。"

如此酷毒，到正月十九日时，也只"根括得金十六万两，银两百万两"。这点钱让金军知道开封城已经挤干榨尽，再没有油水。于是在二月初六，完颜宗翰、完颜宗望命人将宋钦宗赵桓押入青城寨，跪听金国诏书。

诏书里历数宋金海上之盟，相约灭辽以来宋朝屡次失信悖德，所以于去年兴师问罪。宋人认罪，派王子于军前哀请，金国许其自新。然而又招降纳叛，不守和议条款，才再次派兵讨伐。凡此种种，虽然是强盗逻辑，但事实俱在，没有一件是冤枉宋朝的。

宋钦宗被当场剥脱帝服，宋徽宗和他的皇后、亲王、嫔妃、王子、皇孙、公主、驸马、六宫等有位号的近三千人被押送到金营，宋朝皇室被一网打尽。

天子、皇后、皇太子、诸王的法驾、卤簿、仪仗、礼器、法物、礼经、礼图、大乐、轩架、乐舞、教坊乐器、乐书、乐章、祭器、八宝、九鼎、元圭、镇圭、浑天仪、铜人刻漏、古器、秘阁三馆图书、监本印板、古圣贤图像、明堂辟雍图、皇城宫阙图、四京图、大宋百司并天下州府职贡、宋人文集、大内图、夏国图、宝箓宫图、隆德宫图、相国寺图等，也被搬出京师，一国精华尽丧。

然而"宋之旧封，颇亦广袤"，要怎样处置，完颜们大伤脑筋。金国本想让大将萧庆驻兵开封，掌控宋朝河南旧疆，然而萧庆不敢。完颜宗翰改任汉军都统制刘彦宗，刘彦宗也推脱不就。

这是随时都能喷发的火山口，谁都不敢坐上去。那么像之前处理辽国时一样吗？契丹人之所以消失在历史长河中，与金人的野蛮报复有直接关系。他们一方面会强娶辽国皇室的女性成员为妻，让后代流有契丹人的血脉；一方面恨契丹人入骨，毁其坟墓，哪怕葬入深山之中也不放过。

事实上金辽之间就像草原上两个部落之间的吞并，以一方被吃干抹净为结局。但宋朝是当时世界上最能创造财富的国家，一旦毁弃实在是暴殄天物，同时宋境广袤，所征服的只是都城与河南区域，与当初灭亡辽国全境不可同日而语。

综合考虑，金军决定册立傀儡。

完颜宗翰和完颜宗望命令金营里的宋朝官员自己选一个皇帝出来。官儿们面面相觑，都默不作声。这是致命要求，臣子敢动一丝这种念头都必将十恶不赦，遗臭万年，丧失起码的臣格，更遑论真的搞出一届"竞选"。

完颜宗翰打算送这些官员回开封城，临行前警告他们如果选不出来皇帝的话，开封会被屠城！

回城之后宋朝官员们继续扎堆沉默，突然间尚书员外郎宋齐愈从外面走进来。众官儿问他金国人到底想立谁当皇帝？宋齐愈在手心上写了"张邦昌"三个字遍示众人。官儿们大喜，一致赞同。

张邦昌就此成了替罪羊。

至于为什么是他，很可能是在赵构第一次出使金营时他给完颜宗望留下了深刻的印象，认定他是个好傀儡。也有可能是他的同僚觉得推举他很合适，前面提过张邦昌的当官之道在于求安，连阿谀奉承都做得小心翼翼，生怕出事。然而人无刚骨，安身不牢，最容易被牺牲的就是这种人。

张邦昌完全记不起在什么时候得罪过宋齐愈，他哭闹着拒绝，甚至想自杀，但是被众人强迫上位。消息传出，宋朝的言官们大怒，监察御史马伸站了出来，"吾曹职为争臣，岂容坐视不吐一辞？当共入议状，乞存赵氏"。

这话是说给御史台长官听的，此时的长官是秦桧。他从燕云区域返回开封之后刚刚升职，就骤然遭遇这种大事。

第四章　靖康众生相　077

秦桧以御史台长官的身份写了份行状，送到了金营。

"桧荷国厚恩，甚愧无报。今金人拥重兵，临已拔之城，操生杀之柄，必欲易姓，桧尽死以辨，非特忠于主也，且明两国之利害尔。赵氏自祖宗以至嗣君，百七十余载。顷缘奸臣败盟，结怨邻国，谋臣失计，误主丧师，遂致生灵被祸，京都失守，主上出郊，求和军前。两元帅既允其议，布闻中外矣，且空竭帑藏，追取服御所用，割两河地，恭为臣子，今乃变易前议，人臣安忍畏死不论哉？

"宋于中国，号令一统，绵地万里，德泽加于百姓，前古未有。虽兴亡之命在天有数，焉可以一城决废立哉？昔西汉绝于新室，光武以兴；东汉绝于曹氏，刘备帝蜀；唐为朱温篡夺，李克用犹推其世序而继之。盖基广则难倾，根深则难拔。

"张邦昌在上皇时，附会权幸，共为蠹国之政。社稷倾危，生民涂炭，固非一人所致，亦邦昌为之也。天下方疾之如仇雠，若付以土地，使主人民，四方豪杰必共起而诛之，终不足为大金屏翰。必立邦昌，则京师之民可服，天下之民不可服；京师之宗子可灭，天下之宗子不可灭。桧不顾斧钺之诛，言两朝之利害，愿复嗣君位以安四方，非特大宋蒙福，亦大金万世利也。"

后果是惨痛的，金军立即进城抓捕秦桧，把他编入最终被掳到北方的一万四千余人的名单里。

一时间秦桧名扬千里，连张邦昌都向金军求情把他放回开封。但是金军不允。

靖康二年（1127）三月初七，张邦昌行加冕之礼。他涕泣上马，昏厥欲倒，倚靠着坐骑才勉强恢复。午时，他号啕大哭着被引进宣德门，进入设好的帷幕间，出来时已经身着帝服。

张邦昌北面跪受册宝，金国的册文中写道："命尔为皇帝，以理斯民，国号大楚，都于金陵。自黄河以外，除西夏封圻，疆场仍旧，世辅王室，永为藩臣，贡礼时修……"

三月二十八日，金军焚烧开封外城，启程北返。此时"东至柳子，西至西京，南至汉上，北至河朔，皆被其毒，坟冢无大小，启掘略遍，郡县为之一空"。人类古代史上最绚丽风雅的都城被毁灭了，女真人看重的只是满车的金银珠宝和世间最尊贵的俘虏，认为这些才是旷世武勋。

第五章
张浚登龙术

整个宋朝皇室被掳至北方时，赵构一直在运动中。钦宗派特使侯章传来御笔蜡书，说"京城围闭日久，康王真朕心腹手足之托，已除兵马大元帅，更无疑惑，可星夜前来入援"。

这是兄长的哀求，更是君主的命令，于情于理赵构只能遵从。但实际行动是他派刘浩率领偏师南下，声称去解开封之围。自己率领主力从相州的北门离开，避开李固渡的金营，前往大名府。

在离开前，大元帅府向河北各州府守臣发布了檄文，"君父忧辱，臣子之心，义当效死卫上"。各守臣当"勠力勤王"，率兵"到大名府会合，听候指挥"。

很多史家认为这是赵构的第一次避战，甚至是逃跑，开始了他可耻的偷生之路。然而从这时起我们要时刻换位思考，与赵构易地而处，从相对客观的角度解读赵构的行为，来剖析这个充满了非议和问号的人。

比如赵构听从命令，直接从相州起兵去救开封，后果会怎样？

根据宋朝兵制，宋军有三种军人。"天子之卫兵，守京师、备征戍，曰禁军；诸州之镇兵，以分给役使，曰厢军；选于户籍或应募，使之团结训练，以为在所防守，则曰乡兵。"

赵构在相州开大元帅府时有一万余兵力，相州不是军城，这些兵只能是厢军，甚至是乡兵，战斗力比强悍些的百姓都差，让他们杀到开封城下与金国精锐对阵，除了送死绝对没有其他结果。那么赵构的做法有问题吗？

如果以纯臣的准绳衡量，有问题。他不听皇命就是错的。如果稍有理智，知道毁掉自己也于事无补，留下生命去尽力挣扎的话，他一点问题也没有。

在大名府，赵构有了真正的军队，来自宗泽与信德知府梁扬祖。

宗泽按钦宗蜡丸就任副元帅，他带来了磁州的原有兵力以及近期招募的士兵。在招募士兵方面，宗泽有这个时代里无与伦比的个人魅力，他像暗夜里一团剧烈燃烧的火焰，把众多有胆识血气的宋朝子民聚拢在身边，迅速形成了强大的战斗力。

梁扬祖是名门之后，高祖梁灏是宋太宗时期名臣，曾祖梁适是宋仁宗时期的宰相，祖父梁彦昌曾任德顺军郡守，父亲梁子美官拜尚书右丞。梁扬祖带来了三千人马，手下的军官有张俊、苗傅、杨沂中、田师中等。

张、苗、杨、田等人在南宋开国军史中占据重要位置，也是赵构这时能掌握的唯一力量。从这时起，他们成了嫡系，尤其是张俊。梁扬祖拒绝了领军元帅这个顺理成章的职位，任职随军转运使，成了赵构的钱袋子。

这次大名府的集结是大元帅开府之后的第一次会议，议题中心是开封府传来的最新一份蜡诏，上面写着"康王将天下勤王兵总领分屯近甸，以同济难，无得轻动，恐误国事"。解读出来就是要赵构率兵抵近开封城，但不要开战，摆出决战的架势，迫使金军媾和。

同时传来的还有开封外城失陷的战报。

这让宗泽焦急万分，他提出"急引军直趋澶渊""以解京城之围"。但是他的老邻居，前相州知府、现副元帅汪伯彦反对，"事须量力，只今未说解围，且先安泊得大王去处稳当"。

两种意见在大名府形成争议，结果是宗泽如愿以偿，他率领本部人马南下去救开封城，对外宣称大元帅就在军中。赵构带领其他人南下，在靖康二年正月间抵达东平府（今山东东平县）。

这造成了一个非常恶劣的局面，对宗泽来说，他不仅在替赵构打掩护，吸引了金军的注意力，还从这时起就被隔离在决策圈外。

这是赵构的又一个罪证，把主战派赶走，任用奸臣，逃避战争。但是如果翻开地图的话，相信谁也不能在实际态势上指责他，因为他的行动路线仍然是在向开封靠拢。

大名府在开封的北方，南端下方的东平府仍然在开封的北方，只是稍微偏东一些。说个题外话，东平府旁边就是著名的梁山泊，梁山泊与开封城之间仅仅隔着滑州府。也就是说，《水浒传》里挑的主场地点实际上在宋朝京城的隔壁，如果真的存在梁山泊一百零八将的巨大体量的话，宋太祖赵匡胤那句"卧榻之侧岂容他人酣睡"的名言就成笑话了，因为真的就有人睡在旁边。

东平府的下一站是济州（今山东巨野县），接着赵构又有计划地继续向南到宿州（今安徽宿县）。在这个过程中赵构身边聚集的力量越来越强，除了张俊等人外，刘光世也越过千山万水、穿过无数乱军赶到了。

燕云大败之后，刘大衙内迅速在剿匪、对抗西夏等熟练项目上立功，由于那时其父刘延庆还没死，他也因子立功得以升官，晋升侍卫马军都虞候。

金军第二次南侵时，对所有西军将士都是一道选择题。当时主政陕西的是宣抚使范致虚，古怪的是节制陕西的是制置使钱盖。两人都是纯粹的文臣，当开封危急，传檄四方召集军队勤王时，钱盖起兵十万由河南道入援，至颍昌时得知开封陷落，立即与同行的西道总管王襄逃跑。

范致虚的声势相对浩大，他集结西道副总管孙昭远、环庆帅王似、熙河帅王倚等军，号称二十万，出陕西入援。这条线路要打通黄河区域最险峻的一座关隘——潼关。关于潼关的险要有无数的文字介绍与史实记载，其实说得越简单才会越具体、形象。

潼关的东方是洛阳地盘，西边是关中平原，处在中条山与秦岭、崤山之间的崤函通道的西侧。崤函通道是一条羊肠小道，古代时只能容纳一车一人通行。潼关就在这条通道的西端尽头处，它的背后就是八百里秦川。

这时潼关在金军的手里，范致虚由西向东逆攻潼关，贯穿崤函通道，出武关至邓州府的千秋镇，被闻讯集结的金军精骑击败，退回潼关。

这次西军大举入援失败了，刘光世却大踏步地行进在勤王的路上。别的西军将士要在钱盖与范致虚之间选择跟谁走，刘光世在第一时间就冲了出去，在路上才接到范致虚的集结令，就在他犹豫是不是要响应时，开封城由首相唐恪颁布的"止勤王诏书"到了。

诸路西军与西道正副总管都停止进军，刘光世却把诏书藏了起来，催促部下继续前进。不久后他们就遇到了从开封城外溃败下来的逃兵，真相遮掩不住了,刘光世的部下们震惊之余才发现受骗。

刘光世继续骗他们,说这些逃兵的信息不是最新的。徽、钦两位皇帝已经突围逃往南方,正需要军队护驾,我们赶上去就会是泼天的功劳。大兵们选择受骗,继续前进,在途中还是被范致虚赶上。但是刘光世不同意范致虚的作战计划,他率领本部人马绕道离开。

也许是刘延庆的死讯还没有传来,也许是刘光世本人西军大衙内的形象深入军心,没有人阻拦或者定罪,任他扬长而去。

刘光世在纷乱的局势下断定范致虚必败,再分析出赵构的政治价值,准确地在济州府找到了目标,成为第一个效忠未来的高宗皇帝的高阶成名军人。

赵构也很惊喜,在最需要军队的时候老牌西军适时出现,给了他极大的安全感,以及对周边的话语权,为此他加封刘光世为五军都提举。从这一刻起,刘光世成了赵构的头牌军人。之后很多年里不管张俊怎样被信任,军需、战械、粮饷怎样优先供给,也不管岳飞怎样忠勇,战绩无敌,刘光世在军界都排名第一。

宋朝的精英们不远千里会聚而来,理由只有一个,赵构是天水朝赵氏直系皇族唯一的漏网之鱼,算是变相的天命所归。然而出现了变数。

一百六十余年来,赵宋子嗣开花散叶,总有些宗室人员散布到都城之外,现在有两个人声称要继承皇位。

一个是宋太祖赵匡胤的后裔,名叫赵子崧。他相信"太祖之后,当再有天下"的谶语,在淮宁府(今河南淮阳)与当地官员歃血为盟,传檄天下"艺祖造邦,千龄而符景运;皇天佑宋,六叶而生眇躬"。

眇躬是皇帝专用的自谦之词，他敢这样对外宣称，问鼎之心毫不掩饰。

另一个是宋太宗赵炅的后裔，名叫赵叔向。此人粗鲁横暴，率领七千士兵，不管不顾地直接杀到了开封城郊，然而被楚国军队拒之门外。

种种迹象表明，赵构的唯一性受到了严峻的挑战，哪怕他身为皇帝的直系血脉，也要经历一些波折了。那么赵构要怎么做呢？除掉这两个族人是最普遍也是最正确的办法，但是宋朝从来没有发生过类似的事。

例来只有谦让和拒绝才是标准态度。

现阶段的赵构束手无策，好在有人替他解决了这个难题。大楚国皇帝张邦昌选择退位，还政宋朝。

张邦昌在位三十三天，其间升殿不坐御座，只在殿西边摆了张小椅子。不称"朕"称"予"，手诏称"手书"。不穿龙袍，不御正殿，不朝会，不见大臣，封禁大内所有门户，封批上写"邦昌谨封"。

金军北返当天，张邦昌身服缟素率百官出南薰门向身系囚笼的徽、钦二帝遥拜送行，执臣子礼。之所以这样谦逊，胆色不足是一方面，更重要的是全体朝臣的态度。

金军退走时，完颜宗翰曾派人传话，要留下一支女真军队保护他。大楚国宰相吕好问抢先接待金使，直接拒绝了。该使者再问，给你们留下一位贝勒吧，有他在，南人不敢放肆。吕宰相再次拒绝。

金使从始至终没见到张邦昌本人。

吕好问平时写公文的时候落款日期都是"靖康二年"，从不提楚国的年号。这就是大楚国的真相，张邦昌怎么敢真的僭越？

金军北渡黄河，张邦昌立即宣布退位，他找到了隐居民间的元祐皇后孟氏，请她垂帘听政。

孟氏是宋哲宗的废后，出身中层官员世家，十六岁时由哲宗的祖母宣仁圣烈高氏选为皇后。此后命运波折，在宫斗中失败被废，出居道观，号称华阳教主、玉清妙静仙师，法名冲真。

赵佶登基之后，孟氏回到皇宫，称元祐皇后，但是很快就又陷入了朝政与后宫的旋涡之中再次被废，出居道观瑶华宫。靖康元年，瑶华宫失火，她徙居延宁宫，延宁宫居然也失火，她索性搬到了大相国寺附近孟家的私宅。

金军第二次围困开封时，宋廷商议恢复孟氏的太后尊号，诏书不及颁布，都城便陷落。金军掳走宋朝皇室成员时有一个标准，后宫人等要有名号才在名单中，孟氏因此躲过一劫。

孟氏垂帘摄政，称宋太后，张邦昌退位为首相，恢复宋朝，迎立赵构。

这对赵构来说太及时了。皇位从天而降，不仅杜绝了其他宗室的觊觎，更是对部下们的一个交代。他一路南下，离开封城越来越远，部下们都恐慌了。在宋朝传统观念里长江以南等同于异域，这是要背井离乡了吗？他们的亲族家眷都在北方！

开封外城禁军哗变的血案近在眼前，赵构借坡下驴，立即北归。他给宗泽写了封信，算是给之前的行动做出了解释。他本想"身先士卒，手刃逆胡，身膏草野，以救君父"，但是身边的部下不许他冒险。

现在他回去的目的是"谓祖宗德泽，主上仁圣，臣民归戴，天意未改"。潜台词很明显，天意在我，宗泽你该怎么做？

这是主动递过来的橄榄枝，宗泽接住的话是锦上添花，也是雪中送炭，更是弥补之前二人裂痕的最佳机会。对宗泽来说也只能接住，难道在赵构、赵子崧、赵叔向以及张邦昌之间，他还能有别的选择吗？

赵构就此统一了大元帅府的意见，得到了当时天下全体宋朝军队的拥戴，于北宋靖康二年五月一日，在南京应天府（今河南商丘）称帝，改元"建炎"。

宋朝以火德立国，建炎与太祖赵匡胤立国时最初的年号"建隆"对应，寓意国运昌盛久远。

新朝廷第一个重大议题是怎样处置张邦昌。应天府登基时张邦昌呈献传国御玺，从龙之功以他为首，然而不管是不是出自本意，张邦昌都谋朝篡位。那么是杀还是赏呢？

杀的话会让天下人不齿，赏的话大违君臣之道。

建炎朝廷的决定是赦免张邦昌一切罪名，加封太保、奉国军节度使、同安郡王，擢升太傅。同时大批任用伪楚官员。张邦昌感恩戴德，一颗心终于落地。赵构也因此成就了宽仁之名。然而事实上建炎朝廷打的主意是日后金国追问废楚立宋事件时，"则令邦昌以天下不忘本朝，而归宝避位"来解释。

这貌似妥帖，但终止于六月一日，李纲抵达应天府时。

李纲这时拥有无与伦比的人望，赵构亲自写的邀请信以"不世之才"称许，信中有"阁下学究天人，忠贯金石，当投袂而起，以副苍生之望"等语句，这在此前一百六十余年的宋史中是极其罕见的。

建炎朝廷大部分官员反对李纲上位，以同知枢密使颜岐的意见最为鲜明独特。此人以金国为出发点，提请赵构注意李纲有碍邦交，要趁他没有上任赶紧罢免。相对应地，张邦昌是金国最信任的宋人，尽管已经位列三公、郡王，达到人臣之巅，还得再加封同平章事，体现建炎集团与金国在执政理念上接近。

群臣相和，赵构大怒，声称"如朕之立，恐怕也不是金国人所喜欢的吧",才算一锤定音。

李纲在这种工作氛围里决心不惜一切代价杀掉张邦昌,除了在道义名位上正本清源外,还有震慑朝臣的目的。不然的话,由他主持颁布的政令没法顺利实施。

果然,杀张邦昌阻力重重,连赵构都回忆起与其一起出使金营的往事为其讲情。最后张邦昌责授昭化军节度使副使、潭州(今湖南长沙)安置。安置,在宋朝是很轻的处罚,此前北宋党争酷烈时,很多名臣只因政见不合就被贬职、编管,那才是真正的失去人身自由。

张邦昌谢恩启程,他是个被命运随意拨弄的可怜人,只要活着就很庆幸了。然而不久后,赐他自尽的诏书就到了,罪名是他在当皇帝的三十三天里,夜宿华国靖恭夫人李氏及李氏的养女陈氏。

与篡位无关。

张邦昌死在九月,近一百天的时间里,应天府发生了很多事,各方势力的角逐不仅造成了他的死亡,还让中国的历史拐了弯。

首先是关于赵构去向的再次争议,与上次相比,这一次的目标更加明晰,皇帝得有都城,那么设在哪里呢?

汪伯彦、黄潜善得天独厚,与赵构私下密议之后得到了手诏。"京师未可往,当巡幸东南,为避乱之计,来春还阙。"京师指的是开封。

着重介绍下黄潜善,字茂和,生于北宋元丰元年(1078),进士出身,历任左司郎、户部侍郎、河间知府。他晚于汪伯彦接近赵构,却迅速得到赏识,同样被任命为副元帅。

汪、黄两人结盟,在建炎集团内实力大增,哪怕李纲风头一时无两,也处处受其掣肘。

此时李纲极力反对南迁,他提出自古以来"起于西北,则足以据中原而有东南。起于东南，则不能复中原而有西北"。

这的确是明朝以前中国历史的铁律，无可辩驳。

李纲也知道黄、汪两人强调的是眼下安危，他的理论是为将来打算。然而没有眼下，何谈将来？所以他接着做了个折中方案，提议暂时迁往襄阳或者邓州。

襄、邓区域四通八达，向南是蜀川之地，有丰裕的财货。向东是江、淮区域，粮草充足。西边是川陕一带，是西军的大本营，北方不远就是开封城，能随时还都。在襄、邓区域度过这个冬季，不论战守都是最佳选择。

李纲强调"策无出于此者"。

然而这一方案仍然被所有人反对。汪、黄两人仍然力请迁往东南，具体的位置建议是建康（今江苏南京），宗泽提出必须回归开封，那里是唯一的帝都。

三方僵持不下，李纲经缜密考虑之后提出了并建三都的设想。他分析时下"欲战则不足，欲和则不可"，以关中长安为西都，襄阳为南都，建康为东都，"各命守臣，葺城池、治宫室、积糗粮，以备巡幸"。

这样有三个好处。第一，皇帝在三都之间"巡幸"，哪怕实际上就是逃跑，在名义上也不至过于狼狈；第二，不设定都，金人无所窥伺；第三，震慑国内宵小，使不臣之辈无可乘之机。

李纲百般斡旋，协调各方意见，可谓尽心尽力。然而就在他为国操劳之际，事态突然失控。

一个年轻的礼部官员到了应天府，他的名字叫张浚。

张浚，字德远，生于北宋绍圣四年（1097），汉州绵竹（今四川绵竹）人，时年二十九岁。他是唐朝名相张九龄的弟弟张九皋的后人，父亲名叫张咸，举进士、贤良两科，可以说诗书传家。张浚四岁时父亲亡故，由兄长抚养长大，从小"行直视端，无诳言，识者知为大器"。

张浚很早就离开了家乡，进入了国家最高学府太学求学。

刚踏入官场时，张浚的职务是太常寺主簿，这是个掌管陵庙祭祀、礼乐仪制、天文术数衣冠之属的官职。这在表面上看很符合张浚的性格，他严肃方正，不苟言笑，而"国之大事，在祀与戎"，太常寺虽然没有实权，但意义重大。

太常寺紧邻都进奏院和都亭驿，根据他之后的人生轨迹，他真正的兴趣不在"祀"而在"戎"，所以发生的国家大事他都会就近了解。然而他一直沉默，不管国家发生了怎样重大的危机，都不参与。

正规渠道的上书进言和民间自发的抗议运动，以及金军围城宋室覆灭，都没有他的官方记录。在开封外城陷落，内城、皇城被洗劫掳掠时，他动作迅速，逃入母校太学，藏得严严实实。

这个行为实在与他在历史中的强悍形象严重不符，之所以会这样，有一个例子能比较准确地解释这一现象。

汉朝淮阴侯韩信指挥百万之众，攻无不克，战无不胜，但在穷困时被地痞挑衅，甘受胯下之辱。这件事两千余年来被广为传颂，多数中国人在成长过程中都被告知这是城府、肚量、成熟、生存智慧的象征，应该终生奉行，并教给子孙后代，永远流传。韩信之所以能成大功、立大业，就在于他能忍人所不能忍。他有远大的理想，所以暂时屈服，留下有用之身。

张浚也是一样，他对自己的期望是无限高的，面对金人的凌虐，他的愤怒值越高就越不允许自己去冒险。他很清楚自己的能力，他只是一介文人，文人可以领兵，儒将可以谋划，但没法亲手杀敌。

所以他在开封城里一忍到底，相信他在忍耐的过程中积攒了太多的负面情绪，有太多凄惨悲愤的画面深深地烙印在他的灵魂深处，让他在以后的岁月里无时无刻不在找机会毁灭金国。

张浚与金国不共戴天！

张浚一直隐藏到张邦昌上位、金军退走、孟太后垂帘、赵构登基才突然出现在应天府，第一时间拜倒在汪伯彦和黄潜善门下。

汪、黄合力挤走宗泽之后，迎来李纲，正觉得力不从心，突然间张浚出现，真是意外的惊喜。

对宋史感兴趣的人基本上都有一个疑问，李纲是彻底的主战派，张浚用一生的时间与金国抗争，主战到不惜一切，他们是志同道合的，为什么会出现实际历史中的一幕幕？

表面上的原因是宋齐愈。就是在手心里写下张邦昌的人名遍示朝臣，导致大楚国建立的人。

赵构登基，力量单薄，在原则上接受一切助力。所以张邦昌来时带的全体大楚国朝臣都被收录，宋齐愈更荣升谏议大夫。此人从心里往外地觉得没做过任何错事，在新的朝廷仍然活跃。

李纲主战，有三条具体措施：募兵、买马、募民出财襄助军费。他认为这样能在短时间内形成可观的战斗力反攻金国，收复失地。没等赵构有什么意见，宋齐愈觉得必须进谏，在上奏章之前，他先私下里找到张浚说了一番话。

大意是李丞相的三条建议没有一个是可行的，比如民财不能搜刮殆尽，西北的马太远得不到，东南的马瘦小没法用。至于说募兵，一个郡里增兵两千，一年的军费就要用一千万缗，这些钱根本拿不出来。我身为谏议大夫一定要竭尽全力阻止他。

张浚闻言叹息,说:"公受祸至自始也。"

宋齐愈第一次上书,赵构不报,即不对外公布。宋齐愈决定再上第二书,但是草稿泄露,被李纲知道了。李纲正在打击伪楚,清扫官场,立即抓捕宋齐愈,特事特办,迅速处死。

张浚上书弹劾李纲。

之所以这样,在于宋、张两人的关系。他们都是四川人,在宋朝官场有个响亮的名字叫"蜀党"。蜀党、洛党、朔党,文官们根据家乡籍贯组成了各自的小集团,为了私怨、意气党同伐异,腐蚀官场,败坏国家。

北宋亡国自党争起,所谓党争,前期是新旧党,后期就是蜀、洛、朔三党。它们流毒无穷,并不因为各自的党魁败死而消亡。现在张浚因为宋齐愈的死攻讦李纲,至少在表面上动机说得过去,但是再深挖一层就会发现事情是有预谋的。

张浚的官职原本是太常寺簿,到应天府改为枢密院编修官。枢密院号称西府,掌大宋军权,看似正中张浚下怀。但是随即就转到了尚书省做虞部郎,相当于现在国家部委的副司长,这是一步飞越,就此成为天子近臣。到宋齐愈死时,他突然转到御史台成了言官。这样频繁快速地调动工作,才让他有了对李纲发动攻击的权力。

那么再看一下他具体的弹劾理由。

张浚认为李纲的抗金政策会耗尽国财,且不会成功。李纲本人"独擅朝廷","不可居相位",是"阴为惨毒"的"国贼",暗示李纲有谋逆的可能。

到这里,一切都没什么了不得。在宋朝当官几乎没有不被弹劾的,内容的荒诞每每匪夷所思，连狄青家的狗长了角都能是即将篡位成新皇帝的理由，至于动辄危言耸听谋逆、不忍言之事等，更是家常便饭，基本上听过就算。

但是这次李纲居然真的被罢相了！

李纲是"天下人望之所归者""一人而已""万口一音"才选出来的复兴之相，刚刚上任七十五天，怎么可能这么简单就被罢免了呢？

真的只是因为张浚的弹劾吗？

这要回顾李纲在为相期间都做了些什么。他首先整顿了建炎小朝廷的纪律，用后来宋朝圣人朱熹的话来讲，"方南京建国时，全无纪纲。自李公入来，整顿一番，方略成个朝廷模样"。

这个过程包括杀张邦昌、宋齐愈立威。

李纲支持宗泽北上开封。开封是宋朝的象征，是现在最危险的焦点，女真人随时会第三次发动南侵。在李纲到来之前，建炎集团的内部意见是一致的，要放弃它。但是要复兴宋朝连都城都不敢收回，不是笑话吗？

李纲推荐宗泽出任开封知府、东京留守。这既是对宗泽忠实的肯定与欣赏，更是对之前反对宗泽回归开封做的补偿。

李、宗二人之所以这样做，信心在于河东、河北区域内潜藏着巨大的力量，等待着建炎朝廷去开发。

当北宋灭亡时，百姓们结社自保，出现了众多的义军。河东义军以红巾为标志，当金国西路军围攻太原城时，他们曾一度把完颜宗翰挡在外围。泽州（今山西晋城）、潞州（今山西长治）一带的义军突袭金营，差点活捉完颜宗翰。

河北区域内的义军以五马山为首，聚集十万兵马，号令境内其他义军达几十万之众，首领是燕人赵恭，对外宣称是徽宗的儿子信王赵榛，在被北掳的途中逃了出来，国恨家仇让他起兵报仇。

李纲明知赵恭是假王子，但在他想来，重要的是这股力量选择向赵构投诚，几次写信要建炎朝廷派人去接收。还有比这更好的事吗？李纲推荐宗泽出任开封知府、东京留守，派张所、傅亮等人去两河区域接收义军，扩充实力，尽最快的速度形成两河、开封的防御体系。

这些巨大的工程在几十天之内就初见成效，堪称神速。然而一个官场新丁的弹劾就让这一切都成了泡影。

李纲搞不懂，接收义军为什么会被建炎朝廷的上层激烈反对。这就是他的缺陷，他明于事却暗于理，没有看透赵构的本质。以五马山为例，几十万人的号召力，以"信王"为首领，让赵构怎么敢接近？

在赵构的一生中，个人安全和帝位是最重要的，触犯者杀无赦。前面提到的赵子崧被贬窜，赵叔向被刘光世收缴兵权后捕杀。

说到底李纲让他失望了，李纲没有谋求他的利益，而是一心一意地恢复宋朝。这两者之间有巨大的差别，根本没法调和。

随着张浚的弹劾，宋廷撤销了张所、傅亮等人的职务，两河民壮归附计划随之化为泡影。按照宋朝官场惯例，李纲主动辞职。赵构挽留，这也是惯例。李纲再辞职，赵构再次挽留，直到李纲第三次辞职，终于等来了罢相制。

罢相制中有"狂诞罔悛，谟谟弗效""以喜怒自分其贤愚，致赏罚失当于功罪""第欲市恩于己"等诛心之语。

赵构在位期间有很多宰相罢而复起，但李纲始终没得到再来一次的机会。最低落时他一度被贬到琼州（今海南岛），彼时责辞中出现"朋奸罔上""欺世盗名"等句,已经不是否定能力,而是将李纲定性为奸邪。

李纲并没有像宗泽那样"杀"了赵构的亲信,相信李纲直到去世时也不清楚自己是怎样得罪了皇帝。

多年以后赵构吐露实情:"李纲孩视朕!"

这是宋朝士大夫的通病,从真宗朝开始,他们每每强迫、压制皇帝,在很多时刻都展现出自己才是国家真正主人的行为。那些事如果发生在汉、唐,尤其是明朝,都是狂诞之语,欺君之罪,而在宋朝就理所当然。

宋神宗时,名臣文彦博一语道破天机:"陛下为与士大夫治天下,非与百姓治天下也。"

李纲、宗泽,秉承士大夫的使命,亲自设计、创造着一个崭新的帝国,却忘了问帝国的主人是不是喜欢。

赵构并不是真、仁、英、神、哲等前代宋皇,这个侍婢生养的皇子生性刚愎强硬,在他受过严格皇家教育,时刻都表现得温文和善的外表下面隐藏着排斥一切、唯我独尊的实质。他要的东西,谁也不许反对;他反对的东西,谁也不许坚持。谁敢忤逆他,就会发生流血事件!

回到现实,贬逐李纲是一个节点,在这之前赵构的一切避战行为都情有可原,都能用实力对比等客观存在的问题来解释,但是贬谪李纲暴露了他的本质。试问为什么七十五天就把李纲赶走,还连番斥责,终身不用?

"孩视朕"只是因素之一,真正的关键因素是北方防线和开封城的重启计划,这些如果成功就会逼着赵构回归都城,正面迎击金国,这是赵构万万不敢做的事。他第一次进入金营时的勇气不知是遭遇了什么,被消磨得干干净净,同时患上了无可救药的"恐金症"。

赵构此时的政治手段还很低劣，他召见李纲时的礼遇隆重到无以复加，罢相的速度和贬词的恶劣程度同样罕见，这带来了大麻烦。两个名满天下的士子上书反对赵构罢免李纲，需要强调的是，这两个人是赵构特别邀请到应天府的。

他们是陈东、欧阳澈。

就是主导开封民潮，上书要求宋廷杀六贼的那两个人。陈东这次上书的主要内容是"李纲不可罢，黄潜善、汪伯彦不可用，乞亲征，邀请二帝"。还指责赵构"不当即大位，将来渊圣皇帝（宋钦宗）来归，不知何以处"。

究其根本，这是在李纲的抗金主旨上再增添了未来的考量，换句话说就是赵构只配当大元帅，皇位永远是钦宗的。

这让赵构既惊且怒，还没法否认。因为陈东在大义上完全正确。

欧阳澈则揭开了赵构的另一副面孔，他的上书主要针对新皇帝的私德，指责赵构"宫禁宠乐"，令"开封府买拆洗女童不计数"，必选"姝丽""搜求之甚，过于攘夺，愁怨之声，比屋相闻"。

在一片劫灰焦土的开封城里搜选漂亮女孩儿，比女真人还要恶毒残酷，赵构这样做就不想想他的生母正在金国做什么工作吗？

赵构急火攻心失去理智，亲自下"手批"，将陈东、欧阳澈在应天府东市斩首。这件事处理得比罢免李纲还要草率低级，开宋朝自立国以来未有之先河。

这时是建炎元年（1127）八月，在一个月前，阁门宣赞舍人、武义大夫曹勋从北方逃了回来，带回了宋徽宗等人的求救信，里面记载了一个宋朝的秘密。

宋朝建国之初，太祖赵匡胤在太庙寝殿的夹室里秘密镌刻了一座石碑，称"誓碑"。规定每个皇帝即位时，由一个不识字的内侍带进去跪诵默记，之后重新落锁封闭。

夹室誓碑上的内容只有宋朝历代皇帝知晓，直到靖康之变金军无意中捣毁夹室，才有人看到了誓碑。这座碑高近八尺，宽四尺余，上有三句话。一、柴氏子孙有罪，不得加刑，纵犯谋逆，止于狱中赐尽，不得市曹刑戮，亦不得连坐支属；二、不得杀士大夫及上书言事人；三、子孙有渝此誓者，天必殛之。

这件事最早记载于曹勋所著的《北狩见闻录》，他本人和北宋皇室一起被掳去北方，很幸运中途逃走，带回了一件背心，在衣领里有宋徽宗写给赵构的信，"可便即真，来救父母"。赵构的生母韦氏也托曹勋带回信物，"深致我血泪之痛"。钦宗用"血指书襟诏"要赵构"播告四方，忠臣义士，奋心一举，犹可为朕报北辕之耻也！毋忘！毋忘"！

以上史无定论，没有证据证明它的真假。能确定的是宋朝此前的确没有杀过上书言事者，由赵构在此时打破。

其实陈、欧阳二人上书的内容很常见，宋朝的每一位皇帝都被臣子各种挑剔，仁慈宽厚千古仅见的宋仁宗都被指责过好色，也没见仁宗拿谁怎么样。至于皇位的归属的确很敏感，但越敏感就要处理得越平淡，否则注定会激起更大的风波。

罢李纲、杀陈东之后，赵构如愿以偿地得到了权威，他在九月时宣布要"巡幸淮甸"，也就是再次南下。如果有谁"应敢妄议，欲摇动朝廷者""同谋及知情"，并行处斩。凡告讦者，"有官人转五官"，"白身人"超越无品和从九品，升正九品保义郎。

只要告密就能连升五级，在一百六十余年的北宋历史中，在重大战役里起决胜作用的将官都没有这种待遇。

在这种力度的震慑下，真的没人再敢反对，也没人再敢提起旧京、三都之说。一个月之后，赵构如愿以偿地从地处内陆的应天府迁徙到了淮南的扬州城，紧靠在长江边。一切顺利，让赵构产生了错觉，似乎强力政府很适合他，对臣民就应该狠一点！

第六章
大呼过河身已僵

赵构带着建炎集团南下，帝国的精英以及未来都远离了北方，留下来的人注定无法进入新兴政治集团的核心。

名不见经传的小人物岳飞更是这样。岳飞的一生事迹都被南宋官方销毁，连他最著名的战役都缺失关键资料，其余可想而知。所以，我们只能根据有限的资料进行尽量可信的分析。

这当然不会是完全准确的。

岳飞在宣和四年冬返回相州汤阴县老家，到靖康元年加入赵构的大元帅府招募的新兵部队，其间有四年的时间行止无法确定。可见的资料只有岳珂在《鄂王行实编年》中的一些记载。

其中载有岳飞在家乡守孝长达两年，在宣和六年（1124）时"投平定军，为效用士，稍擢为偏校"。平定军并非军队番号，而是一座城市的名称，在今天的山西省阳泉市东南平定县。北宋在这片区域没有驻军，也就不可能有机会让岳飞升迁。

又记载在靖康元年六月，岳飞奉命在寿阳、榆次两次哨探，偶遇金军，他单骑闯入金营，杀多名金将又成功逃脱。在夜间用女真语从金军的巡更士兵中套出了金营的诸多配置分布等机密情报，圆满完成了任务。

理论上，岳飞此生唯一一次走出宋朝国境，就在燕云之役时，他不可能与女真人有过接触，尤其不可能通晓女真语，此处记载难以令人信服。

所以这四年岳飞到底去了哪里，做了什么，都是谜。

回到靖康元年的年底，那时赵构离开宗泽的磁州，来到了汪伯彦所在的相州。《宋史·岳飞列传》中记载岳飞也在同一时期应枢密院官员刘浩的招募加入了大元帅府部队，并由刘浩引荐见到了赵构。

赵构命岳飞招降盗匪吉倩，吉倩率领三百八十人归降，岳飞因功升承信郎。赵构拨给岳飞三百铁骑去挑战驻守黄河沿岸重地李固渡的金军，岳飞获胜。赵构再派遣岳飞跟随刘浩去解东京之围，在滑州南端与金军相遇对峙。

某天岳飞独自率领百余名骑兵在河边训练，金军突然来袭。仓促间岳飞独骑冲向敌阵，金军中"有枭将舞刀而前"，被岳飞阵斩。金军败逃，岳飞因功升秉义郎，转投时任东京留守的宗泽部下，之后有阵图、野战等事迹。

以上这些在时间线上说不通。

赵构建立大元帅府的确切时间是靖康元年十二月初一，十三天之后离开相州去了大名府。这么短的时间内招降吉倩，往李固渡挑战金军，再奔赴滑州与金军激战，以当时的行军速度来说是不可能完成的。宗泽也要在第二年的六月初一才到达开封，在那之前显然没法接收岳飞。

可以确定的是岳飞真的参加了刘浩招募的大元帅府部队，跟随赵构到达了南京应天府，他目睹了赵构登基，看到了李纲从南方赶到成为宰相，看到张邦昌在建炎集团的遭遇，也在近距离看到了张俊、田师中、杨沂中等军中名将。

他只是一名以白丁身份参军的普通战士，以上人物对他来说都站在云端，是另一个世界的人。以他的身份，刘浩不可能引荐他去见康王或者新皇帝。

《宋史·岳飞列传》记载，赵构登基之后，岳飞上书数千言，大致是说"陛下已登大宝，社稷有主，已足伐敌之谋，而勤王之师日集，彼方谓吾素弱，宜乘其怠击之。黄潜善、汪伯彦辈不能承圣意恢复，奉车驾日益南，恐不足系中原之望。臣愿陛下乘敌穴未固，亲率六军北渡，则将士作气，中原可复"。

岳飞以越职上书"夺官归"。这三个字代表革职与驱除，岳飞被剥夺一切职务与权力，再次成为平民，且留下了糟糕的案底。但是前面说过了，他这时没有招降吉倩、救援开封、被宗泽赏识等事，所以也没有封官，即不存在罢官。至于上书言事，在宋朝是一件谁都可以去做的事，不存在越职与否。

首先，岳飞文字书法都有很深的造诣，完全可以做到上书言事。其次，在宋朝尊卑观念相对宽松，上书言事者往往是底层官吏甚至是百姓。比如，在王安石变法时期上《流民图》与《论新法进流民图疏》导致宋神宗一度废除新法的郑侠，他当时的身份是开封城安上门的监门小吏。

所以岳飞完全有资格且很可能真的上书言事了，只是结局糟糕，这时的赵构正处于杀陈东、欧阳澈前后，对忤逆他的人零容忍。

岳飞被开除军籍之后处在人生的岔路口，在他面前有非常多的选择。他可以归乡务农，毕竟他目睹了建炎集团太多荒诞扭曲的施政，也亲身经历了皇帝狭小的气量，还有陈东、欧阳澈血淋淋的人头。

他不会知道十多年之后自己的命运与陈、欧阳两人是多么的相似，但是他的性格、是非认知等核心意识都已形成且固化，与十多年后的自己毫无差别，彼时他无法同流合污，那么这时他会怎么做呢？

两河区域内盗匪丛生，动辄拥众十余万甚至数十万，这些力量在金国、建炎集团之间顽强生猛地活跃着，以岳飞的能力一旦踏入，必将成为佼佼者。那时海天随跃，自由自在，比仰人鼻息不知强多少倍。

然而他任凭苦闷失意煎熬自己，留在政府核心所在地。这近乎自虐的行为，来自岳飞内心深处的爱国、忠君情结。

爱国与忠君在岳飞心里有顺位差距，忠君是基础核心，爱国是忠君的外延。这一点贯彻始终，只有在这个前提下，才会发生后面的事。

岳飞在相州结交的朋友也是政府中人，名叫赵九龄，他引荐岳飞拜见了时任河北招抚使的张所。

史书记载，张所问岳飞："汝能敌几何？"这个问题很现实，但也稍显唐突无礼。之所以这样，是彼此身份地位差距太大。张所在徽宗朝做到了监察御史，是妥妥的顶级大员。现任河北路招抚使更是一方诸侯，与岳飞相较不啻天壤之别。

然而岳飞的回答让张所震惊。岳飞说："勇不足恃，用兵在先定谋。"接着举了两个典故为例，"栾枝曳柴以败荆，莫敖采樵以致绞，皆谋定也。"

"栾枝曳柴以败荆"，指的是春秋时晋国的将领栾枝在与楚国交战时，命令士兵在战车尾部绑上柴草佯装败逃。彼时烟尘大作，一副亡命狂奔的架势。楚军上当追进了晋军的埋伏圈,就此大败。

"莫敖采樵以致绞",指的是楚国征讨绞国,莫敖(楚国官名)屈瑕利用绞国人轻浮的特性献计,要楚军不保护入山打柴的后勤人员,故意让绞国人抓住他们。第二天绞国人争着跑出城去,进山抓捕楚国樵夫,楚军早就在山上和城门附近伏下重兵,一举攻破绞国都城。

这两个典故年代久远,相当生僻,岳飞随便就举了出来,贴切生动之余显示了非凡的知识储备,让张所震惊。眼前这个年轻的武夫如果自夸是百人敌,甚至是千人万人之敌,都不如这番话来得令人惊讶。

他惊叹道:"君殆非行伍中人。"

张所是标准的士大夫,平生重文治、轻武人,哪怕国难当头也改变不了这一点。其实展望当时,就以李纲为例也是这样,他举荐的救国之士都是些文官,比如张所、王燮、傅亮等被派往两河区域的抗金主管,没有一个是武职出身。

张所是岳飞的第一个贵人,史称"待以国士",把岳飞从一介罢职的白身人提拔到武经郎。武官五十三阶中武经郎排在第四十阶,参照张俊从军十五年才积功升到第五十二阶的承信郎,可见岳飞的确是受到了极大的优渥礼遇。

岳飞感恩知报,多年以后岳飞立功,宋廷依制要荫封他的长子岳云,岳飞把这个机会送给了张所的儿子张宗本。

在河北招抚司,岳飞的直属上司是都统制王彦。王彦,字子才,上党人。王彦生性豪放不羁,徽宗时期考中武举,在种师道部下两征西夏,立有战功。金军南侵,他追随张所进入相当于敌占区的河北。

正当王彦欲有所作为时李纲被扳倒,两河反攻计划搁浅,张所被罢职贬到了岭南,刚刚集结起来的军队没了建制,等于被抛弃了。绝大多数人心灰意懒地散去,王彦却勇气倍增,率领岳飞、白安民等部下七千余人北渡黄河,向金军挑战。

王彦初期接连胜利,但很快被六万多名金军包围于新乡区域,被迫立寨防守。这在军事角度上来说是正确的,毕竟是十比一的悬殊兵力对比。但是他万万没有料到,一个部下因此勃然大怒。

岳飞抗拒军令,率领几百名部下冲出营寨与金军决战。这个时期的岳飞热血豪勇,冲动易怒,面对女真人时唯有白刃相向才是唯一的选择。他在混战中夺得金军大纛,四面挥舞,引领部下冲出重围,占领了新乡县。

这是一场难以置信的胜利,岳飞只率领几百人就冲破了迫使王彦立寨防守的六万余金军。这在岳飞看来更加印证了自己的判断:王彦怯战,延误战机!随后他继续向北挺进,在侯兆川附近遭遇了一支金军,毫无意外又是一场血战。

宋金开战以来,宋军在屡次失败之后总结出了女真人的战斗特点,其实就是没有战术。之前宋军与西夏人战斗,两军互相厮杀几次就能决出胜负,如果天色晚了,还会各自收兵,明天再战。金军正相反,一次冲杀不胜就会像潮水一样不停地冲击,可以持续整日整夜,是名副其实的不死不休。

面对这样的敌人,岳飞始终冲在第一线,"身被十余创"血战不退。在他的感召下,"士皆死战",再次胜利。然而部队没有给养了,岳飞无奈,回头向王彦求援。

这时很难揣度岳飞的心理,回头向曾经蔑视的上司求援是非常尴尬的事情,以岳飞孤傲倔强、极其执拗的性格是绝对不可能忍受的,这在多年以后他与皇帝交恶时的表现中能够证实。但他此时又的确回头求援了，那么能分析出的原因只有一点。

他认为王彦还是抗金的，两人纵有分歧，但在为国为民的基础上仍然一致，此时的求援也不是为了一己求存，而是在大义上的互助。

然而王彦犹豫，对军队来说，岳飞当初的离去是一种分裂，是最大的禁忌。这一点在不久的将来会更加明显，那时整个宋朝的军队都在疯狂地扩张，吞噬着周边的一切力量，对于敢分裂自己力量的人，唯有一个处置——杀！

最终王彦没杀岳飞，但也没有给予帮助，等于让其自生自灭。这在王彦看来已经是仁至义尽了，但是岳飞大失所望，他认为王彦气量狭小，此时的悭刻是对民族抵抗力量的伤害，在大是大非上有亏。从此两人嫌隙终生不消，再没有合作过。

绝境中的岳飞迸发出惊人的勇气，他没有向黄河以南撤退，反而一路向北挺进太行山深处。八百里太行山衔接山西、河北、河南三地，沟壑纵横、林深路险，自古以来就是战场，岳飞向这里进军，注定会连番血战。

岳飞与一支金军遭遇，激战中生擒金军主将拓跋耶乌。不久再次遇敌，"飞单骑持丈八铁枪，刺杀黑风大王，敌众败走"。这一时期的岳飞还不是帅才，只是一员斗将，每战必争先，强悍的战斗力保证了他所向无敌。

从另一个方面解读的话，这支几百人的小部队，在给养严重不足、伤疲交集之余，所能倚仗的也只有岳飞的个人武力了。

这是一次史诗般的行军作战，然而很快部队到了极限，必须得撤退了。岳飞再次率部冲破金军的重重铁幕，进入开封城，他的部队被编入宗泽的部队，但是具体的番号和上官是谁都没有明文记载。

从两人第一次见面的场合能判断出，岳飞进入开封时并不受重视，至少宗泽没有立即接见他，甚至根本不知道治下多了这样一个青年人。

宗泽在建炎元年六月一日进入开封城，当时这座曾经的旷世名城已经变成了废墟。街市、城防、宫苑尽毁，城内兵民盗匪杂处，到处都是难以置信的破败。更凶险的是，在二百里之外的黄河岸边就驻扎着金军，随时会发动进攻。

要怎样恢复旧都，是个庞大复杂的工程。

宗泽先杀了一批盗匪立威，恢复城内秩序。再修补被金军破坏的城防，额外造了一千二百余辆战车，又在城外险峻地段构筑二十四处战垒，形成城内外互补的防线。之后就面临了真正的难题。

黄河防线得夺回来，那需要海量的兵、钱、战械军资，可是建炎朝廷不会支援他。招募的话，就算他钱粮充沛也没人响应，能充军的壮丁都自发形成了民间武装。

此时开封周边民间武装规模极大，有活动在濮州（今山东鄄城县）一带，号称部众七十万的王善；淮水区域内约七万人的王再兴、李贵；洛阳附近拥众三十万的"没角牛"杨进。

这些人在乱世中迅速崛起，做事毫无顾忌，尤其厌恶宋朝。宗泽刚刚初步整顿了开封城，王善就带人过来打劫。宗泽毫无抵抗之力，只能鼓起勇气单人独骑迎了上去，对王善说道："朝廷当危难之时，使有如公一二辈，岂复有敌患乎。今日乃汝立功之秋，不可失也。"

老实讲，这话讲得很平常，没有什么煽动力，但是王善哭着跪倒投降，宗泽立即得到了七十万人！更惊人的是消息传出去之后，王再兴、杨进等人都主动来归顺，开封城迅速得到了百万以上的兵力。

他们不是厌恶宋朝，甚至主动打劫的吗？为什么宗泽一番非常平淡甚至带着上位者味道的话就使王善立即归顺了呢？这个问题很重要，稍后会单独讨论一下。

宗泽迅速扫平了黄河南岸的金营，在沿岸十六个县周边设立了互相协防的连珠寨。一时间两河地区的宋人气势大振，金国的反应也如期而至。坐镇云中（今山西大同）的完颜宗翰在十二月派出了女真人历史上知名度最高的将军完颜宗弼。

完颜宗弼，本名斡啜、斡出、晃斡出，或者叫"兀术"。小说演义中叫他"金兀术"，以国号为姓，是一种至高荣耀。

他是金国开国皇帝完颜阿骨打的第四个儿子，在女真建国期间是众多完颜中的弟弟，跟着宗翰、宗望等长兄参战，最重要的一次战斗是在鸳鸯泺追捕辽末帝耶律延禧，可惜没追上。他参与了两次开封之战，曾在宋徽宗南逃时率领百骑追击，再次没追上。

在宗泽进入开封城的前后，完颜宗弼的二哥完颜宗望突然死了。这对金国来说是巨大的损失，接近一半的军事体系没了首领，想弥补的话后继者必须具备像宗望一样纯正的宗室血统，同时还要有足够的军功。

完颜宗弼有血统，军功是短板，此后一系列疯狂的行动实际上都是在补强，好坐稳他在金国权力序列里的位置。

完颜宗弼的任务首先是扑灭淄、青两州（今山东境内）的抗金义军，之后攻击开封城。前期很顺利，他攻克青州，击败近十万义军，接下来刚刚渡过黄河，突然发现两支开封系宋军绕到了他的侧后方，占据滑州、郑州，切断了他的退路。

完颜宗弼立即退兵，半个月后再度杀了回来，这一次强渡黄河，绕

第六章　大呼过河身已僵　107

过郑州，攻破白沙城，迅速抵近开封。

宗泽的百万义军与城内外立体联合的战垒挡住了他，半个月前宗泽派出去断他后路的宋军也没辙，前后夹击，完颜宗弼大败逃走。这就是这位在女真战史上最著名的伟大将军的首战经历。

宗泽的勇气是震撼性的，在防御成功之后主动出击，派部将李景良、阎中立、郭俊民领兵向坐镇大同的完颜宗翰挑战。两军在郑州遭遇，野战仍然是女真人的强项，阎中立战死，李景良逃走，郭俊民投降，宋军全军覆灭。

宗泽搜捕李景良，抓到之后宣判："不胜，罪可恕；私自逃，是无主将也。"不久李景良被斩首。

郭俊民和一个姓史的金军、一个幽燕宋人何仲祖带着完颜宗翰的信来招降宗泽。这是典型的宗翰作风，女真人的崛起之路上充满了招降利诱，在灭辽亡宋的过程中屡屡得手，但宗泽是不同的。

宗泽先对郭俊民说："汝失利死，尚为忠义鬼，今反为金人持书相诱，何面目见我乎？"杀郭俊民。再对金将说："我受此土，有死而已。汝为人将，不能以死敌我，乃欲以儿女子语诱我乎？"杀金将。

燕人何仲祖是被胁迫而来的，宗泽放了他。

宗泽的赏罚分明是北宋自王安石变法以来极其少见的，事实上这项最基本的素质在封建时代的当权者中一直是罕见的，民众以及底层官兵们只要得到了它，就会焕然一新，充满了斗志。这或许就是宗泽能独立北境，保住一方疆域的秘诀。

开封城乃至黄河北岸在宗泽的打理下让金国无机可乘，史称"金人自是不复犯东京"。当然这一点并不完全是因为宗泽和义军有多么强大，更重要的是完颜宗翰本人。他一生征战灭亡两个超级大国，征服的欲望已经得到满足，他和他的派系变得温和。

就是在这段时间里，宗泽赦免了一个犯了军纪要被处斩的年轻军人，并允许这个年轻人走上战场，戴罪立功。这种事他做得太多了，当时绝对不会想到这对宋朝、对汉民族意味着什么。

这个年轻人就是岳飞。

没有明文记载岳飞犯了什么罪，但从他的人生经历来看，犯事是必然的。不要说这时，哪怕在他成为高级军官主政一州时，也曾在酒桌上把一个同级别的军官一拳打得生死不明，原因只是一言不合。

之所以会这样，表面上看是他性格桀骜刚烈，深层原因是他不是在体制内培养成材的。其他几位中兴将领要么是军伍世家出身，要么少年从军，都习惯了军法约束。哪怕同样桀骜如韩世忠，也遵守着基本军规。

着眼于当时，这是岳飞最大的短板。但放眼他的一生的话，会发现这是他成功的根本原因。一言以蔽之，在宋朝的军队体系里，尤其是徽宗朝，基本上是培养不出杰出军人的。

早期的岳飞有种种缺陷。他天性嗜酒，后来北伐期间却滴酒不沾；他不受节制，但岳家军的军纪是宋朝乃至整个封建时代里最严明的。这些惊人的对比，都发生在宗泽在刑场上救下他之后。

宗泽调拨五百名骑兵给岳飞，派他去汜水（今河南郑州）迎击来犯的数千名金军。岳飞大胜，带着金军主将的首级回来缴令。宗泽大喜，在这个时期能拼死一战的宋军将领是有的，但能大获全胜的就太少见了。

宗泽决定重点培养这个青年将领，他拿出了一套阵图，对岳飞说：

第六章　大呼过河身已僵

"尔勇智才艺，古良将不能过，然好野战，非万全计。"

"阵图"是宋朝独有的产物，每逢大战皇帝都会把事先绘制好的阵图交给大将，上面严格规定了交战的一切。从步兵、骑兵的站位到开战时由先锋挑战几次才出击都写得明明白白，将军们临阵必须一丝不苟地执行，不然哪怕战胜也有大罪。至于实战效果，以宋太宗最得意的《平戎万全阵图》为例，把一生征战，灭亡南汉、南唐两国的潘美折磨得苦不堪言。试想对面的辽国骑兵骠掠如飞，始终不做正面冲击，宋朝"尽善尽美"的大阵只能呆呆站着不动，除了当摆设还能做什么呢？

这种状况在宋真宗时期著名的澶渊大战时被验证了，宋朝倾力打造的近二十万兵力的定州大阵，被萧太后率领的辽国骑兵甩在了身后，攻破宋朝腹地，逼得宋真宗御驾亲征，在本土境内以劣势兵力在澶州签订了城下之盟。

尽管劣迹斑斑，只在宋太祖赵匡胤时代有过胜绩，可宋朝的每一代皇帝都继承了这个传统，说到底，"将从中御"只是政治需要，防止武将专权而已。

这时宗泽把阵图传给岳飞，是老儒生犯了整个朝代一直在犯的老毛病，更是真心要培养出一个抗金名将。岳飞仔细翻阅之后，回答道："阵而后战，兵之常法，运用之妙，存乎一心。"

"心"是什么？多年以后，宋孝宗追复岳飞官职的制词中提到"飞智略不专于古法，沉雄殆得于天资"，岳飞像所有的天才人物一样生有宿慧，所有的才能都隐藏在他自身深处，只要不断挖掘就会得到。

时代的洪流奔涌向前，从来不会等待谁的成熟。这时的岳飞在抗金大局上起不了什么作用，真正有所作为的是他的前上司王彦。

回到新乡县，王彦不同于还是斗将的岳飞，他的头脑和着眼点层次很高，面对六万金军的围困，他突围之后潜入共城县（今河南辉县）的西山，与两河义军建立联系，组建反金联盟。最初的环境恶劣凶险，王彦每晚睡觉都要换好几个地方。

这是因为金军在重赏捉拿他，同时也是防备队伍中可能出现的叛徒。他的部下为了让他安心，自发地在脸上刺上了"赤心报国，誓杀金贼"八个字。这让王彦既感动又愧疚。宋朝在面上，或者身上刺字是防止囚徒和军人逃跑，一经刺字终身受辱。北宋传奇军人狄青就因为脸颊上的金印被戏称为"面涅将军"，岳飞从军时据说手腕上也被刺青，都是终身之憾。王彦的部下主动刺青，是在用这种极端行为表达忠诚，要他放心。

王彦从此与部下同心同德，一力抗金，世间称他们为"八字军"。王彦的队伍迅速壮大，控制方圆数百里，兵力达十余万人，从最初的防守到屡次挑战金军，在黄河北岸建立了牢固的根据地。

王彦与宗泽相约北伐。然而他们没有名义，收复失地是君王的职责，他们必须得到赵构的授权。

王彦的军队渡河回到南岸布防，自己轻装南下去扬州，以自己的声望、经历向皇帝汇报两河、开封等地的形势，以期把建炎集团带回到北方。

要见到赵构，得先过宰执这一关。此时的扬州城变成了微缩版的东京汴梁，汪伯彦、黄潜善是新的六贼，两个人联手把持朝政，杜绝一切与危机有关的信息，专心营造美好和谐的社会氛围。赵构像赵佶一样躲在安乐窝里与搜罗来的各地美女努力制造新生命，理由很充分，到目前为止他只有一个儿子，实在是太少了。

第六章 大呼过河身已僵 111

王彦的到来对彼此来说都是噩梦。王彦的个人经历在汪、黄看来是在破坏宋金之间弥足珍贵的和平，至于两河百姓在水火之中盼望王师收复失地等更是无稽之谈，金国非常守信用，一直自我隔离在黄河北岸，还有比这更好的局面吗？还能再期盼什么呢？！

很快圣旨下达。

一、王彦不必陛见；二、王彦不必回开封。

第一条宣布王彦的使命失败。第二条堪称斩草除根。王彦有十万之众的直属部队，放他回开封，一定会和宗泽搅在一起搞北伐，那时建炎集团根本没法掌控。赵构封王彦为武翼郎、阁门宣赞，充任御营平寇统领，顶头上司御营平寇将军居然是范琼！

范琼就是挟持宋钦宗，抓走宋徽宗，搜捕宋朝皇室成员，砍断开封百姓攀扶钦宗銮驾不放皇帝出城的手的那个逆贼。这是多么奇妙荒诞的事，这是赵构不共戴天的仇人，赵构的母亲韦氏、妻子邢氏等也是被范琼亲手抓到金营的。可是范琼敢来报到，赵构就真的接收了，更古怪的是，当张邦昌被杀时范琼惊惧不安，赵构居然下圣旨保证不会杀他。

这是为什么呢？《宋史》给出的答案是范琼手里有兵，赵构不敢轻举妄动。但这经不起推敲。王彦、宗泽有更多的兵，赵构威胁之、戏弄之、无视之，从来没把他们当回事。

回到王彦，这简直是奇耻大辱，是针对他的所谓忠义之道量身定做的嘲讽。王彦的名士气发作，大怒之下索性辞官了。王彦离开了，不久之后还会活跃到抗金的战争中，与岳飞还有交集。

消息传回开封城，宗泽如冷水浇头，心中一片冰凉。绝望中他想起了初到开封时发生的一件事。

金国一个姓牛的使者奉命来开封探望大楚国皇帝张邦昌，宗泽断定这是来窥探虚实的间谍,把该人关押起来,上报赵构建议处斩。圣旨来得非常快,要宗泽按上国使者接待,不得无礼。

宗泽忍无可忍,坚持自己的判断,且进一步论述时事。赵构的回复是一番抚慰和赞美,最后一句是"朕之待卿尽矣,卿宜体此"。

这是一个极其严重的警告,发布在刚刚杀完陈东、欧阳澈之后。我对你已经不能再好了,你要考虑清楚!

回到刚刚的问题,如果说范琼手里有兵,赵构就甘于放下掳父挟母夺妻之仇,与之欢好。那么为什么宗泽坐拥百万之众,赵构就敢于发出这种程度的威胁呢?

问题出在宗泽自己的身上。他对赵构太好了。他把开封城甚至黄河一线经营成铜墙铁壁,让赵构安逸地在长江边享受生活,让赵构彻底地暴露了此时的成色,他就是一个遗传了赵佶血脉的追求顶级享受的纨绔。

这样的人只能用冷酷的现实打击才能懂事。然而宗泽谨守臣节,最大的限度只是埋怨。

他在奏章里写道:"信凭奸邪与贼虏为地者之画""弃北方七路千百万生灵,如粪壤草芥,略不顾恤""不忠不义者但知恃宠保禄,动为身谋,谓我祖宗二百年大一统基业不足惜,谓我京城、宗庙、朝廷、府藏不足恋,谓二圣、后妃、亲王、天眷不足救。谓巡狩之名为可效,谓偏安之霸为可述"。

宗泽在留守开封城的十三个月里,类似的奏章达二十四封。前十四封宗泽还在谈论时事,与赵构分辩对错。其中比较尖锐的是,赵构突然宣布解散两河义军,理由是所谓的义军只是假借名号的盗匪,都活动在两河区域,那里已经不是宋朝的疆土了,在金国的境内做事,宋朝为什么要插手？

这还有谈论的必要吗？丧心病狂到这种程度，只要把这些文字公布，估计赵构和建炎集团就都会变凉。

然而宗泽仍旧耐心地与之争论，直到开封城至黄河沿岸的防御体系建成，屡次击退来犯的金军。于是后十四封奏章里充满了对未来的向往和许诺。

在最著名的第二十二封奏章里，他写道："京师城壁已增固矣，楼橹已修饰矣，龙濠已开浚矣，器械已足备矣，寨栅已罗列矣，战阵已阅习矣，人气已勇锐矣，汴河、蔡河、五丈河皆已通流，泛应纲运，陕西、京东、滑台、京洛北敌，皆已掩杀溃遁矣，但望陛下千乘万骑，归御九重，为四海九州作主耳。"

至此宗泽无可再写，赵构也没办法再回答，他得怎样拒绝呢？说爱卿你在骗我，都是假的？

于是宗泽就像面对空气一样，不停地写信，不停地发问，始终得不到回复。他终于承受不住了，年过七十的老人，一介文官，一年多的劳顿苦闷让他忧愤成疾，后背发疽，这在当时是绝症。

众将进入内室探望，宗泽突然振作起来，说道："吾以二帝蒙尘，积愤至此。汝等能歼敌，则我死无恨。"

众将痛哭失声，齐声回答："敢不尽力。"这些人里就有年轻的岳飞。他们听到宗泽微微地叹息，轻声吟诵："出师未捷身先死，长使英雄泪满襟。"弥留之际，突然大叫三声："过河！过河！过河！"

宗泽死了，没有一句言语说自己家里的事。

建炎集团对宗泽的死态度淡漠，只追赠了观文殿学士、通议大夫，谥号忠简。"简"，一德不懈曰简、平易不訾曰简。算是美谥，但不高。至于观文殿学士之类的头衔，在北宋官员中活着的时候得到的都如过江之鲫，数不胜数。

回顾宗泽的一生，他最大的成就是重建东京，甚至张势至两河区域，成功地稳定了刚刚灭国的倾颓局面。宗泽用超凡的个人魅力感召着一股股强大的民间力量聚拢在开封城内，在一定程度上算是重建乾坤，这很了不起。

但是也毁灭了族群的新生。

北宋灭亡时君是昏君，臣是奸贼，国家败亡到不可收拾，百姓惨遭荼毒，导致烽火四起，最强大的义军已达数十万之众，完全是一个新王朝即将形成前的征兆。宗泽感召了他们，也熄灭了崭新时代的火种。

可是从另一个角度审视，为什么苦大仇深的义军在宗泽并没有什么新意的说辞下就归顺了呢？是苦没有受够？不，他们家破人亡，朝不保夕，没有更恶劣的了。是宗泽的个人魅力？也不，他要真有，就是新太祖了。

说到底是宋朝的底蕴还在，历代宋帝都善待士人，爱惜百姓，虽然经历了徽宗朝二十五年的恶政侵凌，百姓们仍然还记着宋朝的好，对不久之前的正常生活充满了怀念。所以在这个意义上，宗泽的努力都是正确的。

岳飞在近距离目睹了整个过程后，他内心忠君爱国的信念与宗泽产生了共鸣，宗泽的努力与死亡更升华了这一切。为人臣者，死而后已，哪怕遭受了巨大的委屈和误解，也没有打半点的折扣。

宗泽用生命给岳飞上了一堂课，在他心中种下了奋斗到底、死而无怨的种子，这在十余年后结出了既丰硕又苦涩的果实。

第七章

淮扬梦魇

建炎集团新任命的东京留守,名叫杜充。

杜充,字公美,河南相州人。进士出身,靖康初年时任沧州(今河北沧州)知州。杜充之所以被委以重任,是因为他的政治路线"正确"。

那是在北宋宣和四年前后,金军攻占幽燕地区,身处奴隶制社会的女真人不懂人口的重要性,更没有尊重生命的观念。大批的汉人向两河区域逃难,当他们进入沧州时,杜充下令全部杀掉。

理由是这些都是辽人,是敌国人,必须除恶务尽。这与建炎集团解散两河义军在路线上是一致的。这时杜充上任,深刻地理解了使命,试问解散义军,那么最大规模的义军在哪里呢?就在开封城里!

义军在开封城内是划分区域的,王善是后军,驻扎在开封城东的刘家寺;张用、曹成、李宏、马友等人是中军,占据开封城南的南御园;岳飞、桑仲、马皋、李宝等人屯扎在城西。

张用等人的军队达数十万人之多,是三股势力中最大的。他和王善是纯粹的义军，岳飞等人有张所的背景，勉强算是官兵。

杜充的解散方式是由官方操纵一场火并。

时间定在了建炎三年（1129）正月十五。这一天杜充命令城西部队向南薰门集结，去城南的南御园杀张用。可是张用早有准备，王善也从城东杀过来，两方合力，城西军队大败。

混战中岳飞所部只有八百余人，是城西军队中唯一获胜的队伍。岳飞"左挟弓，右运矛，横冲其阵"，在数十万众的军阵中所向披靡。这一幕被现场的人牢牢记住，以至于多年以后岳飞招降盗匪时提及此事，对方立即归顺。

然而这无关大局，王善胜利了，他们撤出开封，去陈州（今河南周口）讨生活。截止到这里，杜充完成了任务。

可是杜充不肯善罢甘休，派出几万人去追杀。结局可想而知，官军的尸体铺满了蔡河的河面。

岳飞也参与了追击，他在开封城所属的东明县附近抓住了盗匪杜叔五、孙海等人，因功借补英州刺史。

这仍然无关大局，只是时世洪流中的一朵浪花而已。回到义军内部，他们击退了杜充派来的追兵，尽管再次胜利，可是队伍缺粮。这是他们天然的短板，此后的十余年一直困扰着所有非官方军队。

张用提议回归两河区域，那里有大片金国控制的州城，去那里抢粮。王善不以为然："天下大乱，乃贵贱、贫富更变之时，岂止于求粮而已，况京城已出兵来击我，事岂无名乎！"这与"大丈夫当如是"很接近了，天下并非一家一姓的私产，手握几十万重兵凭什么不能更进一步？

张用被王善说服，两人合兵南下进入两淮区域。从这时起，义军变

第七章　淮扬梦魇　117

成了流寇。这是一个现象,绝非孤例,在整个宋朝版图里民间武装如雨后春笋,层出不穷,如果以建炎集团的视角来审视天下的话,赵构的权力只能实行在开封至扬州这片狭小的区域内,其余广阔的天地只是他名义上的产业。

但是这并不影响赵构在扬州的幸福生活,用他自己的话说就是"潜善做左相,伯彦做右相,朕何患国事不济"。

国家大事交给了宰相,自己专心在行宫里过平淡简朴的日子,这是他对国家、臣民最大的善意,国家和人民也一定会因此而宁静富强。这是有理论依据的,在中国传统思想里,国家的走势与皇帝的私人行为保持一致,皇帝清心寡欲,世界太平无事。至于前面提到的万事交给宰相,更是宋朝皇帝的美德。

所谓垂拱而治就是这样。

为了让臣民们知道自己的状态,赵构很是下了一番功夫。当时有内侍从开封城带来一两袋珍珠等宝物,赵构下令"投之汴水"。又下令镇江府把名贵家具在闹市中焚烧,目的是"还淳返朴,须人主以身先之,天下自然向化"。这样的事很多,无法一一列举。

需要注意的是这并不是单纯的形象工程,而是迎合了当时宋朝官民的一个共识。宋人认为北宋的灭亡是赵佶的奢侈生活激怒了上苍才降下的灾祸,如果皇帝回归简朴,从前的理想生活就会随之回归。这个理念在后来催生了早期的理学思想萌芽。

实际上赵构带着大批女眷来到扬州,第一时间大兴土木,扩建行宫,在这片远离女真人的乐土上尽情享受生活。历史学家对此都批判说赵构本性奸诈、表里不一,有源自赵佶的奢靡劣根,无可救药。

其实并不是这样,实事求是地说,赵构从落生之后就生活在开封皇宫里，哪怕再不受宠，也在赵佶营建的中国，甚至是世界古代史里最精致的环境中成长。世人眼里的奢靡不过是他的日常，在扬州他只是感到了安全，于是回归了正常生活而已。

在宗泽去世、杜充继任之后，赵构的淮扬美梦做得越发酣畅了，百万义军的崩解就像笼罩天空的乌云散去一样，让他的心情舒爽。在他的心里，那些根本就不是他的力量，没有才最好。如此这般，他终于把内部的麻烦解决掉，然而外部的危机马上就来了。

两年多的时间过去了，女真人目睹张邦昌被杀，傀儡政权覆灭，赵构继续做大之后，决定再次入侵。事情发生在开封城火并之后的建炎三年初。

金国二号人物完颜宗翰在山西大同派出五千骑兵，由完颜拔离速、乌林答泰欲、耶律马五率领直奔扬州。铁骑奔袭，千里斩首，女真人要以迅雷不及掩耳之势抓住赵构以及建炎集团。

这是一次军事壮举，实际上却是事出无奈。就在半年之前，建炎二年（1128）秋，金军就发动了攻势，兵锋直指京东路，攻克了澶、濮诸州，下一个重大目标就是开封。当时杜充手握百万义军不用，却动起了歪脑筋。

他挖开了黄河的堤坝，顿时河水奔腾咆哮着溃堤而出！这是赵佶、赵桓时代哪怕面临灭国之灾都没敢用的招数，杜充毫不犹豫地用了。

滚滚浊浪向东漫过滑县南、濮阳、东明县之间，再向东经过鄄城、巨野、嘉祥、金乡一带汇入泗水，经泗水南流，夺淮河注入黄河。河南、山东、安徽、江苏一带的百姓被淹死二十多万，流离失所、瘟疫等造成的死亡人数近百万，无家可归沦为难民的近千万人，北宋最繁华富饶的两淮地区变成泽国废墟。之后几十年里黄、淮之间的这条临时通道疏堵不时，人力无法修复，近乎永久性伤害。

杜充杀的宋朝人比所有的完颜加在一起都多。这时完颜宗翰对扬州发起突袭只能改道，绕过杜充所在的开封城。

洪水、战报的消息传进扬州城，被汪伯彦、黄潜善拦截。有官员建议要及时措置，汪、黄的反应是"笑而不信"。

两位宰相下令"禁止街市不得扇摇边事，亦不许士庶般挈出城"。即不许谈论、不许搬家、不修战备，不许破坏祥和气氛。汪伯彦、黄潜善每天听克勤和尚讲经说法，风度闲适雍容的和开封城陷落前的首相何㮚一模一样。

这样"美好"的世界在二月的某一天被打破。当时赵构正在行宫里淫乐，突然间太监邝询闯了进来，对他号叫金军已经攻占了天长军，马上就要到扬州了！

赵构吓得心胆俱裂，天长军距扬州只有不到一百里的距离，以女真人的速度能随时杀到他的面前！极度的惊恐让他"遂病痿腐"，也就是现代医学定义的阳痿，从此丧失了生育能力，但这丝毫没有影响他逃命的本能。

赵构不顾一切地跳上马背冲出了行宫，身边只有御营都统制王渊、太监康履等五、六个人，一行人穿街过市，夺门出城，奔向长江边。在他们身后整个扬州城沸腾了，他们纵马狂奔的样子落在了市民的眼里，证实了之前种种金军逼近的谣传，官员、军人、百姓拖家带口，疯狂地涌向了城门。

门窄人多，自相践踏，刚刚还和风丽日的"盛世"立即变成了人间地狱。侥幸挣脱出来的立即分流，涌向了两个方向。一个是运河，一个是长江边。两地都常年准备着的各种公私船只，是逃生的唯二出路。

转眼间运河边成了更大的噩梦，冬日水涸，船只都陷在泥淖中动弹不得，这些人来不及绝望就又奔向长江边。

然而赵构就在长江边杀人！

这是信史记载中赵构第一次亲手杀人的场面，起因是他最信赖的那两位大宰相，是他们下令不许任何人离开扬州才造成了现在的惨况。赵构身边的一个侍卫忍不住口出怨言，说两位相公真"英明"之类的话，撩拨得赵构恼羞成怒，一剑刺死了他。

然后面对长江，赵构惊怒交集。

御营都统制王渊早先受命在江边预留下大批船只，以备不时之需，可是这时江水滔滔，一条船都没有！赵构心急如焚，王渊使尽浑身解数终于搞到了一条小船，赵构下令不等包括后宫嫔妃、宰执高官等在内的任何人，立即开船，逃向长江南岸。

赵构终于启程，随后的长江边拥堵了扬州全城的百姓，共十万余人无助地呼天喊地求救无门。

一天后金军杀到，先冲进扬州城搜索赵构，遍寻不获后烧杀泄愤。

另一幕惨剧发生在长约五十里的运河里，这里满是淤住的船，上面全是财宝、器皿、金帛、文书等，可以说以富裕闻名的扬州城的多半财富都在这里。突袭扬州的金军除了赵构本人几乎收获了一切。

这是比靖康之难东京陷落更大的悲剧，它本来是绝对不会发生的。只要正常应对，无论是建炎集团十万兵力的御营兵马正常迎战，还是听取警报，及早布防或者撤退，都不会让区区五千女真骑兵这样轻易地得逞。

这样魔幻的一幕催生出各种神异的传说，比如赵构的"泥马渡

第七章　淮扬梦魇　121

江"。在传说里赵构孤身一人在江边等死,一个神仙出现送给他一匹马,保护他渡过长江。这匹马非金非银非铜铁,是草和泥做的。

现实中过江之后的赵构就躺在野草和泥水里,建炎集团的上层终于会合了,在泥泞的野外只有皇帝有一张貂皮做被褥,其余所有高贵的后宫和宰执都倒在荒地里庆幸余生。稍微安定之后,这些人开始追责。

大将刘光世跪倒在赵构面前痛哭,他的几万部下离散,滞留在江北,没法召集护卫皇帝,这都是王渊的责任。

王渊早有准备,他把罪责都推给江北都巡检皇甫佐,将其当场斩首。杀掉自己人之后,现场和谐了,建炎集团开始想下一步去哪儿。时下他们身在镇江府,与金军隔江相望,女真人无所不能,得马上走。

王渊提议去杭州。

杭州有"重江之险",沟壑水道纵横,是阻挡女真铁骑的天然障碍,在它和长江之间有众多的城市充当战争堡垒。杭州的富饶远在扬州之上,宋朝以一国供一城才造化出东京汴梁的空前盛景,其中杭州的供养是重中之重,现在直接进驻杭州的话,稍加整顿就能重现故都风采。更妙的是杭州临海,危险时刻能随时扬帆出海避祸,这是整个北方所有城市都没有的优势。除去这些还有更加分的一项。

杭州山水之美冠绝天下,早就让身在帝都的赵氏子弟魂牵梦萦,能终日优游其间,何必建什么艮岳。

建炎集团迅速南下,经常州、平江府奔向杭州府。一路上狼狈不堪,"仪仗皆阙,惟一兵执黄扇而已",挨到了杭州城,这伙人发现没有行宫,直接把州府衙门征用了,赵构当晚只能睡在一张未经雕饰、未刷漆料的白皮木床上,将每日"百品"的御膳减为"日一羊,煎肉炊饼而已"。

这让赵构非常痛苦，可是还必须忍受。

他的理智在回归，想起了几年前其父赵佶的花石纲等恶政把江南逼反，兵火蔓延了六州五十二县，如此酷毒，这时国破家亡来逃难，带来的还是些惊破了胆的残兵败将，他有什么资格、脸面、胆量当江南的皇帝？

赵构下了一道罪己诏，他"慰抚淮扬迁徙官吏军民"，对扬州城内外、长江运河边的惨案"痛切朕心，愧负何及"。他逃亡的路上"劳形克己，侧身修行，宅中经远，均布惠泽。省刑薄敛，一毫不扰郡邑"。这是在变相地诏告江南百姓，他会是一个不扰民的好皇帝。

为了证实这一点，他下令外放了一百八十名宫女。这就是他一直标榜不好女色的真相，逃亡到这步田地身边还有一百八十个宫女，扬州行宫里得有多少？

做完这些表面工程，必须要办的事终于提上日程，怎样处理汪伯彦、黄潜善。这两个人民愤极大，江北十余万条怨魂隔岸望着这里，赵构哪怕再喜欢这两个人的执政路线，也必须得给天下一个交代。

事实上赵构本来是漠不动心的，奈何一件事传了过来，把整个建炎集团都惊呆了。就在江边逃难的那一天，十几万百姓对汪、黄恨之入骨，突然间一个军士认出了人群中有一个姓黄的官员，顿时无数人扑上去殴打。事后才知道，这人是司农卿黄锷。

民怨如此，不能再留。何况赵构本人也深恨这两个意态闲适雍容的大宰相粉饰出的太平，让他差点丧命。尤其是在安定下来之后，他发现自己痿了，这是无与伦比的伤害！要不是这样的话，他何苦外放那么多辛苦收罗的美人儿？

参照李纲、宗泽的前例，这两个败类会死得非常难看才对，然而结

第七章　淮扬梦魇　123

果再次让天下人瞠目结舌。

汪伯彦任洪州（今江西南昌）知府，黄潜善任江宁（今江苏南京）知府。两地分别是江南东、西两路的首府，是外任官中首屈一指的肥缺。两人的罢相制中称"移股肱者，固非朕意""既昭体貌，庸示保全""兹予终始之恩，固无内外之间"。满篇的赞美眷恋之辞。另外，前首相、现任单州团练副使李纲不赦免，不得出境。

李纲与扬州惨案风马牛不相及，但宋廷的"理由"很是重大，在宋金关系突然恶化之际，不能再有刺激女真人的不安定因素出现了，李纲必须被严格监管控制。其实是赵、汪、黄三个怕了，如果不把李纲压住按牢，让他复位出声的话，汪、黄一定会被清算，而且比张邦昌死得都难看，连赵构都要一起出丑。

新宰相是朱胜非。朱胜非，字藏一，蔡州（今河南上蔡县）人，进士出身。他在关键时刻出现在了关键地点，当赵构在应天府登基称帝时，朱胜非是应天府的知府。

当时朱胜非及时造势，声称大元帅的头衔不足以号令民众，只有皇帝才能挽救国家，让建炎集团迅速接纳了他。这时汪、黄在卸任之际按惯例推荐继任者，就选择了他。

第八章
苗刘兵变

御营大将张浚、刘光世等被派往长江沿岸，任务是回收逃到南岸的士兵重组军队，同时跳过原地方政府，直接控制辖区。这些任务很重大，但他们心情沮丧，从这时起这几个人都被边缘化了。

真正留在赵构身边的是王渊、太后、宫女，以及太监群落。这是一个节点，截止到这里，哪怕惊魂未定，赵构的纨绔心态又再度萌生，他仍然是之前毫无理由的自信，只要不是面对女真人，那么凭借血统的唯一性，他就可以为所欲为，不必考虑任何后果。

比如他罢免李纲，辜负宗泽，害死扬州全城百姓，以及张浚、刘光世等千里迢迢投奔他的忠心拥护者被边缘化，还有哪怕面对沸腾的民怨，也只是敷衍一下就再不担心，在身边只留下了他自己认为可亲可信的那群人。

他刚刚下了罪己诏，就任由这群人荼毒杭州。

这群人是在康王府就跟随赵构的一批太监，分别是康履、蓝珪、高邈、张去为、张旦、陈永锡等。实事求是地说，这群太监陪着赵构出生入死，从赵构奉旨出京赶赴金营和谈时就形影相随，真的非常耐劳且忠心。

但是太监们习惯性地继承了梁师成、童贯等前辈的风范，在建炎朝廷内军、政、财一把抓。刘光世在赵构登基三个月之后就当上了节度使，这是宋朝最尊崇的武职官衔，号称"极致"，就是走了他们的门路。

军队方面，太监们"凌忽诸将，或踞坐洗足，立诸将于左右。声喏甚至马前"。肆无忌惮到这种地步，"诸将多奉之，而台谏无敢言者"。

财权方面，扬州惨案的根源在于停泊在长江北岸的船队不见了。它们去了哪里？还有为什么王渊砍了替罪羊之后刘光世就立即安静？幕后的真相就是船都被派走给这些太监运财宝去杭州城了。

政治方面，这一块才是太监们的强项。这时是他们肆无忌惮的时期，再过两三年之后，经历了一次血淋淋的教训，他们仍然能左右国家大政，时任首相的赵鼎都要私设酒宴求他们帮忙，才能实施某些计划。

终于来到了杭州，太监们在梦幻般的美景中强占全城最豪华的宅邸，欺行霸市，强买强卖，甚至到江边观赏著名的钱塘潮，都用布帛把长街围成甬道，挡住杭州人的视线，一路安静私密地到达景区。

这已经是幼生期的六贼行为了，但是仍然很安全，直到王渊升官。

前面说过张浚、刘光世等人外放，王渊留在了杭州，他的具体职务是同签书枢密院事兼御营都统制。枢密院是宋朝与宰相并列的最高军事机构，号称西府。"同"字代表不是正职。"签"字非同小可，有签署文件下达命令的权力。

在宋朝，武臣出任枢密院长官，居宰执之列，是极高的罕见恩遇。王渊能在扬州惨案之后不受贬谪，反而破格荣升，这在北宋是史无前例的。这样的事之所以能发生，全靠这群太监的能量。

截止到这里，王渊与太监们各取所需，都很满意，一点都没有意识到大祸临头。

新首相朱胜非发现了苗头，向赵构发出警报，军队即将哗变，原因是赏罚不公。赵构大惊，了解原委后立即下令解除王渊的签发权，只挂一个枢密院虚衔，以为这样就会平息事端。

但是晚了，暴乱已经发生。军队有人向大太监康履告密，御营将军苗傅、刘正彦在天竺寺聚众哗变，目的是杀王渊。康履大惊，上报赵构，赵构紧急召见宰相朱胜非，要他出宫去通知王渊应变。

事情兜了一大圈到了王渊手里，事关自己性命，王渊马上派重兵直扑天竺寺，然后就静等回音，整个建炎集团则等着他的回音，这种状态一直持续到第二天退朝。也就是说，整个宋廷在下午、夜晚、第二天上午、近午这么长的时间里突然间对军队哗变搁置不问。

王渊退朝后在杭州城北桥畔被伏击。直到这时他才明白昨天的所谓密报是个圈套，用来转移宋廷和他的注意力。一切都晚了，王渊被叛兵当场斩首，随即兵变肆虐全城。

外出的太监"皆为其所杀，财物尽劫取"，没有胡须的人也被误杀不少。苗傅、刘正彦下令在杭州城各闹市中张贴榜文，指斥赵构"奸臣误国，内侍弄权""民命皇皇，未知死所，进退大臣，尽出阉宦，赏罚士卒，多自私门"，宣称要"天其以予为民除害"。这不再是针对王渊和太监，而是要废掉赵构。

正午时分，叛军逼近行宫，赵构吓得六神无主，在宰执等高官的陪

第八章　苗刘兵变

同下登上城楼。苗傅代表叛军厉声质问赵构:

"陛下信任中官,赏罚不公,军士有功者不赏,内侍所主者得官。黄潜善、汪伯彦误国至此,犹未远窜。王渊遇贼不战,首先渡江,因交康履,乃除枢密。臣自陛下即位以来,功多赏薄。臣已将王渊斩首,中官在外者皆诛讫,更乞康履、曾择斩之,以谢三军!"

这些话其实是替天下人质问的,赵构什么都清楚,却一直以为自己是皇帝就可以免责。

说来这也的确是事实,赵宋天下哪怕亡国时,也是因为异族人入侵,高高在上的赵姓皇族、宰执高官们对内一直为所欲为,哪怕弄出来花石纲等千古恶政也没受到半点惩罚。要特别说明一点,这不是特指徽宗朝这短短的二十多年,在两宋共三百一十九年的统治时间里,农民起义共计四百三十四次,这是中国所有朝代中最多的,没有之一。

所谓的富裕、繁华都是给士大夫、富商巨贾们享受的,与之对应的百姓只有加倍的苦难。所以免责是宋朝所有皇帝心中根深蒂固的认知。

于是幼生期的政界新丁赵构也一以贯之,继承着祖辈们的传统,尤其是李纲、宗泽等人的忠心耿耿更给了他一个虚幻般的错觉,他想做什么都可以,最多只受点指责,永远不会被伤害。

一个铁证就是在宗泽一连写二十四道奏章请他回开封,哪怕呕心沥血他也无动于衷。可是同时期庆源府(今河北赵县、宁晋、赞皇、高邑、临城、柏乡一带)赞皇县五马山义军把流落民间的信王赵榛接到山上,宣称将带兵进开封时,赵构立即下诏"朕将还阙,恭谒宗庙"。

哪怕明知这个信王是假的,也绝不允许有人抢他的皇位。这就是真相,赵构视世间为私产,万民为奴仆。

现在报应到了，恶人自有恶人磨，李纲、宗泽做不到的事，苗、刘两人做了。当天赵构还想耍手段，说汪、黄已被贬职，王渊也被杀了，太监们更死了很多，康履等也会被惩处，爱卿们回军营等候结果吧。

他相信只要熬过这一关，军人就会是砧板上的肉，到时尽管秋后算账！然而苗、刘不受骗，随着时间的推移，叛军开始躁动，有冲击行宫的迹象，赵构立即屈服，把康履交了出去。叛兵就在城下把康履腰斩、腐割、斩首。这是虐杀，更是示威，赵构目睹这一切，心惊胆战之余决定妥协。

升苗傅为庆远军承宣使、宣御营都统制，刘正彦为渭州观察使、副都统制。在赵构想来，兵变由赏罚不公而起，至此就应该告一段落了。可惜他太乐观了。

苗、刘质问道："上不当即大位，将来渊圣皇帝来归，不知何以处？"这是指责他的皇位不合法！

赵构惊呆了，这是他最害怕的问题，只要他的父亲、哥哥还活着，这个噩梦就会一直追着他，没法解决！

赵构就此陷入沉默。

首相朱胜非缒城而下，与叛军交流后带回了他们提出的要求。叛军要孟太后垂帘听政，与皇帝共理国事。赵构松了口气，这可以接受。然而朱胜非告诉他此皇帝不是他，是三岁的皇太子赵旉。他本人已经荣升太上皇。

这一刻绝对是赵构有生以来受到的最震撼的打击，他从至尊无上的宝座上突然摔进了无底深渊，反差比他父亲从江南回开封时还要大。宋朝一百六十余年的辉煌历史让他对自己的血脉有着本能的骄傲，除了女真人外没人能对他怎样，哪怕几度成了丧家之犬也不能改变这一点，可是几条看家护院的狗就把他废黜了！

这是噩梦吗？恍惚中，有人去后宫请孟太后和新皇帝登场。赵构不由自主地站了起来，躲到了一根柱子后面。片刻后，有人请他回到刚才的座位上落座，赵构摇头道："不当居此位矣。"

就是从这一刻起，赵构优秀的政治能力开始萌芽，世界还是之前的世界，他不再是从前那个少不更事的纨绔生的纨绔了。

时年五十七岁的孟太后没上城头，而是直接到了城外，面对叛军她强调宋室颓唐，是徽宗皇帝、六贼的责任，与赵构无关。眼下的窘境是汪、黄两人的失职，赵构也是受害者。

奈何苗傅是纯正的宋朝武将，说出的话和当年陈桥驿赵匡胤听到的一样，强迫孟氏上位。

孟太后毫不慌张："皇子方三岁，以妇人之身，帘前抱三岁小儿，何以令天下。敌国闻之，岂不转加轻侮？"

她说得有理有据，可是没人听。那么接下来怎么办？赵构只有两个办法，强硬或者屈服，然而成熟的人总有第三条路走。隆祐太后转过头来看首相朱胜非，这时正要倚仗大臣，相公为什么一言不发？

朱胜非真的一言不发，转身就回了行宫。现场的人都惊呆了，这是个比汪、黄还要无能的宰相。

朱胜非有话却不能当众说。他找到赵构，说刚才接触了苗傅的心腹王钧甫，王钧甫说苗、刘二人"忠心有余，学识不足"。这句话是决定性的，可以理解为造反的决心不足，手段不会太酷烈，而且缺少计划和智慧。

有了这个前提，赵构与朱胜非决定先放弃抵抗，即日起退位，搬出皇宫，到显宗寺借宿。凡是叛军点明的太监全部流放，孟太后垂帘听政，皇太子赵旉登基称帝，改元"明受"。

至此叛军取得了全面胜利，苗、刘志得意满，如果这时有谁说他俩"学识不足"，他们是不会同意的。因为这次叛乱，也就是《宋史》中的"明受之变"，是从各方面精确考量，尤其是对比了军队的实力之后才决定实施的。

苗、刘摆在台面上的叛乱理由是赵构赏罚不公，他们嫉妒了，于是就干了封建时代性质最恶劣、后果最可怕的事。冲动、粗暴、短视，也是以往史书对这件事的评价。

但是仔细研究就会发现，站在苗、刘的立场上，这件事是可以干的。首先是道义上，钦宗是赵构永远的阴影，别说是现在，哪怕是十年之后宋军反攻江北节节胜利时，赵构都不敢想象金国把钦宗放回江南时会造成怎样的局面。

其次，也是最重要的军队方面。

"明受之变"时宋朝的全部军事力量由五个组成部分，分别是御营军、西军、开封军、义军、流寇。

义军和流寇不受赵构的支配，由于杜充的打压，向长江沿线不断涌动。它们已经、更注定会造成巨大的动乱，但与苗、刘无关，可以忽略不计。

开封军是很尴尬的存在，它们在宗泽的手里时忠于赵构，但赵构嫌弃且戒惧。到了杜充的手里，赵构很放心但相距太远，无法遥控，也可以忽略不计。

西军山头林立，百年之间众多的姓氏派系层出不穷。自靖康以来种、姚等凋零，寡头是曲端。此人在不久的将来会是整个西北局势的主角,到时再说。他的特点是西北中心论,谁也命令不了他。

御营军是赵构的嫡系,主要成员有张俊、韩世忠、刘光世、范琼、杨惟忠,以及苗傅、刘正彦。刘光世和杨惟忠带着大量的嫡系部队投靠赵构,军队成员是血统很正的西军,堪称自成体系。

别看刘光世能跪在江边向赵构哭诉喊冤,但是实力造成的隔阂是客观存在的,赵构和刘光世都没法改变。

范琼的部下是前开封禁军,一起干过的坏事太多了,相当于无数张投名状把每个人都捆得死死的,都明白实力下降或者被分化之后只有死路一条。所以从来没把赵构当成真正的主人。

只有张俊部下有八千士卒,是唯一忠于赵构的力量。然而仔细追究的话,张俊此时与苗、刘很可能是一样的心态。张俊是南宋中兴将领中第一个劝赵构称帝的人,过江之后也被隔离在杭州之外,论亲疏的话还不如苗、刘,让他为赵构继续卖命,在理论上实在是缺乏说服力。

综上所述,苗、刘是看透了赵构这时只是个空心大佬,再加上有钦宗皇帝在,只要他们敢动手就一定能把赵构拉下神坛。事实也如他们所料,赵构没等他们动手就交出了权力。

剩下的就是安抚军队了。苗傅做武当军节度使,刘正彦是武成军节度使,韩世忠任御营使司提举,刘光世早就是节度使了,那就加封太尉、淮南制置使。张俊被区别对待,晋封秦凤路副总管,带三百名士兵即日启程前往西北就任。

这对张俊是巨大的考验,把军官调离嫡系部队是最常见的削弱手段,通常紧接着就会被降职甚至杀害。他能拒绝吗?尽管他知道发生了政变,但这仍然是皇命,如果拒绝的话,苗、刘就有理由动用国家机器了。

深度剖析张俊,会发现他的前半生窘迫卑微,毫无前途可言,是靖康之变促成了他的机遇,赵构是他唯一能抱住的大腿。苗、刘等人的仕途是通畅的,所以一旦待遇稍有不公就举刀造反,可张俊不会,他终于从谷底爬上来了,哪怕赵构把他排到了杭州核心之外,与之前相比他仍然身在天堂。

苗、刘也考虑到了这一点,所以才区别对待他。那么于公于私,张俊的选择就都很明晰了,他必须拒绝。然而知道怎么做和真的做出来还是有巨大差距的,这需要见识,更需要胆识!

张俊很有胆量,他稳稳地待在自己的军队里,不奉诏。

如果苗、刘敢动用国家机器的话一定会造成社会动荡,局势不稳就是赵构的机会,这对张俊来说就是效忠。

他赌对了,苗、刘没敢发兵,而是策反张俊的部下陈思恭,但是陈思恭拒绝了。苗、刘又策反赵哲,赵哲同样拒绝,这体现了张俊对军队的绝对掌控力,可是苗、刘接下来的命令是灾难性的。

他们命令除特许的三百名士兵之外,张俊其余部下由其他部队的将领拆分。这在当时会立即引来无数饿狼。

张俊立即全军开拔离去,目标是平江府,那里有位礼部侍郎名叫张浚。

这时距离李纲罢相已经过去了两年左右,张浚今非昔比了。当时他弹劾李纲导致其罢相,身上清晰地烙印下了汪伯彦、黄潜善的标签,是地道的奸邪爪牙,在舆论上被一片骂声淹没,离遗臭万年不远了。张浚迅速解决问题,他先是再次使用御史权力,弹劾了当时性质非常恶劣的一个现象。

宋朝崇文抑武,开国时期还好些,进入宋太宗时代之后随着连续几次对辽国的重大军事行动的失败,赵光义的军事强人形象轰然倒塌,为了控制军队和国势,开始着重扶持文官,武将的地位随之变成了中国自有信史以来最卑微的时期。靖康以后,乱世中文官的本色暴露了。就像五代时武将戏谑地称文官为"毛锥子",只是根毛笔而已,除了舞文弄墨外百无一用。

一位新兴的军方强力人物纵容部下把一个言官追逼得落水淹死,当时无人敢管。这是个极其危险的信号,暴露了建炎集团当时军纪败坏、武人跋扈的事实。如果继续下去的话,堂堂的正朔朝廷会匪气横行。

张浚弹劾这位军方人物,迫使其受到降级处分,"上下始知有国法"。张浚因此晋升侍御史。这之后建炎集团南迁扬州,张浚突然转向国家政策层面,说中原是天下之根本,建议赵构下令重建开封、关陕以及襄阳和邓州一线,为了彰显力度,还希望赵构亲自去这些地方视察走动。

他突如其来地唱反调,站到了汪伯彦、黄潜善的对立面,没有悬念地被免去了御史台职务,外放知兴元府(今陕西汉中)。

这是很重的处罚,一个风头正劲的青年官员转眼间就被踢出了政府核心。但也就是在这一刻,张浚成功地重塑了自己的个人形象,不仅脱离了奸臣队伍,还提出了自己主张抵抗的政治标签。

这个抉择让他丢了官职,赢得了官声。

在宋朝曾有个核心价值标准,所谓"道理最大",而不是皇权、职位等最大。每每有官员与皇帝、宰执激烈对抗,不惜被贬官外放,甚至获罪也要坚持自己的理念,越是这样就越会赢得舆论的钦佩与支持,这些无一例外都会转化为个人号召力。

比如李纲,他被一撸到底,永久隔绝于权力核心之外,但是声望之隆终身不倒,越是在国家的危亡时刻越是被人怀念推崇。

张浚外放的前夕，好运突然降临，赵构挽留了他："卿知无不言，言无不尽，朕将有为，正如欲一飞冲天而无羽翼，卿勉留辅朕。"张浚晋封礼部侍郎，同时担任御营使司参赞军事。

一番操作，张浚手握军、政两界权柄。

宋沿唐规，都是三省六部制。宋朝的礼部在神宗朝"元丰改制"之后下辖祠部、主客、膳部三个部门，主官有礼部尚书、侍郎各一人，郎中、员外郎各司一人。侍郎张浚是礼部的二把手，宋朝的文官对武将有压倒式的管控，此时张俊找这个级别的人做靠山是完全说得通的。

张俊到达平江府后，发现这里非常平静，杭州城里发生的事基本没人知道。原来是张浚控制了消息来源，相当于把"明受之乱"屏蔽了。前面提到在这个时段里整个宋朝的军队只有张俊的八千人马是整建制满配额的，他的到来也让张浚信心十足，张浚立即向建业、镇江两处写密信，号召勤王。

镇江是刘光世的戍所。大衙内努力回收部队很有成果，加上不停地收编周边的各种武装力量，尽管良莠不齐，但是基数在迅速变大，加上他的老资格，可以说刘光世是这时军方最有号召力的人。

刘光世知道杭州城发生政变，这些天正在发挥自己在听话与不听话之间判断得失的能力，努力分析要站在哪一边。苗、刘的拉拢他置之不理，张浚的密信到了他也按兵不动。说到底张俊觉得张浚的牌面够大，刘光世则觉得小。

另一边，平江府迎来了真正的牌面，吕颐浩率领一万名士兵启程响应勤王。吕颐浩，字元直，齐州（今山东济南）人，进士出身，南渡以前做过河北路都转运使，相当于省长。

第八章 苗刘兵变 135

一般来说，由吕颐浩发起号召才更恰当，但是吕颐浩不仅甘于听从张浚的召唤，还以个人身份帮助张浚再次召唤刘光世。这一次大衙内不再迟疑，决定干了。然而他没有第一时间行动，就错过了最大的红利。

张浚等人的行动进行得很隐秘，但成千上万数量的军队调动是瞒不住的，杭州方面很快知道了张浚扮演着什么角色。苗、刘以明受朝廷的名义传来圣旨，升张浚为礼部尚书，二把手变一把手，命令他赴行在述职。

叛军改变策略了，之前是把所有的实力派都往外赶，离核心越远越好。这时终于意识到是昏招，众多的实力人物在外面很容易就抱成团反攻杭州。他们要矫诏，假传圣旨把人都禁锢到身边。

首要目标是张浚，但重点是韩世忠。后者的名字近两三年来响彻大地，是宋军公认的第一强人。

韩世忠，字良臣。生于北宋元祐四年，延安府绥德军（今陕西榆林）人。

延安府地处西北，是宋朝西军的传统老巢之一，民风尚武强硬，自古以来就是名将之乡，往往一介农夫就有正规军的战斗力。韩世忠"风骨伟岸，目瞬如电"，生来神勇过人，性情"嗜酒尚气，不可绳检"。

他无拘无束，整日里游走四乡，打架生事，活得快意洒脱，同时又非常精明，别说骗他，连拿他寻开心都有风险。某一天，有人对他说，"君当大贵，位列三公"。三公，指司徒、司马、司空，泛指顶级高官。这样的祝福换来的是韩世忠突然翻脸，把这人一顿痛殴。他是西北边城一介混混，三公，这不是当面骂他吗？！

这就是韩世忠的本色，他机警强悍，想到就做，每每让人防不胜防，他的拳头是两宋之际数一数二的强力武器，不管是在宋朝国内还是与异族的外战，都足以让所有敌人头破血流。他还非常聪明，总有让世间意料不到的刁钻念头出现。

韩世忠在十八时岁突然猛醒，跑去军营当大兵。他挽强弓、骑劣马，史载"勇冠三军"。崇宁四年（1105），西夏寇边，韩世忠随军出征。第一战发生在银州，银、夏、绥、宥、静五州是党项人在宋朝初年的全部疆域，银州耸峙国境，是西夏的名城重镇。

党项人"婴城自固"防御严密，韩世忠率先登城，斩关杀将，掷敌首于城外，宋军大胜。

西军乘胜追击至蒿平岭，西夏在这里囤积了重兵。韩世忠率领精锐士卒鏖战，将之击破，随后与西夏军在野外相遇。党项人由青塘马、瘿子甲组成的铁鹞子骑兵从西夏草创时代开始就是宋朝军队的噩梦，这时韩世忠独自率领敢死军作殊死斗，迫使西夏军稍稍后退。

战局仍然凶险，韩世忠突然指向敌阵，问一个俘虏，那是谁？战场上有一个西夏骑士纵横战阵，锋锐难当。

俘虏回答是西夏驸马兀移。

韩世忠跃马冲了过去，阵斩兀移，党项人全军崩溃。此战过后，整个西军都知道诞生了一个超级猛人。上司为他请功，这时正是童贯率领西军的时候，武装太监根据自己的战场经验认定这是冒功，只给他记一次功。

韩世忠随后的任务是"筑砦"。这是从范仲淹时期开始的战略性工程，西军百年间坚持不辍。起因是仁宗朝好水川、三川口等三战之后，宋朝认输，从此每年对西夏呈上岁币，区别只是对辽国称"献"，对西夏称"赐"。范仲淹提议从此不野战，以宋朝雄厚的经济实力，高超的土木建筑水平，不停地向西北方向修筑堡垒，逐步蚕食党项人的生存空间。

历史证明这一招非常有效。韩世忠在政和七年转投鄜延路总管刘延庆部下，修筑天降山砦。建成没多久就被西夏攻占，这也是常态，党项人不能坐以待毙，只好与宋朝逐砦争夺。

韩世忠在夜里悄悄爬上砦墙，斩杀两首级，割断护城毡作为证据回来献功。

类似的事他又做过两次，于是在从军十八年之后，升官做到了"勇副尉"。这在宋朝的军阶里，仍然还是个大兵。如此战功，这般封赏，西军的高层自己都看不过去了，在南下平定方腊起义前夕给他个偏将的头衔。

从纯粹的军事角度分析，方腊起义注定是失败的，这与宋朝国策有关。

宋朝在边疆囤积大量军队防备异族入侵，在京城常备更加精锐的禁军保卫皇权。在边疆与京城之间是巨大的真空地带，所以才有梁山泊宋江等几十个贼寇就能穿府过县，横行无忌的古怪事情发生。

这时的方腊起义在规模上非常庞大，但在性质上与宋江一样，都是些没有经过军事化训练的农民、茶农、小手工业者，宋朝的正规军渡江之后一路连胜，夺回所有失陷的城池，把起义军压回老巢青溪。

方腊躲进了多山多洞的睦州青溪县里，宋军自童贯以下束手无策。强攻的话，十五万精兵会面对二十万土著起义军，真要是折损过多，西夏、燕云两地都会无人可用，是动摇国本的灾难。

招降也不可能，童贯以徽宗的名义下罪己诏，废除应奉局、花石纲等恶政，义军都不投降，只会死战到底。时间不等人，在全军的烦躁无奈中，韩世忠悄悄溜出军营，摸进了青溪山里。

在宋朝的官方史书记载里，韩世忠独自在青溪山里悄然潜行，茫茫山林漫无目标，他很幸运地遇到了一个也是独自在山林里行走的当地妇女，这个妇女告诉了他方腊在哪里。

方腊藏身之所一定党羽众多，凶险异常，韩世忠却没有回去找人增援，而是继续前进。潜行几里山路之后，洞穴果然在望，韩世忠冲了进去，以一杆长枪格杀数十人，把方腊活生生地掏了出来！

这真是罕见的英勇和巨大的战功，战前宋廷曾公开悬赏，"能得腊首者，授两镇节钺"，现在他是活捉，功劳更高。然而当他带着方腊来到青溪山外时，正遇到顶头上司辛兴宗。

辛兴宗抢了方腊就走！

宋朝官方认定，抓获方腊的人是辛兴宗。韩世忠愤怒之余只能沉默，这就是他此前生活的缩影，无论怎样的英勇，都得不到起码的公平。

方腊被押到开封砍头。南征的西军、禁军火速回归北方，短暂休整后奔赴燕云战场。韩世忠随军移动，"两镇节钺"被抢走了，这对全军闻名的勇将来说是最大的羞辱，对此他只能默默忍受。等到全军回归开封，由另一位将军杨惟忠主持公道，才补偿他承节郎官衔。

节度使与承节郎，天差地远，何来公道！这就是宋朝的现状，不仅官逼民反，在军政两界更加糜烂不堪。

进入靖康时期，韩世忠的路越走越宽了。

在第一次金军南侵时，韩世忠"从梁方平屯浚州"。史书上只有这一句，实际情况就不一样了。

守浚州（今河南浚县东）其实守的是黄河上的一道浮桥。在宋朝黄

第八章　苗刘兵变　139

河上有两道桥，一道是建于唐代的浦津桥，另一道是建于北宋政和五年的这道浮桥，此桥跨越伾山、凤凰山、紫金山三座大山，如长虹般横跨黄河，蔚为壮观。它是宋徽宗仅有的几件惠民利国之举，建成已经十一年。

金军来时，梁方平望风而逃，韩世忠陷入重围，他"挥戈力战，突围出，焚桥而还"。这场战斗应该是在小范围、短时间里发生和结束的，因为宋朝历史上只提到了梁方平不战而逃。至于焚桥之举，宋朝的官方历史里都不曾记载。

钦宗召见韩世忠询问梁方平的罪状，他回答得"条奏甚悉"，让年轻的皇帝很满意，官升武节大夫。金军退走之后，河北大地上民怨沸腾，盗匪丛生，韩世忠参与了众多武将都进行过的剿匪行动，以他天花板级的个人战斗力和无所畏惧的风格，在这段时间搞得风生水起，荣升左武大夫、果州团练使。

金军第二次南侵时，韩世忠任单州团练使，屯滹沱河。北方三镇中的真定府失守后，韩世忠转战赵州。这时他已经颇具威名，金军知道他在这里，攻击加剧，很快赵州城粮尽援绝。部下们劝他不要死守，冲出去逃亡。

韩世忠"弗听"。每一员知名战将都有自己独特的风格，韩世忠面对困境甚至绝境时会越发振作，在极凶险的局面下展现出悍勇绝伦的一面。

当夜大雪，夜半时分他率领三百死士冲进金营。一片乱战中金军"自相击刺"，天亮时居然逃跑了。这让人愕然，夜里昏暗敌我不分才让宋军钻了空子，这时天亮了，金军看清形势应该反击才对。

过后有人从金国来，才知道当天夜里金军"大酋"受重创死亡，才全军逃亡。韩世忠因功升嘉州防御使。

韩世忠转移到大名府，这里是河北重镇，更是北宋四京中的北京。他到得稍晚，赵构已经到了济州。赵构的运气或者说逃跑的能力的确很强，前脚离开大名府，就有数万金军逼近。

再次濒临绝境，韩世忠"单骑突入，斩其酋长"，让数万金军望风而逃。此战过后韩世忠威名大振，他成为宋朝晦暗时期仅有的一点亮光。可是他仍然错过了最好的机会，没能在赵构称帝时第一拨赶到身边。

历史证明，谁先赶到，谁得到的好处就越多。南宋中兴四将的命运与他们最初接近皇帝的次序成正比，这很说明问题。

韩世忠在赵构过江的前后遭遇空前大败。当时完颜宗翰派五千骑兵突袭扬州，自己亲率大军攻击韩世忠所在的淮阳。以两者此时的身份实力对比，结局一点意外都没有。

"世忠不敌，夜引归，敌蹑之，军溃于沭阳。"韩世忠部曲皆散，成了光杆司令，对苗、刘来说毫无威胁。但是从另一个角度来看的话，金国军方最高统帅亲自临阵，以众凌寡才打败了他，这让韩世忠的威名更盛。这时他突然回归江南，叛军惊疑不定。

苗、刘传令要韩世忠屯兵江阴，不许擅离。韩世忠坦言部下残零星散，想去杭州。苗、刘喜出望外，无论是谁只要进入杭州就会被叛军掌控，韩世忠的要求相当于效忠。两人立即加封韩世忠为定国军节度使，让他尽快启程。

韩世忠转身就到了平江府，他从来没想过叛变。理由很简单，如果说苗、刘造反是因为嫉妒王渊升职，那么以韩世忠的勇武功勋怎么可能屈居他俩之下？

张俊主动把自己手下的兵分了两千给韩世忠，还让出了前锋的位置。韩世忠即日开拔，"舟行载甲士，绵亘三十里"。军容极盛，到了秀州（今浙江嘉兴）时，韩世忠对外宣称病了，不再前进。

他开始招集工匠赶造云梯等攻城器械。

消息传进杭州，苗、刘等叛军大惊失色，韩世忠真的来杭州了，可是他要攻城！怎么办？收买行不通，节度使已经是最高头衔了；战斗，没人敢和韩世忠战斗。还好，他们手中有韩世忠的妻子梁氏和儿子韩亮。

梁红玉在中国名闻遐迩，她既是韩世忠的妻子，更是战友。但实际上她生卒年不详，史书中只称"梁氏"。红玉的名字最早见于明朝张四维写的传奇小说《双烈记》中"奴家梁氏，小字红玉"一句。

梁氏的祖父、父亲都是武将，方腊起义时因贻误战机被杀，梁氏举家获罪，她被充为京口营妓。

当平叛军队北返路过京口时，营妓出厅献舞，争相献媚于大将之间，只有梁氏发现了郁闷愤怒无处发泄的韩世忠。她慧眼识珠，看出了谁才是真正的英雄，安慰了处在生涯最低谷时期的宋朝猛虎，进而走进了他的生活。

梁氏并不是韩世忠的正妻，六年之后南宋绍兴五年（1135）韩世忠晋升少保时，原配秦国夫人白氏去世，梁氏才成为正妻。这时她带着儿子恰好在杭州城里，成了叛军手里的人质。

有人会说以韩世忠的节义忠贞，不可能因为一介妇人就屈膝降贼。但是经历北宋灭亡、建炎南渡、御营叛变、册立新帝之后，赵构还会把安危寄托在一个军人的所谓忠诚上吗？

首相朱胜非决定不冒这个险，相反还要从这一点上突破瓦解叛军。他去找苗傅谈话，强调韩世忠与苗、刘有相似遭遇，是天然的盟友，现在把梁氏送过去，对双方都有利，能达到"平江诸人益安矣"的心理效果。

平江诸人，指的是张浚、张俊等全部保皇派。

苗傅想了想觉得很对。于是加封梁氏为安国夫人，送她出城。梁氏纵马奔驰一昼夜赶到秀州，传达了孟太后、赵构对勤王部队的要求。之后苗、刘叛军矫诏的明受圣旨才到。韩世忠杀使者、焚诏书，表态"吾知有建炎，不知有明受"。

叛军惊怒交集，仓皇中想出了两个对策。

第一，加封张俊为武宁军节度使，主管凤翔府。宣布张浚阴谋叛国，贬为黄州团练使，郴州安置。此举意在抬韩世忠、张俊，贬张浚，分裂勤王军队内部。

第二，派苗傅的弟弟苗瑀、马柔吉率重兵据守临平，阻断平叛军的进军路线。

苗、刘不惜一战，把皮球踢给了张浚等人。设想一下，如果真把叛军逼上了绝路，导致苗、刘与赵构同归于尽的话，还谈得上什么忠君勤王？一样也是乱臣贼子。

张浚顶住压力，发布讨伐叛军檄文。以韩世忠为前军，张俊为副翼，刘光世为游击，吕颐浩、张浚为中军，刘光世部下为殿后，发兵杭州。

刘光世的部下独立成军，这是独一无二的现象。大衙内本人的武力很飘忽，除了某些特殊时刻，比如，被威胁到了生命安全时会突发神勇外，常态慵懒甚至有些怯懦，可是他的部下是南宋所有将领中最出彩的,水军、陆军应有尽有,都是个中翘楚,与巅峰期的岳飞帐前那些传奇将校相比毫不逊色。

这些部下只听从他一个人的命令,一旦刘光世离开,就会造成空前绝后的灾难。

平叛军逼近临平。苗、刘慌了,跑到了显宗寺求见赵构,要太上皇写信命令张浚等人退兵。赵构的反应极其冷静理智,他强调:"人主亲札,非所以取信,其取信于天下者,以有御宝。今朕退处别宫,不与国事,用何符玺以为信?自古废君杜门省愆,岂敢更预军事。"

不说同意,也不反对,而是先提出了要求——要御玺。

苗、刘再三哀求,满足了赵构,才得到了一封信,内容大致是表示知道张浚等人在做什么,自己很安全,苗、刘只是一时糊涂,没有造成太大危害,你们双方都要克制等。当天叛军离去时,苗、刘还要求赵构赐给他们每人一面铁券,相当于免死金牌。到手之后纷纷以手加额庆幸,"乃知圣天子度量如此"!

赵构的信到达临平,韩世忠立即发起进攻。叛军把鹿角等障碍物沉入河中,韩世忠的战船无法前进,只能登陆作战,等待他们的是整个封建时代最强劲的射具——神臂弓。

史书记载神臂弓是李宏研制的,在北宋熙宁元年归降宋朝时献给宋神宗,由内侍入内副都知张若水、西上阁门使李评改良制成。

神臂弓是由多种材料组合而成的复合弓,"桑木为身,檀为弰,铁为蹬子枪头,铜为马面牙发,麻绳扎丝为弦"。弓身三尺二寸,弦长二尺五寸,箭木羽长数寸。弦力强劲,要用脚踏住弓身以腰腿发力才能上箭。射程在三百四十余步,约合现在五百二十米。

临平之战，"世忠舍舟力战，张俊继之，刘光世又继之"。中兴四将的前三位集体冲锋，战果却是全被击退。韩世忠大怒，跳下马执长戈向前，严令"今日当以死报国，面不被数矢者皆斩"。

面对神臂弓，韩世忠瞋目大呼，挺刃突前。苗瑀被惊呆了，一箭都没敢射，转身就逃。

韩世忠穷追不舍，半夜时分两军先后冲进临安城。苗、刘两人在睡梦中惊醒，迅速带上免死铁券冲出涌金门，向南方逃窜。

韩世忠直奔凤凰山北麓行宫。赵构亲自迎了出来，"握世忠手恸哭"，说中军统制官吴湛是苗、刘的主要帮凶，现在还守在附近，能先除去他吗？说这些话时他已经失去了一个帝王应有的气度与格局。

试问，如果真的相信自己终会复辟，那么一介统制官算得了什么呢？皇帝口含天宪随时可以处置。然而他像一个受了委屈的小孩子突然重获靠山一样向韩世忠求助，唯恐局势再变，苗、刘等人杀回来，重新变回阶下囚。

更重要的是，这暴露了赵构最真实的暴虐性情。史书中没有记载吴湛是怎样冒犯，甚或欺凌了他，从而让他怀恨在心，一刻都不能再忍，要借韩世忠之手第一时间报复。这极大的劣迹被史书永远铭刻，记录了一个皇帝被臣下欺侮过，他至高无上的形象和神圣感荡然无存！

韩世忠马上去找吴湛。两人见面，韩世忠握着吴湛的手很是亲热，突然间，他发力折断了吴湛的中指，接着拔剑慑服其部众，将吴湛拉出军营斩首。之后韩世忠与刘光世合力追捕苗、刘等首犯，将他们生擒回杭州，处以磔刑。

历时近一个月的苗刘兵变结束，纵观整个过程，叛军的前期表现非常酷烈，手段堪称凶残，但随后就被朱胜非等人玩弄于股掌之间，尤其是在军事上与张、韩等沙场名将相比天差地远,过程堪称脆败。

这是一场有宋朝特色,温柔的政变吗?是,也不是。说是,宋朝各时期的所谓大事都是这样子的,每每雷声大、雨点小,从来没出现过唐朝白马之祸那样三十多个顶级高官被杀之后抛尸黄河的惨案。

究其原因,与苗刘兵变的小儿科一样,都源自宋朝的特殊底蕴,与赵匡胤留给后嗣的最后一份遗产有关。

赵构此前一点都没意识到手里还有这样一张牌,这时也知其然而不知其所以然,只是冥冥之中享受到了重登帝位的幸运。还要再过一段时间,他才能猛醒般去抓住。就是这份遗产让他在江南重立乾坤,直至斩杀藩镇、熬死权臣,甚至让金国不得不承认他的存在,真正做到了江南一帝。

回到现实,平叛后发放红利。

军队方面,韩世忠出了最大的风头,理应得到最大的彩头。他的封赏是授检校少保、武胜昭庆军节度使、御营左军都统制,另加赵构手书的"忠勇"二字。张俊升镇西军节度使、御前右军都统制。刘光世升太尉、御营副使。

档次根本没拉开,甚至随后就体现出了真正的亲疏远近。最出风头的韩世忠,资历最老的刘光世,都比不上张俊在赵构心中的地位。

刘光世输在了曾经拒绝了张浚的召唤。在上位者的心中,忠诚是不允许思考、衡量的,只要有一点点的犹豫,就不配得到百分之百的信任和提拔。

韩世忠输在了平乱之后荣耀加身时有点本性暴露。他早年放浪任性,人称韩泼五,没遮拦惯了,之前一直被压抑,近些年拜乱世所赐突然飙升,尤其在苗刘兵变中大放异彩,搞得一下子就得意忘形。

立功受赏之余，韩世忠在美丽的杭州城里"老病复发"，之前张浚弹劾的那位军中强人就是他，他纵容部下把一个言官逼得落水淹死。现在症状轻了些，只是对文官表示了不屑。结果双方发生口角，韩世忠被斥责。这件事很小，但在赵构和文官系统的心里种下了一根刺，认定韩世忠不堪大用，不如张俊。

张俊从一开始就立场坚定，平叛过程中始终如一，成功后稳重内敛，从任何方面都无可挑剔。从这时起，张俊的待遇排在了中兴将领群落里的头一名，且以绝对的忠诚保持到了最后。当然，这里的忠诚指的是对赵构一个人的忠诚。

文官方面，宰执换届。朱胜非主动辞职，理由是自己在兵变前没能预知，兵变中没能自杀，还和叛军频繁走动，大失宰相位格，必须引咎辞职。赵构同意了，封他为观文殿大学士、知洪州府。

谁都知道朱胜非居功至伟，赵构更感念他的保全之恩，这次罢相只是走个过场，朱胜非很快就会重回中枢，再掌相位。然而政坛风雨无定，谁也无法预知明天，朱胜非竟然一去不返。

新首相也只能是吕颐浩。因为张浚有更重要的职务。他要去决定建炎集团生死存亡的关键地段蜀川、关陕一线。

第九章
搜山检海

纵观中国历史，从秦始皇统一全国开始，直到宋朝立国都是同一个步骤。先立足北方，再攻占蜀川，沿长江一线顺流而下，东南区域无一例外只能臣服。

此时的关陕、蜀川风雨飘摇，女真人早在两年前，也就是建炎元年，赵构刚刚称帝时就对这片区域发起了攻击。当时金军最高统帅完颜宗翰亲率大军强渡黄河攻占了重镇洛阳，之后分一半兵力给常胜大将、活捉辽末帝耶律延禧的完颜娄室向西挺进，挑战宋朝最强的西军大本营。

这是一次空前剧烈的大碰撞，攻势伊始，完颜娄室出其不意地率万余骑兵趁夜踏冰渡过黄河，攻下了京兆府。这一下震动了整个西北，女真人在旦夕之间就做到了西夏百年间都没办到的事！

西军奋起反抗，这里是名将之乡，百年间无时不征、无时不战，堪称全民皆兵，哪怕金军派出了最强的将帅也被强硬地阻断，之后任凭完颜娄室百般筹划，金军都没能取得更大战绩。

然而从长久考虑，西军岌岌可危。这无关纯粹的战力，像这种国战级别的大战役是综合国力的较量，金国洗劫了宋、辽两国共三百余年的国藏财力，军资雄厚到不可想象，而北宋分崩离析之后西军的军饷都成了问题，只要战争旷日持久，西军的失败是注定的。到时关陕被打穿，下一步就是蜀川失守，在杭州还没有站稳脚跟的建炎集团会被连根拔起，以神州之大，再无立锥之地！

张浚在这种时刻主动要求去西北主持大局，可以说身膺国运，独任时艰，其眼光、胆魄、忠勇不做第二人想。

张浚升任知枢密院事。这一年他三十三岁，宋朝自寇准以来再没有比他年岁更小的宰执大臣。这是头衔，实缺是"川、陕宣抚处置使，得便宜黜陟"。他可以在川陕区域决定所有军、政、财、狱等大事，所有人员的升降贬谪都由他一言而决。这是无与伦比的权柄，此前北宋一百六十余年里没有任何人得到过。

张浚唯一的短板就是他的年龄与资历，在临行前也补上了。起因是御营平寇将军范琼在叛乱已经平息之后终于姗姗来迟，到了杭州。

前面提过，宋朝这时的军队由五个部分组成，御营军、西军、开封军、义军、流寇。范琼作为前开封军加入御营并得到了很高的职位，却始终不是赵构的嫡系。主要原因是在靖康之难中，女真人逼胁宋朝君、后、太子、宗室，几乎都假手范琼操作。到了张邦昌的大楚朝时，范琼变本加厉，乘势剽掠，连张邦昌也受他左右，可说坏事做尽。

这时他到了杭州城，头一件事是给苗傅、刘正彦讲情，说他们罪不至死。的确，以范琼为参照物的话，苗、刘所做的事一点都不过分，肯定没有死罪。

张浚勃然大怒，上奏论述范琼大逆不道，第二天把他召至都堂宣布罪行，直接扭送大理寺以死刑犯关押，择日行刑。

启程之前，由张浚主持，把范琼所部的士卒打散分配到其他军队里。这样一番操作下来，张浚带着杀人的威风和正义的光环挺进大西北，无论军、政、朝、野都对他致以诚挚的敬意和深厚的期望。

送走了张浚，赵构变得低落消沉。这时他二十三岁了，在短短的三个月里，他经历了溃败、逃亡、丧失性能力、政变、被逼退位等一连串的打击，人生实在是太灰暗了，可是烂摊子还得收拾。

他应该是认真反思了，在新的罪己诏里写道："一曰昧经邦之大略，二曰昧戡乱之远图，三曰无绥人之德，四曰失驭臣之柄。仍榜朝堂，遍谕天下，使知朕悔过之意。"

这是一些大实话，说出了臣民们的心声。他真的不懂得治理国家，不懂得镇压叛乱的办法，没有高贵的品质，没法驾驭臣子。

从古至今上位者的痛苦很容易就能激起下位者的共情，这也是件古怪的事，不知道内在的联动关系是怎样的，反正很多人相信了赵构的"心声"，开始向他发出"逆耳忠言"。言官袁植上奏要求处斩黄潜善、汪伯彦。

赵构拒绝，说袁植是他亲手提拔的信臣，一向忠心耿耿，如今却要他杀人，于是袁植被罢免。但是舆论上就交代不过去了。在这种敏感时刻，赵构只能忍痛罢免了黄、汪两人知州的职务，分别责授英州（今广东英德）、永州（今湖南零陵）安置。

理学宗师朱熹在《朱子语类》里一针见血地指出此举的真实目的是"多故之日""好好送他去""避盗"。

与此同时，赵构还为王渊、康履等死在苗刘兵变中的亲信赠官、颁谥号。流放各地的太监们也迅速回归，回到杭州城后不仅没有销声匿迹，反而大张旗鼓地为死去的同党们广设斋会办丧事。

凡此种种，花样百出。赵构之所以这么做，是他变成熟了。一个合格的政治家从来都是多面体，就像近代西方一个著名元首所说的，他会坚持原则，但绝对不会抱着信念的大旗跳进深谷，为之殉葬。

体现在赵构的身上，就是说一套做一套。准确追溯的话，这个特性在他刚刚就任大元帅时就出现了。从那时起他不再热血沸腾，不再言出必践，不再不计生死，因为公平地说，从那时起他代表着一种大势。

即宋朝还没有灭亡。

如果他拼死了，天水赵氏的正统血脉就此断绝，以后不管是其他支脉以宋朝的名义复兴，还是别的有心人李代桃僵，都意味着延续一百六十余年的宋朝绝嗣。所以那时的心口不一是政治正确，无可指责的。

然而渐渐地就变味了，正所谓小时偷针，大时偷金，赵构在说谎的路上一路狂奔，再不回头，因为这绝对是上位者生活中的一部分。

更大的灾难找上了赵构，三个月之后他的独生子前明受皇帝、赵旉病了。这个孩子是在金军攻破开封城前后怀上的，潘贤妃妊娠期间连受惊吓，饱经奔波之苦，搞得赵旉先天不足，体弱多病。鉴于赵构的身体现状，赵旉的珍贵性可想而知，当时整个皇宫如临大敌，可是越小心越出错。

一名宫人不慎踢翻了一只鼎，"宫人误蹴之有声，太子即惊搐不止"。赵构大怒，命人把该宫人拉出去砍头。结果殿外人头落地，殿里赵旉也停止了呼吸。赵构悲伤欲绝，真是天欲亡他！他几次在宰执百官面前号啕痛哭，哭他的幼子，哭他的父母兄长，哭他的悲惨遭际。

回顾这两三年里赵构的生活，真的是太黑暗了。一个才二十出头的年轻人骤然从罗绮丛中跌入国破家亡的噩梦里，情况越来越糟，看不到尽头。哪怕到了眼下这一步，最恐怖的事情也马上就要到来。

金国，女真人！

赵构清晰地记得这次逃亡的起因就是金军千里突袭扬州，直奔他的人头。现在他到了江南仍然在劫难逃。张浚西行如果失败，他还能逃到哪里呢？

事实上他无时无刻不在向金国求和，祈请使、通问使络绎不绝，随着不断地逃亡以及近来的窘境，求和国书的规格在不断地降低。从前是"大宋皇帝构致书大金元帅阁下"，现在是"宋康王赵构谨致书元帅阁下"。连宋初时南唐后主李煜都不如，李煜还自称南唐国主，赵构直接退到了第一次出使金营时的爵位。

内容上更是谦卑到无以复加，他先给自己定性，"顷罹邦祸""止缘急徇于民心，有失先资于大国"，承认自己未经金国允许就登基称帝是错误的。最大的要求是"愿去尊号，用正朔，比于藩臣"，这是个关键句，为之后的和议厘定基础。

他怕金国不同意，用了很大的诚意哀号乞怜。

"古之有国家而迫于危亡者，不过守与奔而已。""以中原全大之时，犹不能抗，况方军兵挠败，盗贼交侵，财贿日朘，土疆日蹙。若偏师一来，则束手听命而已，守奚为哉！自汴城而迁南京，自南京而迁扬州，自扬州而迁江宁，建炎二年之间，无虑三徙，今越在荆蛮之域矣。所行益穷，所投日狭，天网恢恢，将安之耶？是某以守则无人，以奔则无地，一身彷徨，踢天踏地，而无所容厝，此所以朝夕谡谡然，惟冀阁下之见哀而赦己也。""是天地之间，皆大金之国，而无有二上矣！亦何必劳师远涉，然后为快哉？"

文采很高，要求很低，相信赵构一定是先感动了自己才寄出去的，以期望能感动众多的完颜。然而古今中外乞求强盗的哀怜，无一例外都会失败。各种征兆、内外消息都显示金国的第三次南侵迫在眉睫，尤其是夏日将尽，秋高气爽，到了塞外蛮族进攻的季节。

赵构不想再经历一次扬州噩梦了，在哀告之余准备主动逃跑。七月，建炎集团把杭州升为临安府。

取名"临安"，有种说法就是字面上的临近平安，或者避难所、安乐窝。另一种说法是建炎集团不知为何想起了五代十国时期的吴越国王钱镠。钱镠白手起家，草创国家，建都杭州，为政宽宏，牧下仁慈，江南人世代都感念他。他的故里就是临安。借个地名也是自比钱镠，希望能在江南落地生根。

不管是哪一种，临安府在之后的一百多年里是长江以南的政治、军事、商业、文化的中心，是另一个东京汴梁城。

七月下旬，赵构恭请孟太后带领六宫、宗室等亲眷前往江南西路的洪州避难。优先安置家属是必要的，也是尊重和孝道，只是在启程时临安百姓惊奇地发现避难队伍意外的庞大，短短的四个月里，以圣旨的方式对外界宣称，不好色的陛下已经把后宫美女从零扩展到了数百人之多。

各种妃、夫人的头衔琳琅满目，不完全统计有潘贤妃、淑国夫人王氏、康国夫人萧氏、和国夫人王氏、嘉国夫人朱氏、成国夫人吴氏、润国夫人张氏、惠国夫人孙氏、直笔张氏、典字孙氏、直笔刘氏、尚服朱氏、张才人，等等。

为了她们的安全，赵构又任命李邴为权知三省、枢密院事，滕康任权同知三省、枢密院事，两人同为宰执，陪伴孟太后一行到洪州，既是保护，也为建炎集团保留了一套领导班子，以备不时之需。

第九章　搜山检海　153

说到底，危险来自北方，建炎集团的第一道防线也在北方。当年的国都开封城，现在的守护者杜充是整个江南的屏障。

在赵构的认知里，杜充在每一个方面都达到了完美。他忠诚，比起宗泽更加"纯粹"。他有大魄力，在杀奸细、盗贼等方面，完全达到了赵构的要求，现在的开封城区域乃至整个北方，都是干净的。

不像宗泽时期到处都是流寇土匪。

虽然他掘开了黄河，导致金军突袭扬州，给官员队伍以及皇帝本人造成了巨大的伤害，但是仁不统兵，作为人主必须宽宏大量。总而言之，杜充是这个时代的宋朝唯一的救星。

尤其是杜充发表了热血沸腾的战前宣言："方今艰难，帅臣不得坐运帷幄，当以冒矢石为事。"一旦发生战争，他不会坐在司令部里遥控指挥，他要冲到战斗的第一线直面刀剑矢石。

建炎集团回应了这种激情，任命杜充以东京留守之职兼任宣抚处置副使，节制淮南、京东、京西路。这是把开封、两淮区域都划归杜充的辖区，幅员之广，职责之重，比刚刚节制川陕的张浚都大。

很快，秋高气爽，战争的阴影逐步逼近。作为国家屏藩，杜充的情报系统是极其完善的，在敌人还在远方集结时，他就收到了情报，随即率领留守司主力出城，向南方疾速前进。不是向北方主动挑战，去"以冒矢石为事"，而是一路向南，越过京畿、两淮，渡过长江，进驻南岸重镇建康府（今江苏南京）。

开封城交给了他的副手郭仲荀。

反差实在是太大了，之前有多么的热血坚定，这时就有多么的尴尬、荒唐。说一套做一套的功夫，老到的杜充比年轻的赵构强得太多了。

岳飞就在这支南逃的部队里。此时距宗泽去世已经过去了一年零三个月左右，岳飞在史书中留下的事迹是追击盘踞在陈州的巨匪王善，双方在清河县附近交战，岳飞击败并擒获了王善的部将孙胜、孙清，正式担任英州刺史。

刺史在两汉时期是有监察权力的高官，不常设，相当于中央巡视组组长；到唐朝时降格，相当于现在的地级市市委书记兼市长兼军分区司令员；到宋朝时沦为虚职，无实权，相当于市长助理。

岳飞在开封城里的地位由此可知，虽有战功也有头衔，但无甚实权，决定不了什么。当杜充南逃时，岳飞曾反对，"中原地尺寸不可弃，今一举足，此地非我有，他日欲复取之，非数十万众不可"。

历史证明了岳飞的正确性，此时放弃中原区域，十余年后南宋举倾国之兵北伐都功亏一篑。但是岳飞对杜充的决定毫无影响。

岳飞是个实干家，他不会只提出反对，却没有实际应对办法。设身处地并结合之后岳飞的征战习惯，开封系军队留在北方的具体战斗方式应该是分散到各地，不与金军正面决战，依托北宋统治力最强的两河、两淮区域，坚持骚扰金军，拖住女真人南侵的脚步，有效减轻江南的压力。待建炎集团得到喘息之机，完成整合江南之后，就会反哺江北，恢复旧土。

这个战略思想是优秀且务实的，但在执行上难度太大，杜充之辈根本不会考虑。

岳飞只能跟随大军向南方前进，一路上与两淮区域的流寇不停摩擦，岳飞击败了张用、李成等著名巨匪。这些人在两宋之际威名显赫，在宋、金两地都影响深远，岳飞击败他们绝不等同于击败普通的剿匪。

在时代的洪流中，岳飞只能做到这些，他的反对影响不了时局，他的努力在一定程度上帮助了杜充的南逃。这就是小人物的无奈，不管愿不愿意，只能随波逐流。

开封系军队驻守建康府，他们惊奇地发现郭仲荀也到了建康，原来他把开封交给了留守司判官程昌寓。不久程昌寓也到了建康，开封城交给了权东京留守上官悟。如此这般，开封城成了烫手的山芋，被连续转手。这三个败类在逃跑时都尽可能地多带军队，保证自己的安全和政治身价，所以等他们在长江南岸聚齐之后，开封城和整个江北区域已经是一片真空地带。

开封城彻底失去了战略价值，金军在九月前后发动南侵，对它视而不见，甚至直接忽略了整个江北，直扑江南。到了第二年，建炎四年（1130）二月，开封城才正式被金军接管。

旷世名城只剩下几万人，触目所及，尽是人间地狱。这都是杜充的"功劳"。

对于擅离守地，丧失近半国土的责任，宋廷晋升杜充为同知枢密院事。杜充的升官制里写道："徇国忘家，得烈丈大之勇；临机料敌，有古名将之风。"对此杜充很失望，立即得了中风，与宋徽宗夜奔前夕一样躺倒无法工作。

赵构晋升杜充为副宰相，领江、淮宣抚使，统兵十余万驻守建康。杜充的中风立即痊愈。这样的权柄一点不差于他在开封城时节制整片江北，可以说赵构把江南的安危和自己的身家性命都拴到了杜充的裤腰带上。

这都是为什么呢？

一个逃兵居然不受处罚，反而升官，天理何在？！这一彻底违反基本逻辑的事件，近千年以来被无数次试着解读，答案有两个。

第一，赵构识人不明，看错了杜充这个懦夫。所有的免责、升官、委以重任都是单纯的错误。是继重用汪伯彦、黄潜善之后的再一个昏招，是赵构在政治、军事严重不成熟的状态下无法避免的必然结果。

第二，赵构从来都没想过固守北方。宗泽当年建立的体系被杜充破坏之后，能够被建炎集团掌握的力量就非常有限了。庞大的义军和流寇都在向江淮一带移动，他们在名义上是向宋朝效忠的，其实目的很单纯，就是方便向地方征粮。赵构、杜充以及他们本人都清楚，这种效忠毫无意义，在与金军作战时根本指望不上，把杜充的开封系军团留在北方的结果就只有被金军歼灭。与其这样，不如全数撤回南岸，加固江南的防守。

本着这个思路，曾有过一种论调，说杜充的南逃不可能是他一个人的决定，而是众多开封系军政首脑的集体决定，并且得到了江南建炎集团的首肯，所以当杜充到达建康之后收获了巨大的信任和封赏，职权进一步扩大。

如果真是这样，赵构与杜充君臣思路与诉求达到一致才有了放弃整个江北的史实的话，那么一定会在史料中体现出来，不可能一点蛛丝马迹都没有。可事实上就是什么都没有，所以第二个答案，或者说猜测是假的。

建炎三年九月前后的长江沿岸，杜充晋升江、淮宣抚使总揽全局，岳飞一直在他的麾下。刘光世驻守太平州（今安徽当涂县）到江州（今江西九江）一线，韩世忠驻守镇江府，除了张俊一直留在赵构身边护卫外，当时名将都受杜充节制，他的实权之大真的关系到江南存亡了。

一个月之后，金军南侵。由完颜昌主战淮南，完颜宗弼主战江南。江南战场再分成两路，西路军由完颜拔离速、耶律马五等指挥，攻击江南西路、荆湖南、北路。完颜宗弼率领东路军直扑临安，启动扬州战术，再次瞄准了赵构。

完颜宗弼在十一月上旬攻下了和州（今安徽和县），目标是最传统的渡江作战地点——采石矶渡口。赵匡胤建国时攻击南唐就选择这里作为突破口。金军顺利渡江，但在太平州遭遇守将郭伟。

郭伟创造了奇迹，他率领本部人马迎击金军，三日之内五战皆捷，完颜宗弼不得不转向攻击慈湖镇（今浙江宁波），又被郭伟乘胜追击，再次败北，只好转向东边的马家渡。

马家渡是建康府治下，战火终于烧到了杜充的门口。

当金军攻破和州时，杜充就下令"坚壁清野"，实际上是放弃了整个长江北岸的防守。如果一定要说他做了什么的话，他派人赶到真州长芦镇的崇福禅院堆起二十四垛芦柴。一旦金军迫近就点火，届时两千间房屋会形成一座空前规模的烽火台。

但是操作失误，没见到金军的影子禅院就烧成了灰烬，对战争没起到半点作用。岳飞曾声泪俱下地请求杜充调军队出城巡视，都被拒绝。

这时金军杀到身边，杜充终于迎战，但实际上战与不战都不影响结局了，因为女真人已经突破长江天险，只是需要一个向江南腹地穿插的突破口。长江沿岸如许之长，哪里不可突破？

马家渡防住了，难道就没有牛家渡、羊家渡吗？此时派出军队除非是能一战歼灭来犯敌军，不然的话注定失败，区别只是在哪里失败而已！

杜充派都统制陈淬率领岳飞、刘经、戚方、扈成等将火速赶赴马家渡堵击金军，由王燮率领一万三千人作为后援。陈淬，字君锐，莆田（今属福建）人。在宋哲宗时期应试不第，投身西北战场，以战功升左班殿直、鄜延路兵马都监。

陈淬以坚定著称，在真定府镇守北砦三年，寸土未失。金兵入侵时陈淬孤军迎战，部下三千余人殉国，陈淬的妻儿家小有八人遇难。建炎元年时，陈淬晋升诸军统制，在宗泽部下与金军在南华血战获胜。到建炎三年时，赵构亲自下诏升陈淬为御营使、六军都统，是实际上的军方第一将。

国恨家仇让陈淬在马家渡一役拼力死战，十余次冲击中与金军互有胜负，战况胶着，宋军极需后援部队，可是王燮突然逃跑！他被吓破了胆，逃离马家渡后一路不停逃经徽州、信州，直到福建才停下脚步。

战局瞬间崩溃，岳飞、戚方等人无法约束部下，全军溃散。陈淬死战不退，力尽被俘，踞胡床大骂金人，不屈而死。

战讯传来，建康府一片混乱，杜充命令打开水门乘船出逃。可是建康府的百姓早就知道他是何许人，在扬州又发生了什么事，百姓堵住了水门，不放他走。

杜充无奈，只好重赏三军，下令向蒋山（今钟山）转移。经过彻夜行军，军队在拂晓时分到达江宁县与句容县交界处的东阳镇。晨光中他们突然发现副宰相、江淮宣抚使大人不见了。

杜充已经到了北岸，是金国人了。

建炎三年十一月二十九日，金军抵达建康城下。建康知府陈邦光直接投降。

西路金军在一个月前渡过长江，进攻洪州。刘光世不战而逃，后撤至南康军（今江西庐山）。韩世忠也一反常态，把所有的军资给养装上

第九章　搜山检海　159

海船,撤向江阴。韩世忠在启程前放火烧毁了镇江府城防。

江南西路、荆湖南路、荆湖北路被放弃,孟太后一行在金军的冲击下卫士溃散,连夜乘船逃向虔州(今江西赣州)避难。

一路上他们被流寇骚扰,随行的数百位妃、夫人因惊吓而死亡或离散的人数过半。太后本人乘坐当地农夫抬的小轿狼狈赶路,好不容易挨到了虔州城里,未及安枕,当地一个恶霸突然趁火打劫,百姓们盲从,虔州城顿时变成了一个巨大的贼窝。

孟太后九死一生活了下来,她被赵构接回去之后生了一场大病,很快就去世了。赵构由此深恨虔州人,四年之后岳飞平定江西叛乱时,赵构下密旨要岳飞将虔州屠城。好在岳飞仁慈,不惜抗旨才保下了这一城人的性命。

回到建炎三年冬季的江南,赵构在建康城陷落前四天离开临安,开始了逃亡之旅。他"不食者累日",思虑万千,怎样都想不通杜充为什么会背叛他。

的确,赵构对杜充恩宠、礼遇、晋升前所未见,回报却是临战叛国!所谓杀人可恕,情理难容,换谁都会想不通。

这对赵构是无比沉重的打击,让他再次对自己的认知架构产生了怀疑。要知道皇帝这个职业只有一个专业技能,那就是识人辨事。

他不必亲自征战,更无须亲自躬耕或者亲自赚钱,但是必须得亲自找出替他去战斗、种地、赚钱的专业人才。然而他几次三番都找错了,还都发生在国家危亡的时刻,这让赵构很崩溃。更绝望的是金军在向他火速逼近,必须得再一次逃亡了。

设身处地地想,不能鄙视他的逃跑。因为自靖康之变以来,宋朝从来没有正面战胜过金军,如果一定要提宗泽的话,那么答案是宗泽始终没在他的身边，并且宗泽没有战胜完颜宗翰、宗望、娄室等金军一流战将的纪录。

首相吕颐浩在明州（今浙江宁波）定下了方针，"今若车驾乘海舟以避敌，既登海舟之后，敌骑必不能袭我。江、浙地热，敌亦不能久留。俟其退去，复还二浙。彼入我出，彼出我入，此正兵家之奇也"。

就此决定走海路，然而船不够用。

全套的宰执班底及其家属都随行，安排到诸班直卫士时只有六十个名额，每人家眷不得超过两人。卫士们惊怒交集，由张宝等领头共一百多人截住了吕颐浩，"我有父母，有妻子，不知两者如何去留？"这是最现实的矛盾，触及了不可调和的底线。

吕颐浩是高傲的士大夫，他不承认自己的命令有错，反而雷霆大怒，激得班直卫士拔刀相向。危急时刻，副宰相范宗尹好说歹说把吕颐浩拉进了皇宫。

赵构听到了宫外的喧哗，对宰执们说："闻人事纷纷，不欲入海。缓急之际，岂可如二圣不避敌，坐贻大祸"？

他亲自下诏抚谕班直卫士，承诺会另有安排，不会让他们骨肉分离。卫士们很感动，三呼万岁散去。

赵构的办法是第二天全身甲胄率领御营中军，突然袭击班直宿卫营地。毫无准备的卫士们"惊溃，或升屋，或逾墙遁走"。赵构心狠手辣，下令放箭，还亲手射倒两人。

卫士们都被抓住了，赵构下令将张宝等为首者十七人斩首，其余班直卫士解散，拆分到各部队中。

这就是经历了苗刘兵变、杜充叛国之后的赵构，他变得冷静、狠辣、狡诈、决绝。这些都是封建时代帝王的必修课，说不上好坏，只是站在历史的天空中可以发现，赵构并没有反思自己的行为有没有错，是不是需要改正，而是让自己变得隐忍且凶狠，他的特点再一次暴露了。

赵构是宋朝三百余年间十八位帝王里真正嗜杀的人，因为他治下的国家给人整体懦弱的印象，加上他本人常年对外摇尾乞怜，所以没能引起足够的重视，造成了后面更加重大、无可挽回的悲剧。

处置了班直卫士之后，赵构冒着大雨与宰执等人出城乘船，由明州赶往定海县（今浙江舟山定海区），剩下的百官留在陆路随行。君臣在明州行在前分别，"去者有风涛之患，留省有兵火之虞，相别殿门外，皆面无人色"。

完颜宗弼挥师疾进，迅速攻破临安。之后命斜卯阿里、乌延蒲鲁浑率四千精骑疾驰明州，捉拿赵构。赵构当时率领宰执人员刚刚乘船入海，女真精骑掩杀至明州城下，突然间伏兵四起，是御前右军都统制张俊的部队。

张俊是一直守在赵构的身边护卫，此时被留下断后，乘金军骑兵千里奔袭已成疲师之际主动攻击。统制官刘宝初战不利，手下两员战将阵亡，张俊立即命令全军压上，从一开始就赌上了所有。

张俊在需要的时候一定会迸发出让宋金两国都炫目的战力。能激励他的除了生死之间的大恐怖外，就只有功名利禄。赵构在临行前曾以公文（札）的方式给予他承诺："朕非卿，则倡义谁先；卿舍朕，则前功俱废。宜勠力共扞敌兵，一战成功，当封王爵。"

当封王爵！

这对出身陕西泥腿子阶层的张俊有着无与伦比的诱惑，激起他前所未见的勇气！张俊血战明州，战绩彪炳，"杀数千金军"，这个数字出自《宋史·张俊列传》，而在《三朝北盟会编》《忠正德文集》《建炎笔录》《挥麈三录》等史书中记录的是金军"小衄"。后者更符合当时的战场逻辑。

完颜宗弼派来突袭明州的金军精骑只有四千，杀数千相当于全歼了，但这无损于张俊的胆勇。战后他料定金军必然会再次进犯，而赵构一行和其他陆路逃亡的大臣们还没有逃远，所以他留驻明州，等待下一场战斗。

他料中了，建炎四年元旦，西北风突然加剧，金军乘势来袭。

张俊与明州守臣、徽猷阁待制刘洪道共同指挥，再一次击败了金军。女真人北逃，很多被赶进钱塘江淹死，残兵退往余姚，向完颜宗弼求援。

张俊仍然坚守明州，直到七天之后，金军再一次逼近，才率军保护明州百姓退往台州（今浙江临海）。

此战在畏金如虎的时期突然爆发，先于黄天荡、和尚源等著名抗金战役，像一盏明灯照亮了笼罩在宋朝上空的黑夜，给了宋朝君臣难以想象的生机和信心。在这个意义上它的确可以排在南宋中兴十三战功之首。

赵构在生死未卜之际，敢于把贴身的最后一支武装力量派出去伏击敌军，不得不说也是一种勇敢。或许有人说他是派张俊去送死，那么张俊是何时何地忤逆了他，让他必欲除之而后快吗？

并没有。

所以只能从胆识与纯粹的军事角度去审视这一决定。当扬州惨剧发生时赵构是吓破了胆，且纯粹地逃命，一直逃到杭州才能苟延残喘。这时金军仍然采用斩首战术，赵构就有了崭新的变化。

他敢于伏击金军，给予志得意满骄横肆意的女真人迎头痛击。此战张俊固然打得好，也要赵构敢于下令才行。

解决掉斩首部队之后，赵构在临海一带向温州移动，张俊沿海随行保护。此后赵构遭遇了一连串的霉运：先是海上风雨大作，把侍卫所在的船队吹散；临近年关，又非常准时地遇到了"送年风"，好多天的舒缓南风，船队撑足了帆也只能缓慢漂行，这让急于逃命的赵构君臣极为恐慌。

南宋建炎四年正月初一，海风又突然转大，船队必须在海中下碇停泊，赵构君臣在金军利刃与汪洋鱼腹之间挣扎，唯一的慰藉是一尾海鱼突然跳进了赵构座舰的船舱里。

随行的吴夫人，也就是后来的宪圣慈烈吴皇后连忙向赵构道喜，说这是"周人白鱼之祥也"。赵构得到了极大的鼓舞，晋升吴氏为和义郡夫人。

初二御舟晚泊台州港口，初三泊于章安镇。船队在这里断粮了，赵构步行上岸找到祥符寺索食。寺庙清寒，和尚拿出五个粗粮饼，赵构一口气吃了三个半。为了生计，御营行在冒险停留岸上，命令江淮发运副使兼军前粮料使宋辉火速调运大批钱米救急。

如此凄惨窘迫，一旦得到补给，赵构一行还是迅速回到了海上。船队在温州的沿海一带航行，时刻关注金军的动态改变航线、泊点。不久一个消息传来，让赵构君臣大惊失色。

完颜宗弼在攻破明州和定海县之后掳掠商船，组建水师，声称入海追击赵构。

海洋是建炎小朝廷唯一活命的退路，金军一定要赶尽杀绝，已经到了鱼死网破的时刻。赵构的勇气再次迸发，迅速调集水师护驾。枢密院提领海船张公裕亲自率军出战，把女真人临时组建的水军击散，这也彻底终结了完颜宗弼此次南侵的决心。

据说当时完颜宗弼向海中遥望，发现波涛间有一座小山。询问向导，得知是阳山。完颜宗弼苦笑："昔唐斥境，极于阴山，吾得至此足矣。"于是退兵。

实际情况是江南闷热潮湿的气候，湖泊水系发达的地貌，都严重制约了金军的骑兵，况且孤军深入，师老兵疲，必须撤军了。

金军北撤途中先后在明州、临安、秀州、平江府、常州烧杀抢掠甚至放火屠城，尽量破坏建炎小朝廷的国力。因掳掠的财物过多，在陆路行动困难，他们搜罗船只沿京杭大运河行进。截止到这里，完颜宗弼深入江南，追得赵构无法在陆地存身，史称"搜山检海捉赵构"，是他的成名之战。

但是他选择的北返路线有点问题，前面不远处是镇江府。

镇江府地处长江三角洲的西北部顶端，长江、京杭大运河在境内交汇。完颜宗弼驾驭着庞大的船队从京杭大运河驶出，进入长江水系，停泊在焦山、金山之间。隔江对岸就是金国占领区，在迈出最后一步时，完颜宗弼保持了很高的军事素养，在当晚率领四个部下策马攀登金山做军事观察。

金山的制高点是镇江金山龙王庙。当完颜宗弼接近山顶时，突然从庙里冲出来一支宋军，完颜宗弼急忙后撤，发现来路同样伏兵四起，眼见前后合围，在劫难逃，他开始拼死突围。宋军箭如雨下，金将被射倒两人，完颜宗弼也摔下战马，跌得鼻青脸肿。但是宋军配合失误，还是被他逃了出去。

宋军原本计划待山腰处的伏兵先截断后路，山顶的伏兵才出来合围，这样就万无一失了。可惜的是山顶伏兵沉不住气先冲了出来，让完颜宗弼钻了空子。

回到大营，完颜宗弼惊魂初定，得知伏兵是宋军浙西制置使韩世忠的人马。

韩世忠他早有耳闻，是宋军首屈一指的猛将，但此次南侵只知逃命，不敢接战，显得徒有虚名。金军北撤时更在秀州张灯结彩过元宵节，庆祝逃过一劫，十足一个胆小偷生之辈，谁料想都是假消息，韩世忠专门埋伏在江边偷袭！

完颜宗弼写战书约韩世忠决战。建炎四年三月十七日前后，宋、金两军在金山一带的长江水面上展开激战。

金军十万，韩世忠只有八千，但是宋军的战船高大巍峨，是标准的战舰。金军都是从江南抢劫来的民船，装满了抢来的财货，参照不久前金军匆忙组建的水师被张公裕击败的战绩，韩世忠充满了信心。

然而实力终究对比悬殊，宋军久战之后出现颓势。关键时刻，安国夫人梁氏击鼓助战，宋军勇气百倍，把金军压回南岸，激战中完颜宗弼的女婿龙虎大王也被抓住。

战败的女真人暴露了本色，完颜宗弼派人求饶。先是说归还抢来的所有财物、人口，买道北返。被拒绝后加价赠送金营中最好的战马，又被拒绝。完颜宗弼恼羞成怒，决定拼死一搏。

金军溯江而上，把战线拉长，只要韩世忠露出一点破绽，就能冲破重围到达北岸。

两军沿江激斗，且战且行，韩世忠的水军以劣势兵力裹挟金军向上游驶去。前方不远处就是位于栖霞山、龙潭之间的一处支汊湖荡，名叫黄天荡。这里是长江分流出来的一部分水道，前面河道很窄，遍布杂草淤泥，没有出路。

当完颜宗弼发现不对想回头时，已被韩世忠堵住。十万金军坐在一个个民用舢板上，四周全是淤泥烂草，他们冲不出去，更无处可逃，只能等待江北的金军闻讯逾江来救。韩世忠率部堵住黄天荡出口，让金军在惊惧、饥饿、疲劳中不断衰弱，当达到极限时，才是出击的时刻。双方就这样耗了整整四十八天。

金军没有等来支援，宋军也没有援军，胜利的天平在向韩世忠倾斜，但这时，一个汉人出现了。这是那个时代的特殊属性，不止是完颜宗弼，很多金国人陷入绝境时总有汉人出现拯救他们。

这个没有留下姓名的汉人是当地的土著，他告诉完颜宗弼，黄天荡有一个叫老鹳口的出口，年深日久被淤泥掩盖，只要找对了位置，一定能挖通航道。当晚全体金军挖烂泥，一夜之间清理出三十里水道。

第二天清晨时分金军进入长江，韩世忠发觉后去追，在长江口被密集的火箭射了回来。

完颜宗弼逃出生天，平心而论，韩世忠已经不能做到更好了，惑敌、斩首、激战、压制，利用天然形成的绝地，以八千兵力围困十万金军，这是此前宋金双方都不敢想象的奇迹。

这一战淋漓尽致地体现了韩世忠的军事天赋，他总是会以极其有限的兵力使用让敌人瞠目结舌的战术，达到震惊当世的战果。

回到金军地盘，疲劳到极限的完颜宗弼下令去建康府，那里还是金占区，要休养一段时间才能真正渡江北返。入夜，金军在牛头山（今南京西南，双峰角立，形如牛首）宿营。午夜时突然一群黑衣人潜入金营放火烧杀，片刻后逃走。金营大乱，完颜宗弼下令连夜启程，赶往建康。

五月十一日，金军到达建康府城西北十五里的龙湾镇，遭到了三百骑兵、两千余步卒的攻击。

这是从来没有发生过，甚至没人敢想的事情。女真人纵横世间，所向无敌，军队建制达到十万以上，居然被四百分之一的宋军正面攻击，这像闹剧一样荒诞。

"女真不满万，满万不可敌"，这不是后金始祖努尔哈赤创造的神话，而是源自金太祖完颜阿骨打。时间只过去了二十余年，女真人的百战老兵还没有完全凋零，就在这一刻被这支宋军打破了。

这支宋军的首领是岳飞，他终于有了自己的军队。回到马家渡渡口，岳飞当时率领右军与金国的汉军万夫长王伯龙部对阵，当宋军溃散时，只有岳飞还率部鏖战，直到孤悬敌阵才冲出重围。

岳飞退守建康城东北角的蒋山，之后转向东阳镇。随着金军向江南腹地铺开兵力，岳飞只好转移到茅山（今江苏句容、金坛两县内）扎寨。直到这里才得到喘息之机，然而辎重粮草没有了，部队面临生存危机。

这是困扰当时所有军队的问题，解决的办法只有抢劫。而抢劫就像雨天穿新鞋，开始时小心翼翼不忍一点点的污泥沾染，后期鞋上污泥越来越多就根本不在乎了，甚至能从中感受到极大的乐趣。

岳飞决不允许自己的部队变成兵匪不分的害民贼，他迅速开拔向广德军（今安徽广德）的钟村进发。在大范围的移动中，岳飞敏锐地发觉周边出现了为数众多的民壮、义勇、盗匪以及被打散的官军，比如之前在马家渡与岳飞一起出战的统制官戚方就成了流寇。

岳飞四面出击，斟酌量情或剿灭或收编，队伍迅速壮大。其间，他颁布了著名的"冻死不拆屋，饿死不掳掠"的军纪，并严格执行。这让已经被金军强制收编的民壮也悄悄逃来，加入了他的军队，前后有一万余人。

岳家军的雏形出现了。

败军之余，新丁入伍，越发地不好管理了，哪怕岳飞加强军纪也收效甚微。这时一个叫李寅的部下向他建议移军宜兴县张渚镇。那里三面濒临太湖，立寨之后只要把守住唯一的陆路，就能杜绝士兵外出扰民。

临行前突然一位故人来访，就是把岳飞推荐给张所的赵九龄。赵九龄现在是常州知州周杞的属官，奉命邀请岳飞驻军常州。常州钱粮充裕，岳飞所部军纪战力皆优，合作对双方都是好事。

岳飞遂决定去常州，然而刚刚起行就传来消息，常州被金军攻陷。岳飞只能按原计划移军宜兴。

太湖是江南著名水系，烟波浩渺之间常有盗匪出没，此时以郭吉为首的盗匪闻听岳飞入境，急忙抢夺民船运载老小驶向太湖深处。岳飞派王贵、傅庆追击，将其击败，又派人入湖劝降，百余只船的盗匪归降。

另有一股盗匪，以张威武为首，自恃骁勇，负隅顽抗。岳飞单骑闯营，将其当众斩杀，从此太湖匪患被剿清。当地百姓受岳飞庇护，在乱世中得以苟活，感恩之余在原周将军，即东晋除三害的周处庙内增修一栋屋宇，为岳飞画像拜祭。

从马家渡败逃到驻军宜兴，其间近五个月时间，岳飞在整军经武之余派人回相州老家接家小。此时距他加入大元帅府军队已经过去了三年多，战事无常，岳飞离家乡越来越远，北方金人肆虐，盗贼丛生，家中是否安好，他一点把握也没有。

第九章 搜山检海 169

果然在汤阴县已经找不到岳飞的家人了，几经辗转才在外乡找到了他的母亲和两个儿子，妻子刘氏已经改嫁，不知去向。

岳飞的母亲姚氏夫人和岳云、岳雷来到了宜兴，岳飞又娶了一位姓李的江南女子，重新组成了家庭。

岳飞一家都生活在军营里，就安全性来说很不好。时值乱世，军队是安全的保证，但军队随时面临战斗，哪怕家属留在驻地，不随军参战，也一样有刀兵之祸。姚氏夫人在随后的生活中就遭遇了这种危险。

回到战场。金军北返，有胆识的宋军将领都意识到了战机，韩世忠在镇江设伏，岳飞的计划是收复建康府。首战发生在建康城南三十里的清水亭，蓄锐已久的岳飞势不可挡，斩得耳戴金、银环的女真人头一百七十五级，活捉女真军、渤海军、汉儿军四十五人。金军逃亡，尸横十五里。紧接着就探听到完颜宗弼逃出老鹳口，岳飞抢先一步在牛头山设伏。

这是完颜宗弼与岳飞第一次在战场上相遇，完颜宗弼被压回了黄天荡，岳飞则转向建康府。

在黄天荡的另一端，完颜宗弼刚刚在长江口露头就遇到了韩世忠的船队。韩世忠像是有预感一样留在江中观望，没有撤离，果然再次等到了完颜宗弼。

长江北岸的金军也到了。负责两淮区域的金军首脑完颜昌发现了完颜宗弼的窘境，派来了大将孛堇太一率领水军接应。

韩世忠被两岸夹击，双方兵力对比比之前还要悬殊。然而韩世忠胆色豪勇，分兵两线，同时压制大江南北，他要全歼水面上所有的金军。

韩世忠赶制了一种特殊的军械，每只战船上都装备一只由长锁链联结的大铁钩。战斗中宋军的战船居高临下抛下铁钩，钩中金军船只的船舷，借助船力大肆摇撼，金军的小船很快就会侧翻。当天江上风力强劲，宋军船队鼓起风帆纵横江面，金军的船一批批地沉没。完颜宗弼只能下令撤退，再度求和。

金使"祈请甚哀"，请韩世忠放他们一条活路。韩世忠挟大胜之余，给出条件："但还我两宫，复我疆土，则可以相全。"

金使沉默，这是无法满足的条款，一支军队的存亡与整个种族数年间全力征战获得的利益之间的取舍是非常简单的，完颜宗弼和十万金军的命没那么值钱。完颜宗弼绝望之余，提出和韩世忠面谈。

韩世忠毫不畏惧，与之在陆地上见面。完颜宗弼先是卑辞哀恳，韩世忠不为所动。突然间完颜宗弼暴怒，对韩世忠大声叱骂。韩世忠举弓搭箭就射，完颜宗弼立即逃跑。

这就是初代女真战士的现状，在《金史》记载中神勇强悍，视荣誉为一切的大女真主义者完颜宗弼连单挑的勇气都没有，当他们不再是反抗者之后就变得狡诈凶残且懦弱。之后的几天里他坐在江边看着韩世忠的战船往来如飞，不禁哀叹，南人操船就像北人骑马一样，怎么办呢？

他的部下四处张榜，重金求购办法，果然又一个汉人出现了，据记载是个姓王的福建人。此人建议金军在船舱里放土，甲板上铺木板，船舷上挖洞，安装橹桨，没有船帆也会提升速度。前提是长江水面上不能有风。

完颜宗弼大喜，"刑白马、剔妇人心，自割其额祭天"。这是北方蛮族的萨满法术，现代人会说这是迷信，但问题是长江上真的风平浪静了！

没有风，也没有船舷上的橹桨，韩世忠的海船只能泊在江中无法动弹，金军的民船舢板划动船桨，发射火箭。韩世忠的战船上满载着战士、家属、粮草、战械，都葬送在熊熊大火之中，韩世忠仅以身免，逃回镇江。

黄天荡之战结束，严格地说是韩世忠失败了，但是过程痛快淋漓，以微薄的实力撼动了此前纵横整个江南如入无人之境的金军，让金军主将颜面尽失。他和岳飞两人打破了女真人不可战胜的神话，对于提升宋人信心有着不可估量的作用。

完颜宗弼回到江北，毫无胜利者的喜悦。他与金国上层"相持泣下，诉以过江艰危"，整个金国都没有料到搜山检海捉赵构的结局会是这样的，这是自女真人起兵以来从未遭遇过的险局。

辽国与北宋都从来没有让金军十万以上的军队处于危险之中，这给女真人敲响了警钟。他们的思路回到了靖康时期，决定册立第二个傀儡王朝作为宋、金之间的缓冲地带。

回顾这半年的战争，会发现赵构的逃跑是很"英明"的。第一，避免了同徽、钦二宗一样被掳走的厄运；第二，不管初心是怎样的，都造成了引诱金军深入江南，耗尽锐气之后北返时被偷袭的事实。

赵构无数次遣使哀求得不到的，在战场上间接地收获了一点点。

还有一件事对金国改变国策有重大影响，它发生在今天的蒙古土拉河上游一带。这里是原辽国的西北路招讨司驻地，也称可敦城。当年女真人灭辽时连契丹人的先祖坟墓都不放过，却没有注意过这片偏僻荒凉之地。

辽国皇族子弟耶律大石率领两百名骑兵逃离故土，在这里召集七州长官、十八部首领结盟重建辽国，史称西辽。耶律大石英武宽宏，五年生聚之后，兵力达到了数十万。

建炎三年，耶律大石突袭金国的北方大营，毁其两座营盘，意识到伐金复仇还不到时机，于是率军西进，去拓展更大的疆土。转年九月，就是金军南侵渡江前夕，金国决定集结重兵消灭西辽。

然而各部落拒绝金廷的征兵命令。这时他们才意识到金太祖去世之后，再没有人能号令整个女真。远征西辽不了了之，加上与宋朝战事不利，才让第二个傀儡王朝出现。

然而立谁、由谁立，在当时的金国是个难题。之所以这样，是因为金国的派系之争。

金太祖死后，金国权力由两个对立派系掌握。一个是金太宗完颜晟，主要成员是完颜昌，他们的对外政策相对温和；另一个是金军左副元帅完颜宗翰，他是女真人的初代战士，充满了铁血气质。

金太宗一脉有大义在手，理所当然地主持了海选，目标是原宋朝济南知府刘豫。

刘豫，字彦游，生于北宋熙宁六年（1073），永静军阜城（今河北阜城县）人。进士出身，靖康时期任河北西路提刑官。之所以中选，是他在建炎二年任济南知府时杀了抗金大将关胜后降金。这位关将军就是《水浒传》里马军五虎将之首大刀关胜的原型。

完颜宗翰坐镇西北，完颜昌管理山东，所以才选中了辖区内的刘豫。但完颜宗翰偏偏就要截胡，他派人去黄河以南、山东区域"征集"民意，做了一出万民拥戴刘豫的好戏，再把消息传回金廷。

意思很直白，就是要让全天下都知道，册立王朝这样的事都得由他完颜宗翰来决定，轮不到金国的皇帝。

建炎四年九月，金国册立刘豫为"子皇帝"，建立伪齐王朝，管辖京东、京西等路，成为金国的南方屏障。刘豫是被强推出来的，他的根基在完颜昌，却在实际操作中成了完颜宗翰的人，这让他和他的王朝的前途都很扭曲。

如果说他与张邦昌有什么不同的话，是他充满了主动性，很喜欢这份傀儡工作。

金国册立傀儡王朝隔断金、宋疆域，并不意味着就此放弃主动进攻。相反，就在刘豫上位的同时，金军在完颜昌的率领下发起了猛攻。

这一次金国思路清晰，攻打京杭大运河的沿途城市，具体目标是从南至北的五座重镇扬州、承州（今江苏高邮）、泰州、楚州（今江苏淮安）、海州（今江苏连云港）。宋朝派张俊迎战，这种仗虽然不用救皇帝，但也凶险万分，张俊自己是绝不出战的。他派近期划归麾下的岳飞出战，由刘光世做后援。

岳飞由张俊推荐晋升通、泰镇抚使兼知泰州府，完颜昌进攻的正是他的辖区。岳飞在承州附近三战三捷，杀金军名将高太保，擒获女真族首领七十余人。但是刘光世再一次失踪，由他当后援永远等于没有后援。

"飞师孤力寡，楚遂陷。"

赵构传旨要岳飞后退守通、泰两州，能守就守，不能守就后退至沙州，保护当地百姓，等待战机。在实际作战中，岳飞发现泰州无险可守，率军后退至柴墟，在南霸桥击败金军。随后掩护百姓撤往江南。

战后岳飞以泰州失守待罪。

宋朝陆地军队彻底失败，完颜昌进攻缩头湖的张荣义军水寨。女真人的水战还是一塌糊涂，完颜昌被歼灭四千余人，只好退回淮河以北。宋军趁机夺回了淮南路。

第十章
半天下之责

所有迹象都显示金军马上就会卷土重来，毕竟完颜宗弼的军队已经休整完毕，就驻扎在两淮区域内。长江南岸人心惶惶，金军再次渡江用什么抵挡？岳飞新败，韩世忠全军覆灭，难道要指望张俊、刘光世吗？

在这种态势下，只有一个人和一片区域能拯救南宋。

张浚和川、陕。

蜀川是中原历代王朝失势之后的逃难之地，它的地势与财富是仅有的翻盘机会。陕西是宋朝百年西军的大本营，可以说除此之外再无精兵。张浚去了已经一年多，他应该有所动作，也必须动起来！

此时张浚有钱，他甫一入陕就派人进蜀川强收了百姓五年的赋税。这一下子就把蜀川的家底掏空了，让后任的赵鼎无以为济，气到骂娘。张浚用这笔钱囤积了数量惊人的军用物资、钱粮，才着手改造西军。

大宋西军分为永兴、鄜延、环庆、泾原、秦凤、熙河六军。自宣和、靖康以来不断地抽调让它元气大伤，内部更是山头林立，最嚣张的时候连建炎朝廷派来任经略使兼知延安府节制六路军马的王庶都被当堂夺印，差点丧命。

有了这种前车之鉴，张浚的办法张弛有度。他罢免了熙河军主将张深、环庆军主将王似，提拔一大批少壮派，如名将刘仲武的儿子刘锡、刘锜，以及吴玠、吴璘兄弟，把他们安插到显赫位置。

这非常强硬，但是对另一个人选择了百般忍让。

曲端，字正甫，镇戎军（今宁夏固原）人，泾原军主将。此人在战场上是传奇性的，他力敌金国的常胜将军完颜娄室，双方互有胜负。把大名鼎鼎的金将完颜杲（撒离喝）打得放声大哭，因此得名"啼哭郎君"，成了宋金两军的笑柄，一直流传了几十年之久。

对内，曲端的形迹堪称叛国。

前面提到当堂夺印，差点干掉王庶的人就是他。他有深厚的军队背景和独一档的战功，是名副其实的西军领袖。张浚仿效古时登台拜将的仪式，集结西军拜曲端为威武大将军。

凭钱粮、恩威，张浚迅速把六路西军整合在一起。但是事到临头，他才猛地发觉一切都是自己的一厢情愿，曲端根本就不服从命令。

金军在南侵的早些时候就进攻了陕西，西北重镇京兆府、凤翔、延安等地相继沦陷。西军大将李彦仙在逆境中奋起收复陕州，此后交战两百余场，多次重创金军，震动宋、金两国上层。这让赵构在江南感慨，"近闻彦仙与金人战，再三获捷，朕喜不能寐"。

金军调集主力围攻陕州，张浚以飞鸽传书命曲端率军救援，但是曲端不动。建炎四年正月十四日，陕州陷落。李彦仙率部巷战，"中箭如猬"，左臂重伤，投河殉国。部下五十一员战将一同战死，无一人投降。

见死不救、抗命不遵，坐视袍泽城破殉难，放在任何一个时代都只有军法处置，然而为了大局，张浚还是忍了。

西军新生代领军人物吴玠在彭原店一带围困完颜杲，后者眼见不支，完颜娄室火速西进增援。

金军战绩第一，号称常胜的主将逼近，吴玠和张浚都很镇定，因为曲端就在吴玠的后方。吴玠是曲端的本部下属，一定会通力合作了吧，然而曲端主动后撤，导致吴玠被前后夹击。所幸未来的山地之王战力惊人，成功突围。回归之后吴玠质问曲端，曲端勃然大怒，把吴玠申斥、降级，理由是以下犯上。

这就是当时西军的领袖，与江南诸将一样，都把自己的利益摆在第一位，生怕伤损失去地位。

这次张浚仍然选择忍耐，直到同年九月，张浚下令西军各部向陕西关中平原的富平一带集结。

"富平，石、温周匝，荆、浮翼卫。南限沮、漆，北依频山，群峰险峻，环绕如城郭，水陆之险皆备，有主客劳逸之殊，据险以固，择利而进，设有犯者，可使片甲不还。"

这是张浚精心挑选的与金军决战的地点，永兴帅吴玠、环庆帅赵哲、熙河帅刘锡、秦凤帅孙渥都迅速赶往集结地点。宋军的后勤部队也派出数量庞大的转运民夫从蜀川出发，途经数千里，于崇山峻岭间运送堆积如山的粮草钱帛去陕西。

战势如火，刻不容缓，可是威武大将军和泾原军不见踪影。张浚亲自赶去询问，曲端的回答是决战必败，西军要养兵十年之后，才能考虑反攻。张浚忍无可忍，要他立下军令状，如果富平之战宋朝获胜，就要他的人头！

曲端毫不犹豫就答应了。

随即张浚将曲端罢官，讽刺的是，曲端视为私军的泾原军并没有谁搞出兵变之类的事来保护他。泾原军主将由刘锜担任。

刘锜，字信叔，德顺军（今宁夏隆德东北）人，生于北宋绍圣五年（1098）。其父刘仲武在神宗熙宁时期积功为泾原路第一将、熙河路兵马都监，随王赡征服河湟吐蕃部，是西军中的一代名将。

富平集结了宋朝最后的主力军团，透支了最后一块富足土地的钱粮，与金军决战，史称"半天下之责"，无论胜负都将改变宋朝的国运。

金国悄悄地向陕西增兵，援军主将是完颜宗弼、完颜宗辅（讹里朵）。张浚对此茫然不知，他在距离富平大约两百里远的邠州下令，西军在富平县城以东的大片平原地带设寨待敌。永兴帅吴玠查看周边之后，建议全军向西后撤几十里重新设寨。因为富平地势平坦，对女真骑兵冲锋有利。西方有山，西军常年在丘陵地带作战，那里才是主场。然而刘锡反对。

刘锡是刘锜的哥哥，被任命为此战主帅，他认为富平有很多沼泽地，骑兵冲不起来。而且西军兵力占优，在平原地带才能发挥优势。

宋朝官方记载，西军集结的兵力是四十万，其中骑兵七万。《金史》中的记载是"骑兵六万，步卒十二万"，与《壮义王完颜娄室碑》所记载的"张浚步骑十八万壁富平"相符。两相对照，西军兵力应在十五万左右，按惯例至少有三分之一是运粮的民夫，所以实际兵力是十万。

金军中完颜娄室的兵力是两万到三万，完颜宗弼率领两万骑兵，完颜宗辅是三万骑兵，叠加一起是八万骑兵。

也就是说，张浚漏算了五万骑兵，本来是十万对三万，现在是十万对八万。考虑到女真人基本是全骑兵兵种，双方战力基本持平，宋军甚至处于劣势。

建炎四年九月十四日辰时（早上七点至九点），金军率先发动攻势。三千名骑兵携带着柴草、土袋，迅速填平了宋军阵前的沼泽区。完颜宗弼发起冲锋，目标是西军侧后方的民夫营地。

这是完颜娄室决定的主攻点，正中西军要害。猝不及防中民夫营大乱，被金军驱赶冲向西军的本阵。一时间装备了神臂弓等精良射具的西军无可奈何，被突破了射距。

左近就是泾原军的战位，新任主将刘锜仓促应战，混战中阵斩金军万户长赤盏晖，完颜宗弼被重重包围，在被射瞎一只眼睛的汉籍金将韩常的拼死护卫下逃了出去。战后清点，发现损失了一半兵力。

开战之初，刘锜以西军五分之一的实力获得了难以置信的胜利。天将正午，金军使出了撒手锏——左右拐子马战术。它发挥了骑兵的高机动性，两翼包抄，左右穿插迂回。为求必胜，病中的完颜娄室亲自上阵。

完颜娄室的毒辣眼光再次出现，他挑选的突破口是环庆军。环庆军在历史上留下的形象很不好，在神宗时期五路伐西夏的重大战役里，泾原军都冲到灵州城门边了，硬是被时任环庆军主将的高遵裕严令后撤，丧失了千载难逢的良机。

此时的环庆军，主将是赵哲。此人居然在决战中不知去向，让军队始终处于无人领导的状态。事实上在整个下午的激战中，西军也整体失去了指挥，主帅刘锡一个命令也没下达，听凭环庆军与完颜娄室单挑。

也就是说，五分之四的西军眼睁睁地坐视环庆军在混乱中失败！

夜幕降临，环庆军溃败，冲动整个西军阵营向西南方败退。大宋西军的黄昏到了，超级庞大的战阵崩溃时谁也没有办法阻挡收拢。金军没有追赶，他们发现了堆积如山的金帛粮草、战械衣甲，应有尽有，那是蜀川全境百姓的五年税赋。

金军抢到了钱粮，占据了富平，是无可争议的胜利者。西军虽败但保住了绝大部分的兵力，只是暂时的撤退。可是张浚气疯了，他用棍棒把赵哲活生生打死，曲端被关进了铁笼子里，灌入烧酒，用蜡封住口鼻，锁上手脚，用烈火烤炙，五脏俱焚而死，绝非军令状里砍头那么简单。

狂怒的张浚丧失了起码的理智，他命令参战部队各归本部，正好被金军各个击破！

由于他的残暴，西军分裂了。环庆军统制慕容渝投降西夏，泾原军张中彦、张中孚等投降金军，陕西局面糜烂，张浚只得逃往兴州（今陕西略阳县）设立宣抚司，招集各路溃兵，相当于丢陕保川。

很快各支部队都到达了兴州，唯独不见吴玠。吴玠率领几千名永兴军士卒冲破了金军占领的凤翔府，沿陇山向南直奔关中西南方向唯一的险关要塞大散关。这一刻整个世界徒然聚焦吴玠。

吴玠，字晋卿，生于北宋元祐八年（1093）。原籍德顺军陇干县（今甘肃静宁县），其父吴扆葬在水洛城（今甘肃平凉庄浪县）后，迁徙当地。吴玠性格沉毅果敢，崇尚气节，弱冠从军，与西夏多年鏖战，又南渡长江镇压方腊，军中轨迹与韩世忠等人大同小异。

富平大败之余，所有人都在想着怎样逃命，吴玠独立思考，逆流而上，抢占了最重要的军事要冲。

大散关位于陕西宝鸡南郊秦岭北麓，北汇渭河支流，南通嘉陵江上源，当山川之会，扼西南、西北要道枢纽，亦称崤谷，自古以来有七十余次战役发生在这里。针对这次的防守地点，吴玠选择在大散关偏东的和尚原。

金军以完颜没立、乌鲁折合率领凤翔、阶州、成州三州兵力攻击吴玠。完颜没立先到，直扑和尚原，发现山路蜿蜒崎岖，乱石成堆，骑兵只能下马步行仰攻，永兴军箭如雨下，金军寸步难行。

乌鲁折合改攻大散关，计划两方面同时动手，让吴玠顾此失彼。吴玠精确计算，始终阻断金军两路攻势的联系，当乌鲁折合孤注一掷猛攻大散关时，吴玠出人意料地率军出战，在西军熟悉的山地战中阵斩乌鲁折合。

完颜没立马上逃跑，三州强攻大散关失败。

此战震动金国上层，以富平决战夺取陕西，再攻进蜀川，沿长江南下，扫平江南宋室的整个战略顺序，现在被卡在了大散关前。为此，半年之后完颜宗弼决定亲自出战。

完颜娄室已经在富平之战后病死。

完颜宗弼率领十万金军进攻，战术与三州合兵时一样，都是在和尚原、大散关两点同时进攻，由于他兵力充足，理论上一定会成功。然而半年过去了，吴玠的部队全员换装，以神臂弓居高临下射击，"洞重甲于数百步外"的威力让金军士兵在和尚原成了一个个活靶子，毫无抵抗之力。

入夜之后，金军在蜿蜒崎岖的秦岭山间设立了长达四十余里的连珠寨，安心入睡。他们万万没有料到，以十万之众围困数千宋军，吴玠居然敢夜袭！

富平之战宋军崩溃的一幕重现，金军在和尚原下方的最高处营寨被攻破，连珠寨像多米诺骨牌一样被接连压倒，溃兵滚雪球似的越跑越多，一整夜加整个白天吴玠穷追不舍，从大散关到和尚原，到二里驿，双方缠斗三十多个回合，山道上躺满了金军的尸体。完颜宗弼本人身中两箭，直到再入夜到四更天时，宝鸡方向的金军增援部队才拼死赶到，把他救了出去。

和尚原之战金军战死一万多人，完颜宗弼的亲兵营只剩下了九个人，被俘近三千人，其中重甲骑兵九百多人，高级将领二十多人。这是宋、金交战以来金军遭遇的第一次惨败，史称"金军自入中原，其败未尝如此也"。

时年三十九岁的吴玠受封镇西军节度使，成为南宋第一个因军功建节的大将。至此蜀川一带宋、金成对峙局面。

回顾整个战局，张浚难免让人诟病，当时和后世有无数人声讨他操之过急，川陕明显没有准备好就急于展开富平决战。他押上了太多的赌注，如果没有吴玠突然的爆发，会毁掉川陕。

但是查阅史料可以得知，张浚的初衷并不是这样的。他离开临安前，曾与赵构有过约定。"初，浚之西行也，帝命浚三年而后用师进取"，这时才过去一年左右，之所以迫不及待，就像前面介绍的那样，东南危急，不容他坐视不管。

张浚发起如此规模的战役，不向宋廷请示是不可能的，没有赵构的首肯更是不可能实施的。这一点从战后宋廷对张浚的态度上也能证明，张浚并没有受到处罚，仍然还是川陕宣抚，直到三年之后宋廷才把他召回江南。

#第十一章
##南自南、北自北

建炎四年对宋、金两国格局影响最大的并不是张浚与吴玠或者完颜宗弼，而是一艘从北方驶来的船。

这条船的始发点在"燕"，燕云十六州区域，抵岸处是涟水军（今江苏涟水县）的宋军水寨，航程在两千八百里左右。由于它是从金国领地驶来，宋朝水军立即武装登船搜检，发现船上有女眷，日用品齐全，船主人是个中年男子。

该男子自称名叫秦桧，是故都汴京沦陷时被金军掳去北方的前御史中丞。水军不信，秦桧问此地有没有读书人，如果有就一定会知道他。涟水军真的有一个卖酒的王秀才。

王秀才一见面就恭敬地向秦桧施礼问候。秦桧的下一个要求彻底打消了军方的疑虑，他请军方护送他到越州去见皇帝赵构。同年十月，赵构与秦桧第一次在江南见面。

时隔四年，秦桧重回宋朝皇廷，受到了隆重的欢迎与尊重，然而也有一些质疑的声音。当年秦桧与孙傅、张叔夜、司马朴等北宋高官一起被掳至北方，现在只有他一个人回归，他是怎么做到的呢？

秦桧自述在北方被分配到完颜昌手下为奴，最初颇受虐待，后来女真人钦佩他的才华，让他做些文案工作，成了完颜昌的幕僚，出征时也随军同行。他心怀故国，在此次跟随完颜昌攻打淮河区域时，看准时机杀了看管他的金国军人，夺了一条船，冲破重重关隘，由淮河入长江，抵达涟水军。

这番话漏洞百出，最明显的一点是船上有秦桧的妻子王氏，还有家仆、财宝以及生活必需品，带着这些累赘冲破金军的重重封锁，一介文人是做不到的。怀疑者断定秦桧不是归来的英雄，而是变节者，是金国派来的奸细。

各种流言与猜测就此滋生，流传最广的一个版本被收录在《宋史·秦桧列传》里。据载当年孙傅、秦桧等人与赵佶父子关押在一起，赵构在应天府称帝的消息传来，赵佶顿时感到了南归的希望，办法是替赵构议和。

赵佶精心写了份和议书，核心内容是"奉咫尺之书，谕嗣子以大计，使子子孙孙永奉职贡，岂不为万世之利也"。

议和书是写给完颜宗翰的，强调一下，这时的赵佶以及后来的赵构，只要是与金国议和，信都是写给完颜宗翰，而不是金国皇帝完颜晟。议和书由秦桧润色，再由秦桧以巨资贿赂完颜宗翰本人，才算完成了任务。

这份议和书没有下文，倒是秦桧由金太宗完颜晟下令赐给完颜昌任用。"任用者，犹执事也"，后来又作"参谋军事"，秦桧一步步从阶下囚变成了座上客，连攻打宋朝最积极的完颜宗弼也"尝招桧饮"，酒宴上"左右侍酒者，皆中都贵戚王公之姬妾"。

以上尽管被正史采信，但是仍然有可疑之处。宋朝君臣在北方一贫如洗，多年以后徽宗的女儿嫁给了金国的宗室子弟生了个儿子，金太宗赏赐了几匹很普通的布帛给赵佶，前宋朝皇帝"喜惊交至"，上谢表高呼"圣恩隆大"，秦桧怎么可能拿出足以贿赂金国最大的实权者完颜宗翰的巨资呢？

还有就是秦桧的妻子王氏。不提拖家带口逃亡的难度，假设秦桧真的是奸细，那么他必须在金国留下变节的证据或者重要的人质，才能确保回归宋朝之后仍然效忠女真人。秦桧父母早亡，没有亲生的儿子，这样一来人质只能是王氏，可偏偏她却一起回来了。这是怎么回事呢？

一个是艳情版。据说王氏聪明美貌，让大批的完颜氏男性倾倒，尤其是完颜宗弼和完颜昌拜倒在她的石榴裙下，她本人由此获得诸多特权，连带着秦桧也迅速成为女真人的座上之宾。

这真是高估了王氏的魅力。说实话宋朝的女士们在金国的表现很无能，辽国的皇族一样被俘，女性被众多完颜氏新贵瓜分，理论上辽金世仇不死不休，遭遇会加倍凄惨，但是她们就有能力左右金国的国策，鼓动女真人替辽国向宋朝报仇。

宋朝的帝姬嫔妃们做不到这一点，作为臣子妻室的王氏又怎能例外呢？尤其是所谓的秦桧因她受益更是无稽之谈，如果是真的，浣衣院里的宋朝皇家女眷早就给她们的亲人挣到了自由。

另一个是奸细版。据说在秦桧启程前的某个夜晚，王氏突然发怒吼叫，内容是王氏出嫁时曾有二十万贯嫁资，妻族要秦桧从此善待王氏与之同甘共苦，现在大金国信任秦桧放其南归，就此抛弃她，她无论如何都不能接受。吼声惊动了完颜昌的妻子一车婆。两个女人聊了很久，之后完颜昌就被一车婆说服,王氏就此上船。

这个版本的真假就不好说了,历史上因为女人的某些行为、言语就改朝换代都是很常见的事,何况一张船票。

抛开一切看结果,秦桧在回归之初,仕途就陷入了重大危机。宋朝是一个对官员的品行、风评极度严苛的时代,往往只是家中对待奴仆不仁厚,或者在大殿上言辞态度稍微激烈,就会面临被罢官降级的处罚。

秦桧危如累卵。关键时刻,"惟宰相范宗尹、同知枢密院李回与桧善,尽破群疑,力荐其忠"。有宋朝军政两大体系的首脑作保,再没人敢质疑秦桧的忠奸问题。可是首脑们为什么要这样做,历史却没能给出答案。

尤其是时任首相的范宗尹。

范宗尹,字觉民。生于北宋元符三年,襄阳邓城(今湖北襄阳西北)人。进士出身,靖康元年以前历任开封仪曹、校书郎、监察御史、侍御史、右谏议大夫等职。当金军强迫宋朝割让北方三镇,宋钦宗召开廷议时,以梅执礼、秦桧为首的三十六名大臣反对割地,赞同者有七十余人,就以范宗尹的表现最激烈。此人"伏地流涕",力请朝廷割地纾祸。

此时的范宗尹与秦桧水火不容。

宋廷最终割让了北方三镇。当金军再次南侵,宋钦宗惊恐之余,因为是范宗尹提议割地,于是将他贬官。伪楚建立之后,张邦昌起复范宗尹,派他去应天府请赵构称帝,这让他在赵构的心中留下了非常好的第一印象。

然而,他当了伪楚的官,秦桧当时在北方受难,两者再次对立。

赵构登基之后，起用主战派代表李纲为宰相，范宗尹坚持原来的立场不变，主张与金国议和，他连上三道奏章，称李纲"名浮于实而有震主之威"，建议将其罢免。当时李纲正杀人立威，他罪不至死，被贬出知舒州（今安徽潜山）。此后宋廷发起清算伪楚旧臣的行动，范宗尹被贬到鄂州（今湖北鄂州）安置。

至此范宗尹被打上了畏金议和甚至贰臣的标签，仕途跌入谷底，与在北方苦寒之地孤守臣节的秦桧相比，无异于天上地下。

建炎三年，范宗尹迎来转机，被召回朝廷，随后金军突袭扬州，他跟着赵构一路南逃，有大把的机会兜售自己与金国和议友善的政治主张。这与赵构心底的真实愿望暗合，从此一路飞黄腾达，在"搜山检海"一役过后，取代吕颐浩当上了首相。

范宗尹这时才三十岁，自有宋朝以来从没有人能在这个年龄当上宰执大臣，风头一时无两。

回到秦桧，两人的仕途经历、政见主张完全相反，也没有记载表明两人曾有过私下交集，"惟宰相范宗尹、同知枢密院李回与桧善"的"善"字，真不知从何说起，更不知他为什么会为秦桧的忠诚背书。

在陛见的前一天，赵构下令要秦桧先见宰执大臣，申述自己的政治主张。这时赵构害怕了，以秦桧的忠贞强硬很可能会像李纲一样要他与金国不共戴天。让秦桧先见宰执，探明了虚实才好处置。

秦桧的应对堪称石破天惊，没有任何人能预料到，受难者、臣节的代表居然主张"如欲天下无事，南自南，北自北"，意即以长江为界，南北分治。中原、陕西甚至两淮区域等宋朝土地以及人民都是北方女真人的，为了和平必须舍弃！

不仅如此，他还出示了一份《与挞懒求和书》。挞懒，是完颜昌的女真名。

这次会面的内容迅速传播出去，秦桧的政见令人震惊，求和书更加印证了之前的猜测，秦桧在金国内部就鼓吹了和议。要知道此前南宋虽然一直遣使求和，但具体主张是且守且和，绝不放弃抵抗，而秦桧的主张是"专与金人解仇议和"，这是要宋朝主动放弃靖康之变中所遭受的所有屈辱仇恨，只求金国不再进攻，即达到最终目的。两者有天壤之别。

这对金国是百利而无一害的，所以完颜昌才派秦桧回归宋朝。秦桧绝对是奸细。就从这时起，秦桧开启了他独一无二的政治生涯。他每隔一段时间就会根据需要蜕变成另一种生物，这次的忠奸大变身只是第一次而已。

外界哗然，赵构却是惊喜。秦桧向赵构汇报了徽宗夫妇的近况，同时建议赵构亲自写信给完颜昌传达和议的愿望。赵构大喜，说："桧朴忠过人，朕得之喜而不寐。盖闻二帝、母后消息，又得一佳士也。"

赵构封秦桧为礼部尚书，但是对亲自写信给完颜昌拿不定主意。毕竟他是一国之君，而对方只是一介方面大将，身份差距太大。为此，赵构想了个办法，他的手下真的还有一个，也只有一个与完颜昌地位相近，能办这件事的人。

宁武军节度使、开府仪同三司刘光世。

截止到这时，刘光世是建炎南渡之后第一个建节的人，比吴玠还早。所以在和尚原大胜，吴玠建节时，得加个"以军功"建节第一人的前缀。现在刘光世以南宋军方之首的身份足以与完颜昌接洽。

赵构御笔密令刘光世，"今令宰执与桧商量，撰成书一通，录以付卿。卿可依此修写，作书五本，自以卿意，十余日间，累遣五辈，令往通达。彼若审见利害之实，肯以师还，不复侵略，庶几粗获休息"。

刘光世遵命照办。

封建时期信息流动缓慢，尤其是在两国敌对的状态下，信送出去之后，理论上要相当一段时间才能得到回复，南宋开始耐心等待。至此，秦桧不仅平安渡过了最初的身份危机，还极其迅速地主导了南宋的国政，宋廷为了方便他接下来的工作，在四个月之后的绍兴元年（1131）二月，升秦桧为参知政事，也就是副宰相。

秦桧迅速冒升，史书普遍认为是赵构对议和迫不及待，然而横向对比就会发现，秦桧升得再快也快不过范宗尹。

这是南宋官场升黜的缩影，每个官员都会因一事一地的成败而迅速升官或者贬职，所谓"北宋缺将，南宋缺相"的真相就在这里。究其原因，并不是南宋的官场形同儿戏，而是皇权相比北宋有了绝对权威。

赵构在颠沛流离的逃亡生涯中，历经政变下野的苦难里，不仅对金国一味软弱，连同对部下的掌控也非常失败，给人的印象非常弱势。但要注意的是，这只是他对军队的掌控力不够，文官系统从始至终对他忠心耿耿，包括宗泽、李纲哪怕有再多的不满，也从来没有过半点的异心。

这是为什么呢？赵构是怎样做到的？答案涉及南宋立国的根基，是一个极其宏大且影响深远的课题，要放在后面一个适当的时机里深谈。

参照以上，会知道秦桧看似一步登天，但是仍然没法掌控南宋这条大船的航向，除非他能当上首相。这个目标除了要打动赵构，还必须除掉现任首相，以及每一个可能的竞争者。这需要非常大的耐性和政治斗争手段。

秦桧的第一个目标是范宗尹,他首先要考察对方是怎么当上首相的。

范宗尹首创了一个官职,叫作"镇抚使"。它没有资历上的硬性标准,职级是"以京畿东西、淮南、湖北地并分为镇,授诸将,以镇抚使为名",说白了就是以宋、伪齐两国的交界地带为辖区,无论是谁,只要能在那里立足,能进攻伪齐,或者为南宋剿灭盗匪,那么就是镇抚使。

这其实是一种无奈之举,在伪齐还没有建立,甚至宗泽刚刚去世时,中原大地上众多的义军和流寇向长江流域移动,为了生存,它们在金国、南宋两端游移不定,赵构对它们恨之入骨,但实在无力剿灭,只好听之任之。

在逃过"搜山检海"之役后,范宗尹的镇抚使计划给了赵构新思路,给这些人以名分,去一片实际上失控的区域内拼死拼活,成则为南宋争到边境线的安定,败则自动消失,对南宋百利而无一害。

然而宋廷在犹豫,这实际上是藩镇!藩镇是毁灭唐朝,使中国陷入五代十国混乱的祸根。宋朝的立国核心,所有的国家大政的基石就是防止藩镇的出现。在金军最初入侵时,宋朝曾分天下二十三路为四道,四道的总管掌道内的军、政、财权,相当于藩镇,但在战争中没有起到相应的作用。现在旧事重提,既冒风险又于事无补。

范宗尹既有魄力冒天下之大不韪提出藩镇主张,理由也相当充分。

"太祖收藩镇之权,天下无事百五十年,可谓良法。然国家多难,四方帅守单寡,束手环视,此法之弊。今当稍复藩镇之法,裂河南、江北数十州之地,付以兵权,俾蕃王室。较之弃地夷狄,岂不相远?"

范宗尹以绝大的气魄、独到的眼光获得赵构的青睐登上相位,在当时是不可撼动的,如果没有特殊意外的话,他的去留会在几年之后才被考量。那时实际情况会证明他的藩镇理念是否正确。

这时的南宋朝廷是务实甚至功利的,谁都可以凭一言一事骤然飙升,但如果不能兑现预期效果就会丢官罢职。这也就意味着秦桧要等待几年才能有机会继续攀升官阶,做到左右朝政的位置。

范宗尹却偏偏自己搞出了意外。

范宗尹出身公立大学,是当时的"上舍"生。仕途宦游间始终对世间万物充满了思辨之心,他在处理帝国庞杂的政务之余一直在思考宋朝为什么会突然遭遇厄运。他的结论是腐败,尤其是滥赏。

范宗尹要有关部门讨论清查"崇、观以来滥赏,修书、营缮、应奉、开河、免夫、狱空之类,皆厘正之"。就是说,要把宋徽宗历年随意发放赏赐的官衔、俸禄、奖金等滥赏都一一追复。

这就太狠了,打击面无比广阔。所谓滥赏,蔡京、童贯、梁师成等六贼肯定在内,那么何栗、李纲、秦桧,还有他本人呢?也是骤然间高居大位,一样适用滥赏概念。要一一打回原形吗?

尤其是比藩镇更大不韪的是,他居然把宋徽宗推上了被告席,毕竟赵佶是滥赏的源头。事情到这一步,普天之下已经没有范宗尹的立足之地。他被一贬再贬,在临海郁郁而死,卒年仅三十七岁。

范宗尹的飙升与跌倒都是令人目眩的,抛开一切聚焦到秦桧身上,他突然发现好运来临,范宗尹居然把自己玩死了,他身为帝国的副宰相是不是可以再前进一步呢?尤其是他在范宗尹倒台的过程中表现得既机敏又正确。

"桧力赞其议,见帝意坚,反以此挤之。"他是打压范宗尹非常出力的人,理应得到最大的红利。

然而他始终没有等到拜相制，这让他渐渐地明白过来，他面临着范宗尹没作死之前的境遇。他让皇帝写的和议信寄出去了，可完颜昌的回信迟迟不到，赵构朝初期的铁律在发生作用。

许诺过的事如果做不到，别说升官了，罢职是免不了的！

官场上暗流涌动，有消息说前首相吕颐浩要官复原职了。这对秦桧来说是当头一棒，要怎么办？事到临头，秦桧骤然加大赌注，对整个官场做出了更大的许诺，"我有二策，可耸动天下"。

有人问他何不直说？秦桧回答现在没有首相，说了也没法实施。言外之意，想实施的话只能选他当首相，不然的话耸动天下之策会所托非人。

招数用了，却没有效果。历经磨难的赵构变得沉稳，他安静地等待完颜昌的回信，别的空头支票他视而不见。

当年九月，吕颐浩重登相位，秦桧的谋划落空了。摆在他面前的路变得崎岖艰难，因为整个南宋都知道吕首相鲠骨天成，作风强硬，又年老经事，秦桧或许能耸动天下，但绝无可能耸动吕颐浩。

秦桧迅速找到了办法，来对付吕颐浩。吕颐浩有致命的弱点，用南宋道学家、圣人朱熹的话来说："这人粗，胡乱一时间得他用，不足道。"强硬的粗人需要"捧"，把吕颐浩举得高高的，再投其所好，一切都会迎刃而解。

吕颐浩的"好"非常清晰，上任伊始自己就说了出来。他建议赵构把行营前移，靠近长江，做出战斗的势态来鼓舞军威，震慑伪齐，"然后乘大暑之际，遣精锐之兵"北伐。他强调自己年过六十，要在去世之前一见中兴大业。

这就好办了，秦桧建议吕颐浩去前线总揽军事，谋划北伐大计，以便渡江恢复江山一统。这样的话，吕颐浩就兼职了枢密院，集军、政大权于一身，成了宋朝有史以来权柄最重的大臣。

而秦桧会在后方处理各种平日里的细务，给吕颐浩当好后勤。

此论一出，赵构大悦。自从他称帝以来换的宰相有十多个了，连关系最莫逆的黄潜善、汪伯彦也没有这样融洽过。他下令批准，"颐浩专治军旅，桧专理庶物，如种、蠡之分职可也"。这个比喻很恰当，文种、范蠡两人辅佐越王勾践复仇夺地，称霸中原，正和这时宋朝的处境、理想契合。

于是照此执行，吕颐浩奔赴镇江府，秦桧陷入文山会海之中，为了提高效率，他成立了一个叫"修政局"的小衙门。从此国家除军事以外的各项事务都送交修政局处理。南宋官场瞬间就识破了其中的奥妙，因为在北宋这样的事出现过两次了。

最先是宋神宗时期的王安石变法。变法被严重阻碍时，王安石宣布成立了"制置三司条例司"。顾名思义，这个部门是以国家的财政总署三司省为根基，研究具体变法生财的特殊部门，用现在的说法可以称为"财政税收设计委员会"或者"发改委"。它制定的变法制度，东、西两府，两制官等可以议论，但不得插手。

其次是六贼之首蔡京创建的"讲议司"。这个部门把国家的宗室、冗官、国用、商旅、盐泽、赋调、尹牧等事务都垄断了，原有的职能部门随之瘫痪，各种条例制度形同虚设。它的危害是无与伦比的，试问一个国家除了宗室、冗官、国用、商旅、盐泽、赋调、尹牧这些还有什么呢？这个部门简直就是国中之国。蔡京还规定讲议司做出的决定宰执不许过问，言官不许监督，事实上它的权力近乎皇权。

现在秦桧的修政局就是简化版或者雏形期的讲议司，南宋官场立即警觉:"宰相事无不统,何以局为?"有宰执在,根本不需要什么局、什么司!同时派人去通知吕颐浩,秦桧在弄权。

吕颐浩返回临安,发现问题很大。不止修政局,秦桧已经有了党羽。汪伯彦是秦桧的老师,两个人堪称志同道合。秦桧援引众多名士如名儒胡安国入朝,又把故旧如王铁、杨愿、王守道以及妻舅王唤、王晒等人都安插进各个部门里,为其鼓吹或者充任打手。形势严峻,为了对抗秦桧,吕颐浩精心挑选了一个外援——前首相朱胜非。

吕颐浩举荐朱胜非任同都督,与自己共事,结为盟友。赵构对朱胜非始终怀有感恩般的好感,当即批准。但是时任给事中的秦桧党羽胡安国行使封驳权,予以罢奏。赵构无奈,只好转而任命朱胜非为提举醴泉观、兼侍读,回行在供职。这个职务就一落千丈,没有半点实权了。

吕颐浩害怕胡安国再次封驳,就安排中书、门下省检正诸房公事黄龟年"书行",绕过了给事中这个门槛。这一下胡安国大怒,名儒气派发作,指责吕颐浩"侵紊官制,隳坏纪纲",归家不出了。

这正中吕颐浩下怀,立即举荐黄龟年任殿中侍御史,刘棐任右司谏,操纵言官把秦桧的十余个主要党羽都贬逐外放。之后黄龟年集中火力弹劾秦桧本人"专主和议,沮止恢复,植党专权,渐不可长",将其比作王莽、董卓。

宋朝不加罪上书言事者,搞得文人无法无天,言官更是习惯性夸大其词,所以尽管黄龟年语出惊人,官场反响平淡。但是一个月之后,南宋绍兴二年(1132)八月,皇帝赵构召见直学士綦崇礼,交给他一份御笔,要他起草罢相制。

为了罢相制言之有物,彻底把秦桧打倒在地,赵构首次向外界交代了秦桧的耸动天下的二策。"一则与南北士大夫通致家信,一则纠率山东、河北散群之人,愿归乡土者,差官管押前去。"实际上就是南人归南,北人归北的实际操作办法,潜在核心是承认南北分裂的永久化。

綦崇礼写的罢相制很精彩,以骈体文通篇指斥,堪称佳句频出。

"……自诡得权而举事,当耸动于四方。逮兹居位以陈谋,首建明于二策。罔烛厥理,殊乖素期。""凭恃其党,排恨所憎。进用臣邻,率面从而称善。稽留命令,辄阴怵以交攻。""顾窃弄于威柄,或滋长于奸朋"等诛心语句,比李纲的罢相制不遑多让。

秦桧被一撸到底,朝堂上还立榜书写秦桧永不复用,以警示官场。可见赵构对此人恨到了何种地步。

之所以会这样,从官方文献上看理由是充分且清晰的。针对二策,赵构大发脾气:"桧言'南人归南,北人归北'。朕北人,将安归?"难道要让本皇帝也回北方当战俘吗?!秦桧明显是给皇帝挖坑,皇帝坚决不跳,两人势同水火。

但是细查历史进程,会发现里面另有奥妙。

首先是秦桧犯了众怒。范宗尹只是想肃清官场,规范升黜,秦桧是要把已经逃出来的同胞送回异族人或者伪齐的狼窝里去。为了活命,有无数的人想生吞活剥了他。那时赵构一直沉默,并没有支持或者反对,而是在等消息。完颜昌到底是什么意思,秦桧说的到底是不是真的,赵构一定要得到答案。

秦桧惶惶不可终日,许诺之后不兑现就是找死,他搞不懂完颜昌为什么不回应他,哪怕是只言片语或者含义模棱都可以,但就是没有。情急之下他派自己归宋时所带的亲信燕人高益恭去金国送信,务必要得到回音。

然而鸿信杳杳,终究还是让赵构绝望了,才有了罢相之事。至于永不复用，是失望之余的附加报复，是否当真，全在赵构的一念之间。

这期间有个小插曲，就在秦桧罢相的十天前，淮东宣抚使刘光世突然传来了一个消息，之前出使金国被扣押的宋使王伦回国了，他带回了完颜宗翰的一封信。里面写道："既欲不绝祭祀，岂肯过为恪爱，使不成国。"

这是天大的喜讯，金国有史以来第一次以书面形式放弃了灭亡宋朝的国策，而且是以金国第一实权人物完颜宗翰的名义传达，堪称郑重。这正是赵构一直以来梦寐以求的佳讯，然而心情再好，也与秦桧无关。

秦桧给宋朝搭的线是完颜昌，哪怕这时传来的消息来自金国的正式国书，立即与宋朝达成了和议，也与秦桧一点关系都没有。所以秦桧的罢相不冤枉。回顾这个阶段，秦桧与赵构之间，后者占据绝对的主动，可用即留，不可用弃之如敝履。

从结果看，秦桧失败了。他一败涂地，不仅官职从宋朝副宰相之尊一下子跌落到提举江州太平观的闲职，而且官声狼藉。他的吃相太难看了，没有蔡京二十余年的惨痛经历，没有经过党争的起落沉浮，就想另起炉灶架空整个官场，简直视皇帝、宰执、百官如无物，哪怕完颜昌回信了，也别想做得长久。

他留给宋朝官场的印象：第一是来历可疑，无论是谁为他背书，都无法让人相信他能杀看守、夺船只，千里冲关夺隘回归宋朝；第二是无信，他信誓旦旦地挑起了赵构的议和欲望，却始终无法兑现，等于背弃了自己的竞选宣言，副宰相的职位是骗来的。

两点叠加几乎真的断送了秦桧的官途。而他离去时，相信心中更多的不是痛苦，而是疑惑，完颜昌为什么没有回信呢？！

第十二章
镇抚使岳飞

其实，金国正酝酿着剧烈的风暴，整个上层都面临着重新洗牌，真正的结果会在两年后出现。这时只是初露端倪，就造成了宋、金之间和议的拖延。

问题出在写信的完颜宗翰身上，这次他没像选刘豫时那样截胡，而是曾经的小弟完颜宗弼在捣鬼。他鄙视以金太宗为首的主和派，也厌恶日薄西山，只知道躺在功劳簿上耍大牌的完颜宗翰，他要战争，要像他的父亲完颜阿骨打那样用铁和血来洗劫世界，创建更伟大的女真王朝。

他一生都在为这个目标奋斗，为此不惜血洗同族尊长血亲。

现在完颜昌的和议就是被他压制的，时局还及时给了他新机遇，南宋绍兴二年十二月，宋军突然发起了对伪齐的攻势。这完全出乎了金国、南宋、伪齐这三方的预料。

尤其是赵构，他终于盼来了完颜宗翰的和平提议，部下就突然出兵搅局，这等于是打碎了他的梦想。然而他还真的没办法阻止，因为出兵的是襄阳镇抚使李横和河南府、孟州、汝州、唐州镇抚使翟琮。

镇抚使名义上是宋朝的官员，实际上自筹粮饷，拥兵自重，赵构对他们没有实际管辖权。而在组建之初宋朝给予他们的使命就是进攻伪齐，至少成为江淮区域捍卫南宋防线的屏障，所以出兵名正言顺。

在这个时段，刘豫把国都从大名府迁到了开封城，沿黄河、淮河两岸，陕西、山东一线驻扎了十余万兵力，编成十二军，进窥南宋。声势浩大，但每条战线上都兵力薄弱，事实上这只是伪齐为了应付金国创建自己的使命去做做样子，明眼人都看出了机会，只要出兵就一定能打穿这条战线，进入淮河区域。

可是宋朝的正规军都按兵不动，倒是镇抚使们抓住了机会。

南宋以实力、资历等为标准，分四批一共任命了近三十位镇抚使。

第一批任命八位，分别是翟兴、赵立、刘位、赵霖、李成、吴翊、李彦先、薛庆；

第二批任命六位，分别是陈规、解潜、程昌、陈求道、范之才、冯长宁；

第三批任命三位，分别是郭仲威、孔彦舟、岳飞；

第四批任命十余位，比较著名的是王彦、桑仲、张用、董先、牛皋、翟琮、李横。

这份名单很重要，刘、张、韩、岳、吴、刘（锜）之所以后来能成就六大军区的规模，很大程度上与这份名单上的镇抚使有关。

现在岳飞、王彦、牛皋名列其中，是不是很意外？在前文岳飞失守楚州时就提到过，他当时的官职是通、泰镇抚使兼知泰州，至于他是怎么成了编外人员的镇抚使，以及后来怎样进入南宋正规军序列，怎样发展壮大成就岳家军，与韩、张、刘并肩甚至超越他们，成为赵构手中的最强王牌，都是一篇非常大的文章，到了合适的阶段再深谈。

回到李横、翟琮的北伐，这是宋人自从金军南侵以来第一次主动进攻，充满了突发性，让伪齐与金国都措手不及。李、翟两人渡江后分兵掠地横扫河南区域，在转过年的二月攻到了开封城的外围。这是空前也是绝后的战绩，此后终南宋一朝都没有人能做到。

刘豫向金国求救。

完颜宗弼大喜，这就是前面提到的那个时局带给他的新机遇。他立即起兵，会合伪齐大将李成组成近十万的联军南下。南宋方面毫无反应。

其他的镇抚使们居心叵测，有骑墙观望者，有嫉贤妒能者，更有盼着李、翟失败幸灾乐祸者，从本质上来说他们之间只有一种关系，那就是吞并与被吞并，这时谁去管李、翟的死活。正规军方面刘光世、韩世忠两军都驻守在长江防线上，非圣旨不动，这时哪怕立即启程也赶不及。

李横、翟琮在开封城郊的羊驰岗与金军决战。

李、翟北伐战线过长、没有援军，被伪齐、金联军击败，一溃千里。完颜宗弼穷追不舍，把先前丢失的城池都夺了回去，又相继攻占了邓州、随州（今湖北随州）、襄阳及郢州（今湖北钟祥）。

李横、翟琮连自己的根据地都丢了，一直退到洪州才稳住局势。

局势逆转，金、齐联军在长江防线上撕开了缺口，江南失去屏障，宋廷与川陕之间的通道也被切断，完颜宗弼可以溯江而上进攻蜀川，可以顺流直下攻取吴越，刘豫还与洞庭湖起义军杨幺联络，准备在江南腹地开花，里应外合。

南宋怎么也没有料到，刚刚还大获全胜，有覆灭伪齐可能的镇抚使北伐，突然间就变成了灾难。然而就在宋廷惊慌之际，完颜宗弼却放弃了送到嘴边的肥肉，率军急驱西南方向，远远地离开了。赵构错愕，继而真正地慌乱了。

有战报从西南方传来，金军在陕西境内的主将完颜杲击败了吴玠，打通了由陕入川的通道！

完颜宗弼不必突破长江防线，沿北宋灭后蜀的故道强攻号称世间第一天险的剑门关，进入蜀川，再顺流直下灭亡江南。他只要以最快的速度赶过去，与完颜杲合力彻底灭亡吴玠就能一路顺畅地进入蜀川了。

这次完颜杲战胜吴玠的地方在饶风关。川陕之间以西安为起点的话，可以分出两条通道。一条是陈仓道，即上次吴玠击败完颜宗弼的和尚原、仙人关一线；另一条是子午道，饶风关就在这里。

饶风关又称饶峰关，位于今陕西安康石泉县饶峰镇的饶峰岭上。此关东连金州（今陕西安康），西接汉中，北通关中，南达巴蜀，是川陕鄂三地的交通咽喉。

如此重关险地，吴玠是早有防备的。在和尚原之战结束后，他向宝鸡方向后撤，在甘肃境内的徽县附近的河池设立大本营。和尚原由吴璘驻守，饶风关东方的金州交给了原八字军主将王彦。

他们组成了一个三角阵势，互相呼应。完颜杲最初的攻击点就是王彦所在的金州。

金州正下方是现在的重庆市，背后是兴元府与阳平关（今陕西汉中），是当年三国入蜀的官道。除此之外，就是逆流而上的险滩水道，完颜杲没有强大的水军，注定了只能强攻金州。

王彦的八字军都交割给了江北时期的御营，现在他只是吴玠手下的一员普通将领，吴玠本人的兵力也不过万，王彦的实力可想而知。面对完颜杲集结的陕西境内的全部金军，金州失守。

金军直扑兴元府，饶风关就在兴元府与金州之间，完颜杲如果抢占了饶风关，战事立即就会主客易位。宋军要么放弃它，坚守兴元府；要么就要像之前的完颜宗弼强攻和尚原一样用人命去填，才有望夺回来。

时间是一切，兴元府守将刘子羽派部下田晟急速出发去守饶风关，同时向远在河池的吴玠求援。吴玠创造了奇迹，他尽起精锐亲自赴援，一昼夜疾驰三百余里，抢在完颜杲之前赶到了饶风关。

吴玠给完颜杲送去了黄柑，"大军远来，聊用止渴"。完颜杲目瞪口呆，河池远在甘肃，与饶风关的距离比金州远一倍以上，还是先由兴元府派人求救才起兵赴援，难道吴玠是飞来的吗？！

饶风关之战爆发，一步之差，金军就要付出难以想象的代价。完颜杲命金军下马，披重甲登山仰攻。"一人先登则二人拥后；先者既死，后者代攻"，饶风关上箭如雨下，大石摧压，整整六日六夜，金军的尸体在饶风关下堆积如山，完颜杲死战不退。

第七天，完颜杲体会到了四太子完颜宗弼的幸福，原来关键时刻真的会有汉人来帮忙！吴玠军中有一个犯罪的小校叛变，告密有一条隐藏在山涧中的小路能绕到饶风关的背后，那里居高临下，攻守会瞬间逆转。

这是饶风关与和尚原的区别，和尚原是大散关附近的制高点，饶风关修筑在半山腰。金军上下夹攻，吴玠猝不及防，饶风关失守。完颜杲疾趋兴元府，蜀川大道一马平川，大胜在望，甚至灭亡南宋也指日可待。

第十二章 镇抚使岳飞 201

在兴元府迎接完颜杲的是一场熊熊燃烧的大火,刘子羽把能烧的都烧光了,留给金军的是一片废墟。

完颜杲再一次目瞪口呆,这真是神来之笔,摆在他面前的路只有两条了。一条是自筹粮饷,继续深入。可是这里烧成了一片白地,什么都没有;另一条是马上后退,趁战力未衰回到凤翔府老巢,确保安全。

要退就得快退,吴玠退走时并未被击溃,兵力还在,背后金州又被王彦收复,甚至在进一步窥视饶风关,金军在整个态势中已经被宋军合围,一旦缺粮造成战力衰退,全军覆没都有可能。

其实除此之外,办法还是有的,只要金军还有援军,就会反过来把吴玠、王彦、刘子羽合围,仍然是一战定蜀川。完颜杲实在不甘心,就向长江边上的完颜宗弼紧急求援,四太子第一时间赶了过来,但是再快也要两个月。

当他们会合时,已经在完颜杲的凤翔府了。两个完颜生闷气,这仗打的实际结果是吴玠以另一种方式挽救了南宋,把即将崩溃的长江防线边上的金军重兵吸引到了川陕一带,不仅保住了蜀川,还重创了完颜杲部的金军。

摆在完颜们面前的路还是有两条,一条是赶回长江边,襄阳等城还在金军手里,之前的优势不变;另一条就是跟吴玠拼了,集结完颜杲、宗弼两军相当于半个金国的实力,就不信打不开川陕之门!

完颜宗弼选第二条。再原路折回去等于空跑一个来回,不管结果怎样,过程都会变成笑柄。至于为何他一定要战斗,很多史书强调他是个战争狂人、大女真主义者,他的确是,但是在这个时段频繁寻求战斗,原因是很复杂的,要在一年之后才知道真相。

金军再次强攻和尚原,这一次完颜宗弼成功了,当他登上大散关之巅时才发现对手是吴玠的弟弟吴璘，而吴玠在不远处的仙人关。仙人关西临嘉陵江，南接略阳北界，北边虞关紧邻铁山栈道，位于陕西宋军的大本营河池的东南方，吴玠亲自把守，是当时最强的据点。

战前完颜宗弼非常谨慎，他用了七天的时间仔细勘察，发现了在仙人关的东北方向约四十里处的青泥岭、铁山一线有一个制高点，地势比仙人关还要高。把战马牵上去，居高临下发起冲锋绝对会冲垮宋军阵地。

他不知道这七天的时间才是决定此战胜负的根本，吴璘自七方关（今甘肃康县东北）转战七昼夜，在战前与兄长会合。

绍兴四年（1134）二月二十七日，金军骑兵从四十里外以俯冲式向仙人关发起进攻，然后戛然而止。他们被一条狭长的像一道天然城墙的山岭挡住，这就是著名的"杀金坪"。

宋军背岭迎敌，金军经三十余次冲击才冲到杀金坪宋军营寨前。这并不是宋军的战力不敌，而是杀金坪的地势有天然缺陷。它是一条狭长形的天然山岭，防线过于漫长，不像和尚原、饶风关只在一点受力。

为此吴璘向兄长建议，"杀金坪之地，去原尚远，前阵散漫，宜益治第二隘，示必死战，则可取胜"。

位于仙人关与杀金坪之间的第二条防线是决定性的，宋金两军在这里手段尽出。金军以极大的代价把数十架笨重的投石机运上险峻的秦岭深处，像攻城一样投石进攻。然而吴玠早就准备了数量更多的投石机，居高临下投掷让金军吃了大亏。

完颜宗弼下令强攻，完颜杲攻击饶风关一幕重现，金军"人披重铠，铁钩相连，鱼贯而上"，宋军强弓硬弩，矢如雨下，女真人死者层积，余者践踏不顾，全力攀登。久战之后完颜杲亲临战阵，发现了胜负的关键点。

第二天，金军集中兵力猛攻西北楼。宋将姚仲登楼酣战，楼被打歪了，宋军以帛为绳，系住楼体又拉了回来。金军放火烧楼，宋军用酒罐灭火。金军无可奈何，只能集结全部骑兵列阵冲锋。

宋军出寨野战，统领官田晟以长刀大斧迎击，在秦岭的险峻地段击溃了金军铁骑。

双方精疲力竭，吴玠在三月初一的深夜发起进攻，一夜之间把金军赶回到杀金坪一线。在这里完颜宗弼突发灵感，吴璘救援兄长，他本来的防区七方关、白水关（今四川广元）一带必定空虚，从那里一样入川。

然而战场完全进入了吴玠的节奏，他以更快的速度抢先绕后偷袭金军大寨，金军死伤万余人，连夜逃遁。沿途被吴玠预先安排的伏兵不断截击，在横川店一带大败，被生俘一百二十人，死五百余人。到河池附近再被伏击，被活捉一百五十余人，死一千二百人以上。

完颜宗弼、完颜杲两人撤回到凤翔府老巢。此后宋金隔渭水对峙，终完颜宗弼一生未敢再次窥视蜀川。这次大败彻底打消了他的心气，让他在川陕一带大败的同时，忘记了长江边上还存在着巨大隐患。

襄阳城，在很久之后是南宋抵御蒙古军队的最后一道屏障，它的重要性就在于能确定南北两地的攻防走势。这时它是伪齐的，会成为金军进攻的桥头堡，于宋朝而言，必须抓住金国重兵集结在陕西与吴玠缠斗的机会，把它夺回来，重建长江防线。

宋廷精选参战部队，居然不是韩、张、刘，而是此前初露峥嵘就跌入谷底的岳飞。此时距离他收复建康府已经过去了四年。遍查史书，岳飞在这四年里征战无数，对手有金国、伪齐、流寇，几乎与所有的敌对势力都较量过，除了泰州失守那次外保持了全胜。

那么何来跌入谷底呢？

一切从收复建康府开始。岳飞因功受封为通、泰州镇抚使、兼知泰州。对此岳飞的反应是："飞辞，乞淮南东路一重难任使，收复本路州郡，乘机渐进，使山东、河北、河东、京畿等路次第而复。"

不了解当时南宋官场猫腻的话，会把此举解读为岳飞品性高洁，不贪官职，只想为朝廷办点实事。但实际情况是南宋官方把岳飞定位成了流寇，与前面提到的那些镇抚使同列，成了外人。

镇抚使的本质是把南宋官军序列外的力量布置在江淮一线，与金军、伪齐对耗，让双方同归于尽。

岳飞自从军以来精忠报国，与金军血战到底，居然被区别对待，怎不让人心凉齿冷？反观同时期的韩世忠，黄天荡先胜后败，全军覆没，惨淡收场，得到的回报是赵构亲下六道嘉奖令，升检校太保、武成感德军节度使、神武左军都统制，一举奠定中兴大将的地位。

两相对照，天差地远，是因为什么呢？

答案在岳飞的履历里。他出身于农民家庭，曾是王彦的部下。王彦与官方对立，八字军是自组成军。后转投宗泽部下，宗泽是赵构最不喜欢的人。再到杜充部下，杜充投降了金国。岳飞的每一步都奇准无比地踩中了赵构最疼的那根神经。

他从一开始就不是建炎集团的嫡系，参照宗泽、李纲等人，就注定了他越是立功、立大功，就越受猜忌排挤的结果。

再看吴玠、张俊、刘光世、韩世忠，都是西军出身，根红苗正，还在第一时间赶到了赵构的身边，所以是自家人。

岳飞不明白这些，在之后的岁月里，他一直用更积极的态度建尽可能多的军功，期待能重新成为正规军。这期间就发生一件很有争议的事，从不同的角度能解读出各种层次的问题来。

事件是前面提到过的"搜山检海"之役金军渡江回归之后的楚州之战。事实上从历史的宏观角度来审视，楚州之战是宋金战争的一个重大转折点，此后金军的攻势越来越弱，直至完颜昌一方主动提出了和议。

之所以要放在这里解读，是因为只有形势发展到现在这一步，才能全盘回顾，真正地看清过往状况，以及岳飞的人生经历。

历代江南割据想抵御北方力量的入侵，要先确保两淮的稳定。即所谓的"守江必守淮"。楚州是两淮区域的重镇，重要性集中体现在京杭大运河上。之前宋金发生的一系列战争，从宏观角度上解读，完颜宗弼之所以会在黄天荡被困四十八天，差点全军覆没，根源问题是没能掌控整条大运河。

他击败韩世忠之后，也只是打通了从大运河进入长江的通道，再沿河向北回归的话仍然会受阻于楚州，所以才折回到长江南岸的建康府，才在建康府被岳飞迎头痛击。之后完颜宗弼从建康北渡，屯兵在北岸的六合，还是没法北归。就因为"赵立在楚，薛庆在承，扼其冲，不得进，宗弼患之"。

楚州的守将是赵立，承州的守将是薛庆。摆在金军面前的问题不仅是眼前的回归难关，更是以后怎样由淮入江再次顺利进攻。

纵观宋朝以前面对的历次金军南侵战争，守淮的要点在于聚重兵守城，而不是在两淮区域集结军队与北方决战。试问后者能胜利的话，何不把战线北移，到北方帝国的国都附近开战岂不更好？

所以要点是楚、承、寿等州府，守淮的力量都紧缩在城里，北方军队如果重兵围困，自然会延误进攻长江防线的速度，消耗南下的兵力。如果越过这些城池直扑长江，那么就等于在背后埋下了可怕的隐患。

等战斗在长江一线展开时，两淮出兵会前后夹击金军，或者等金军铩羽返回时，两淮会变成他们的噩梦。

所以完颜宗弼下定决心联手完颜昌拔除楚、承两州。

承州守将薛庆非常英勇，或许是被黄天荡、建康两战激励，他率领军队直扑扬州与完颜宗弼决战。但是这场战斗没有黄天荡的绝佳地利，也没有建康之战的突发性，他失败了，被金军骑兵衔尾疾追，坠马被杀。

承州陷落，全部的压力都转到楚州。

当时南宋有三个选择。

第一个是调集重兵救援楚州，这就意味着进入两淮区域主动与金军决战。万一失败，南宋将输掉所有筹码，届时不要说怎样抵挡金军，连南方的地方私人武装都会造反，赵构将无立锥之地！

但是赵立的求援信已经到了，时任签书枢密院事的赵鼎命令神武右军都统制张俊去救。这就相当于选择了决战，不然的话就是派张俊去送死。张俊拒绝："立孤垒，危在旦夕，若以兵委之，譬徒手搏虎，并亡无益。"

张俊身份特殊，赵鼎没法强迫，只好讲道理。"楚当敌冲，所以蔽两淮，委而不救，则失诸镇之心。"两淮本就隔在长江之北，算是孤悬敌境，坐视赵立灭亡，以后谁还会坚守城池？

张俊则反问道："救之诚是。但南渡以来，根本未固，而宿卫寡弱，人心易摇，此行失利，何以善后？"

这一下子就把赵鼎问住了，前面提过的决战后果谁也负担不起。哪怕不去决战，只是牺牲了张俊的部队，也是赵构无法承受的损失。

第二个办法就此出炉，不救。战争从来不以一城一地的得失为胜负，以往金军强攻，宋朝后退，金军总会撤退，宋朝再原路返回。一来一往间尽管人口、财货损失巨大，但水过石头在，被证明是有效的战术。

临安、建康等都能暂时放弃，楚州为什么不行？至于说金军会就此打通大运河，再次南侵时宋朝有覆盆之忧，也只能到时再说。

第三个办法是围魏救赵，把金军主战力量从两淮区域引走。具体的办法就是张浚在川陕一线发动的富平之战，可惜远水不解近渴，对楚州城的存亡不起作用，真正的意义在于大战略的格局，为整个淮河流域减负。

三个办法全有弊端，宋廷再三争议，还是要派兵去救，具体的将领由张俊委派，选中的是岳飞，由刘光世后援。结果大家都知道了，岳飞三战三捷，刘光世玩消失，楚州失陷，金军乘势追击，泰州也被攻破，岳飞以失守待罪。

从表面结果来看，岳飞被坑了。没人去的送死任务落到了他的头上，他拼尽全力，毫无战绩，唯一的收获是从有根据地的镇抚使变成了没有根据地的镇抚使，连兵都打没了许多，怎么看都是赔本的买卖。

但是眼光放长些会发现此战的价值。救援命令是宋廷下的，没人响应，只有岳飞出战，且英勇非凡，这都落在了赵构的眼里。烈火炼真金，一定会留下重重的一笔，在将来转正时起作用。

还是要说一下赵立和楚州。他们是历史上的过客，才入眼帘，转瞬即逝。两宋之际人物之繁多、事件之芜杂如夜空群星，没有人会注意他们。但是实际上他们是非凡的，对历史进程起了重大作用。

《宋史·赵立列传》中记载："自金人犯中国，所下城率以虚声胁降，惟太原坚守逾二年，濮州城破，杀伤大相当，皆为金人所惮，而立威名战多，咸出其上。"

这段话道出了宋金战争在楚州陷落前的真实写照，女真人的侵略劲头之所以越来越强，如完颜宗弼"搜山检海"达到了不依不饶、肆无忌惮的地步，原因就在宋军的懦弱无能。一触即溃甚至不战自溃，让金军产生了虐杀的快感。直到黄天荡、建康、楚州之战相继出现，才让金国人忌惮。

让侵略者害怕，往往不必真的击败他们。只要足够强硬，让侵略者流血、疼痛，就会让他们退缩。

楚州的陷落让赵鼎的担忧变成了现实，岳飞的救援不管几战几捷，都始终没能抵近楚州城墙，没让赵立看到一兵一卒的援军。实际情况完全可以说是南宋的敷衍。这让江淮区域所有的亲宋势力心寒。

镇抚使们本就叛服不定，这时都在为自己做打算了。势力最大的李成再次叛宋，成为流寇。

李成，字伯友，雄州（今河北雄县）人。弓手出身，以悍勇闻名。他有一份标准的镇抚使履历，在金军南侵时自发聚众成军，金军势大，加上开封系军队排斥义军时，他率军向江淮移动。

义军与流寇只有一线之隔，李成底层出身，在生存大事面前毫无底线，与"义"字半点都不沾边。促使他成为头面人物的原因，除了本身实力强悍外，还与一个叫陶子思的道士有关。在符离（今安徽宿州埇桥）时，这个道士给他相面，惊诧他有王霸之姿，应该率领十万之众直驱蜀川，成都是他立业的福地。

限于当时错综复杂的势力割据，李成没有办法离开江淮，但是从此野心大炽，扩张地盘壮大力量，与普通的流寇截然不同。宋廷很快就注意到了他，派刘光世剿匪。

刘光世奉行的是"养威避事"。所谓避事，避的是金军，不避的话会实力受损，甚至自身难保。避的程度能把孟太后扔到一边不管，只管逃命。养威指的是对内，只要是剿匪，大衙内都非常积极。

当时南宋军队要想扩张壮大，剿匪是不二法门，兵源与财源都出在这一块。区别就是某些军队有底线，只剿匪。有些剿的时候匪、民不分，能将一片区域内所有生命与财产都洗劫。

刘光世出马，李成迅速投降，成为第一批八个镇抚使中的一个，辖区在舒（今安徽潜山）、蕲（今湖北蕲春）。按说军、政、财、法俱归他一人所有，也算是称霸了，但是周边环境太好，李成忍不住。

有野心、有成绩的不止他一个，举一个比较鲜明的例子，岳飞在开封时的"同事"桑仲。"时岳飞自太行山王彦军中归京城，为统制，与桑仲、李宝皆屯于京城之西"，岳飞一心想融入官方体制，说实话在当时以及没有成为四大将之前，他的江湖地位是排不上名号的，至少远不如桑仲。

开封城义军火并之后，桑仲率部出走，低开高走，混得远比张用、王善等开封系头牌强。他毫不犹豫地杀戮政府高官，吞并正规军队，割据了江淮区域最重要的重镇襄阳。一时间桑仲独领风骚。"仲既陷均、房，有窥蜀之志，拥众犯金州白土关""襄阳镇抚使桑仲陷邓州，杀右武大夫、淮康军承宣使、河东招捉使、知汝州王俊"。

参见饶风关战役，金州的守将是王彦。桑仲搞得蜀川腹背受敌，亏得王彦强悍，不然的话蜀川腹背受敌，金军就要得逞了。这就是这个时代的真相，镇抚使们为了一己之利，毫不在乎国家民族的存亡。

李成大半年之后叛变，抓获淮西路各州县官员百余人，乘金军北撤的时机占据了江淮间六七个州郡，拥众数万。他突然恶念发作，不可遏制，此人穿过长江防线，占领了江州。

这是镇抚使中第一个，也是唯一打进江南，抢赵构口中食的人物。宋廷震怒，如果不能迅速镇压李成，会有无数个李成冒出来，不用金军南侵，江南就会四分五裂。当时宰执建议出动最强的大杀器韩世忠，震慑群邪。但是赵构不许。

韩世忠必须留在浙东拱卫皇室。那么派刘光世，他有击败李成的战绩，然而李成势力大增，刘光世将之归为避，不再是养了，所以强调本辖区内盗匪突增，走不开。任务只好落在张俊的头上。

张俊也不积极，赵构把岳飞划归到他的部下，他才勉强同意出战。

按当时的惯例，以及张、岳身份的对比来看，此举意味着官方同意岳飞并入张俊的军队，从此失去了独立的建制。这一刻岳飞的心情不得而知，但他全身心地投入剿匪工作里去。他构思剿匪方案，又申请担任先锋，"重铠跃马，潜出贼右，突其阵"与李成部将马进交战，岳飞俘虏八万余人。李成率十余万人亲自进攻，又被岳飞击败。张俊乘势率大军进迫，李成逃回江北。

张俊穷追不舍，在蕲州黄梅县附近迫使李成决战。镇抚使的军队与南宋装备最精良的正规军有巨大的差距，李成所部被击溃逃散，无法收拾成军。

李成只剩下一条活路——北逃投靠伪齐。

李成会迅速地卷土重来，岳飞的任务还在继续，剩下的主要目标是张用。四年的时间过去了，当年杜充主政开封时，城里有义军百万，王善驻城东，张用驻城南，是手下各有数十万人马的巨头。

火并出走时两人的豪言壮语犹在耳畔，"天下大乱，乃贵贱、贫富更变之时，岂止于求粮而已！况京城已出兵来击我，事岂无名乎"！

乱世中的一切都无从预料，几年之间张用就走低了，到宋廷任命镇抚使时他排在第四批，江湖地位严重下滑。此时他的活动区域在江西，岳飞只是去了封信，"吾与汝同里，南薰门、铁路步之战，皆汝所悉。今吾在此，欲战则出，不战则降"。当年岳飞只是一员偏将，义军大火并时率领两千余人击溃十部以上的敌人，还刺杀了义军的一个主将，张用全程目睹，记忆深刻。

张用只说了四个字——"果吾父也"，然后立即投降。他的投降对岳飞而言是命运的分界线。"江、淮平，俊奏飞功第一，加神武右军副统制，留洪州，弹压盗贼，授亲卫大夫、建州观察使。"

岳飞终于告别镇抚使身份，进入南宋正规军序列。这一刻他心中五味杂陈，回首从前他曾不顾一切地拒绝这个流寇的特殊标签，就算把自己最珍贵的亲眷家族都交了出去，也没能如愿。

"照得飞近准指挥，差飞充通、泰州镇抚使，仰认朝廷使令之意……若蒙朝廷允飞今来所乞，乞将飞母、妻并二子为质，免充通、泰州镇抚使，止除一淮南东路重难任使，令飞招集兵马，掩杀金贼，收复本路州郡……庶使飞平生之志得以少快，且以尽臣子报君之节。"

如今百转千折终于去掉了贼名，真不知是喜是怒，是悲是怨。

第十三章
大将之路

剿匪是这一阶段的主旋律，每个南宋大将都在做这件事。从西南端最远处的吴玠，到靠海的韩世忠无一例外。

历代史书以及近现代作品里都很少重视这段史实，原因是它游离在宋金对抗之外，但是这里面隐藏着两个很珍贵的历史课题，对历史有深层次追求的人不能错过。

第一，南宋各支主力军团是怎样形成的。比如国人每每称道岳家军的神勇，种种传奇英雄的事迹耳熟能详，但是它是怎么从无到有，壮大到独领风骚，最强时一军压倒南宋其他军队的总和呢？

从中可以审视出很多当时社会国家的独特结构，和许多历史人物的真实一面。

第二，南宋的正规军几乎都冠以私人姓氏，搞得像私人武装一样，这与宋朝压抑武人的祖制不符，那么赵构拿什么制约他们？甚至在几大将战力达到巅峰时敢于突然收权，将军们也只能乖乖听话，没有一个敢于反抗。

那可不是用韩、岳、张、刘忠心耿耿就能解释得过去的！里边隐藏的就是赵构能占据半壁江山、重建乾坤的核心秘密。

第一个问题的答案多种多样，以中国地域之广袤、人物之众多，可以说乱世中每一种活法都能在这件事上体现出来。先从普遍形象最温厚宽仁的吴玠说起，他沉稳理智，以一己之力拱卫川陕，既是保护神，又是万家生佛，但是军队也要吃饭、开饷，尤其是和尚原、饶风关、仙人关三战过后实力大损，想补强怎么办？

赵构是不管的，几大军团的壮大之路分阶段，在第一阶段时万事都要求自己，如同苗人养蛊，众多毒虫共处一罐，最后胜出的那个才有培养价值。

当时同在陕西大地上，西军的残部原熙河军主将、现防御岷州至阶州一线的关师古就栽倒在这上面了。他按照正常的工作方式生活，军人打仗，拿饷吃粮。这本是天经地义的事，但是蜀川大本营方面很久没有运粮饷来了。

这时是绍兴四年前后，张浚被御史台集体弹劾，以本官提举洞霄宫，彻底赋闲。失去权力之余，连居住地点也被固定，只能去福州在官方视线下生活。这个结果普遍地被认为是秋后算账。事隔三年之后，张浚为富平之战付出代价。

其实间隔了三年就说明了问题本质，宋廷并不是因为战败追责，而是川陕区域日渐稳定，逐步恢复元气，放眼望去以吴玠为首的西南方将校基本都是张浚一手提拔起来的，再加上蜀川在中国历史上独一无二的凶险前景，无论谁都不敢放任张浚这个胆大心雄的铁腕首长继续在那里一人掌管军、政、财、法全部权力。

说到底，江淮区域遍布的是假的藩镇，要继续打下去才能真的乱出来朱全忠，张浚却是实打实的割据，他再忠心耿耿也难以抵挡权力带来的野心，以及蜀川邪门到极点的凶险。

接替张浚的是卢法原。卢法原，字立之，湖州德清（今浙江湖州）人，宣和、靖康期间曾任吏部尚书，把宋朝官秩次第履历归纳成书，水平很高，"功过殿最，开卷缭然"，是个整理型的公务高手。

这样的人掌控川陕，边疆的苦日子到了，乡绅、盗匪、军队、官员、金国、伪齐千头万绪一拥而上，搞得他手忙脚乱，很多事都耽搁了，包括关师古的粮饷。

蜀川没有回应，关师古向杭州求援，千里迢迢，信发出去连到没到都确定不了。面对即将哗变的士兵，关师古一怒之下命令全军开拔，军队是强力机构，在乱世之中居然要饿死，简直是天下奇闻！

关师古决定向伪齐抢粮，在石要岭与伪齐军大战，结果一败涂地。熙河军是被饿败的，关师古怒不可遏却无可奈何，悲愤荒谬到极点，他单骑出营，向伪齐投降。

关师古变节，南宋丢掉了洮岷地区，仅剩阶（今甘肃武都）、成（今甘肃成县）二州，西夏方向的屏障洞穿，如果金国与西夏联手进攻的话，形势比仙人关等战役更加凶险。

但这对吴玠是千载难逢的好机会，关师古保留了对宋朝的最后一点忠心，只是单骑投敌，把熙河军留下了。这时不取，更待何时？吴玠火速赶了过去，收拢残兵败将补充自己的队伍，都是西军的部下，瞬间就融为一体，连磨合期都不用。

至于正规的军事规定里南宋会另派将军接替关师古，军队是国家财产不许私自抢夺等都是笑话，先抢到手再说，再没有吐出去的道理。

第十三章　大将之路

吴玠身处边陲，地广人稀，物资匮乏，想发展的话理论上应该不择手段，但是人好心善，吃相里血腥味很淡，轮到东南方的就不是这样了。首先说张俊，他是赵构面前最得宠的人，从建炎小朝廷在应天府成立时起就优先供应。

具体到追剿李成这次，刚好也是张俊的一次重要扩编机会。李成的军队被打散了，张用投降时是满编，于是怎样分赃就很有讲究。

"拱卫大夫、相州防御使、新除舒蕲镇抚使张用，有众五万在瑞昌。后数日，俊亲拣其军，精锐者留之，老弱者许自便。有投曹成者，有投岳飞者，有投韩世忠者，有自去而为民者。"

这就是地位的体现，必须先由张俊挑选，之后才能轮到岳飞、韩世忠，至于刘光世连挑的资格都没有。刘光世是南宋军界的异类，他自恃出身将门号召力非凡，一直与赵构有一层说不清、道不明，但确实存在的隔阂。

张俊此次剿匪的收获还没有结束，连续击败、收编两个镇抚使之后，他对南宋的官员也动了脑筋。

鄂州路安抚使李允文成了他的目标。安抚使在宋朝初年是专为诸路灾伤及用兵所派遣的专职，后来渐渐成为各路负责管辖军务治安的长官，通常兼任知州、知府，相当于地方的最高长官，张俊身为纯粹的军方人物，又生活在以文抑武的宋朝，在道理上讲无论怎样都不敢对其不敬。

可偏偏张俊就趁李允文被两大镇抚使张用、孔彦舟夹攻之际突然动手，夺其军权，把李允文本人押送杭州行在。

夺权不杀人，押送给赵构，这或许就是张俊特权的极限。南宋朝廷对此也没有追究，默认了张俊的这次扩军。就在这一次，张俊的军队达到了三万人以上,全员精锐,战械精良,在当时无与伦比。

之后张俊就率军离开,把战场和曹成留给了岳飞。这在当时是极大的好意,意味着岳飞只要获胜,曹成的兵力、资源、平叛的军功等就都是他的了。由此可见,张俊此时是真的在栽培岳飞,将其当成自己的亲信部下对待。

曹成拥众十余万,从江西流窜到两湖,占据道、贺两州。岳飞在动身之前突然接到了最新的任命诏书。

"命飞权知潭州,兼权荆湖东路安抚都总管,付金字牌、黄旗招成。"两个职位都是"权",即代理的意思,但这是省部级的高官位置。追剿李成、招安张用成功之后刚刚升职,在行动前又突然晋升,这对岳飞来说是真正的惊喜。

他从这一刻起独立成军,在南宋官军的序列里占据了一席之地,从根本上改变了自己在当局的位置。

人逢喜事精神爽,讨伐曹成前夕岳飞的奏章也被批准。岳飞说从前讨伐叛逆时的策略基本上都是招安,所以盗匪们"力强则肆暴,力屈则就招",叛服不定的根源在于没有死罪,所以这一次要加大力度到剿除。

赵构同意了。

贺州的战略要地在莫邪关,曹成的部队境内作战,先到一步。岳飞派出最得力的部下前军统制张宪去攻打。岳飞的部队强攻、野战、埋伏等战术齐备,从建军伊始就没有短板,莫邪关并没有造成障碍,被前军第五将韩顺夫顺利攻陷。

正因为顺利,也因为岳飞本人、前军主将张宪都不在场,韩顺夫突然间本性暴露，在莫邪关内纵酒狂饮，还抓了当地妇女陪酒。主将如此，部下更加放纵，肆无忌惮间他们没料到曹成的部下突然杀了个回马枪。

有个贼将带着很少的兵突袭，冲散了岳家军的外围部队，杀进莫邪关内部酒局现场，一刀砍断韩顺夫的胳膊，当岳飞率军赶到时，韩顺夫已经伤重而死。岳飞大怒，韩顺夫败坏军纪死有余辜，他的亲兵同罪，被一同处斩。

这时战报传来，杀人夺关的人叫杨再兴。后世传言他是北宋名将杨业的后嗣，其实二者没有关系，杨再兴生于江西吉水县黄桥镇，祖籍在河南相州汤阴，是岳飞的同乡。岳飞命令第五副将再攻莫邪关，一定要活捉杨再兴。

战报很快传来，第五副将也被击败。岳飞震惊，这是从来没有过的事，他派张宪与后军统制王经一起出战，岳家军前、后统制合力，是除岳飞本人之外的最高配置了，理应马到成功。

莫邪关的确被攻克了，杨再兴却没抓住，交战中他还杀了岳飞的弟弟岳翻！

岳家军群情激愤，穷追不舍。十天之后，在贺州东北部的桂岭县，曹成的队伍被打散了。曹成率领大部分军队逃向连州（今广东连州），杨再兴逃向静江军（今广西桂林）。

岳家军放过曹成，以张宪为首穷追杨再兴。在风景如画的桂林，杨再兴走投无路跳进了一条山涧，张宪下令放箭，到这一步杨再兴才决定投降。

岳飞亲手解开了杨再兴的绑绳，不念杀弟之仇，要他为国尽忠。杨再兴深受感动，发誓效忠。

岳飞收服了杨再兴，回头再找曹成，发现被韩世忠捡了便宜。南宋禁止韩世忠向江淮区域发展，福建等南端区域可以随意行动，这时他路过邵州，慌不择路的曹成一头撞了过来。

韩世忠直接截胡，连声招呼都没打，就把曹成连同盗匪部队全部收编带走。这很不仗义，但岳飞无可奈何。军头们扩张势力的时候个个像饿狼一样，没有道理可讲，尤其是韩世忠军阶比岳飞高很多，岳飞被欺压也没处说理。

岳飞本人在扩张实力时同样杀伐决断，手段狠辣。有两件事可见一斑。

第一件事发生在岳飞收复建康府时。在这之前，义军、流寇、御营军等各支部队离合聚散不定，岳飞驻扎在宜兴，与他毗邻的是个叫刘经的军阀，两人多次合作，堪称患难与共。岳飞率部进攻完颜宗弼时刘经按兵不动，等岳飞战胜回归走到溧阳与溧水两县之间时，突然有一个叫王万的人跑来告密。

王万是刘经手下的将官，揭发刘经要趁岳飞参战离开的机会，把岳飞的母亲妻儿杀害，吞并留在宜兴的部队。

岳飞当机立断，派部将姚政火速赶回宜兴。姚政夜间回到驻地，在岳飞母亲的房间里布下了埋伏，然后去见刘经，说岳飞的母亲接到家乡来信，岳飞不在身边，请刘经过去商议事情。

刘经进入房间就被伏兵杀死。很快岳飞率大部队赶到，向刘经部下宣告事情始末，就此收编这支部队。

第二件事发生在救援楚州前后。岳飞早期有个叫傅庆的部下，卫州人，烧窑出身，骁勇善战，很快在乱世中脱颖而出，很得岳飞赏识。傅庆自恃战功，觉得可以与岳飞平辈论交。

傅庆缺钱时像私人朋友那样找岳飞，"岳丈，傅庆缺钱使，可觅金若干、钱若干"。岳飞总是有求必应。优渥的待遇并没有使傅庆感恩，而是变得轻慢，不时对外宣称"岳丈所主张此一军者，皆我出战有功之力"。

岳飞受封为镇抚使之后，军纪变得更加严明，对傅庆不像从前那般纵容。傅庆大为不满，开始消极怠战，更有了外心。他在承州附近时与刘光世手下大将王德相遇，两人并骑交谈，傅庆说要转投刘光世，王德代刘光世同意。

张宪把这件事告诉了岳飞。岳飞大怒，但隐忍不发，回到泰州之后举办了一次军中比赛。统制官们比谁射箭远，张宪等人的射距在一百五十余步，傅庆连射三箭都在一百七十余步，傅庆获胜。

岳飞赏傅庆三杯酒，就在后者扬扬自得时，岳飞把御赐的锦袍金带赏给了王贵。傅庆当场发作："当赏有功者！"岳飞问他："谁是有功者？"傅庆大叫："傅庆在清水亭有功，当赏傅庆！"

岳飞大怒，呵斥傅庆退下。傅庆不退，岳飞怒不可遏，叫道："不斩傅庆，何以示众？！"当场斩杀傅庆。

第一件事刘经先起歹心，还要祸及岳飞家人，岳飞先发制人，合情合理。

第二件事杀傅庆被历代史书解读成岳飞本性残暴，驭下不仁，日后才有风波亭之厄。这个说法充满了宋朝三百余年里朝野官民饱受各方欺凌，搞得心灵扭曲形成的畸形宿命论。实际情况是，无论谁处在当时岳飞的位置上都只有杀傅庆这一条路可走。

第一，岳飞在职权上有杀傅庆的权力；第二，岳飞想严明军纪，就不能再姑息这种兵痞；第三，当时岳飞的部下由开封系溃兵、流寇组成，傅庆勇冠三军，是全军表率。他不遵守军纪，还要率部叛逃，不杀他立威，岳家军难免分崩离析。

除了杀傅庆，岳飞还能怎么办呢？

除此之外，还有两件事能看出当时扩张军队的办法有多么的出人意料。第一件，前面曾经提过岳飞某次醉酒，一拳把一位军官打得昏厥欲死。这是岳飞在史书上公认的一个污点，好在他知错能改，痛下决心戒酒，反而成就一桩美谈。

事实上这很可能是岳飞扩军的一记偏招，看似鲁莽却非常有效。

这个军官名叫赵秉渊，时任江西路兵马钤辖，最开始是辽国军人，转投到宋朝，一路辗转抱住了赵构的大腿，成了建炎朝廷的官。那场酒在洪州开喝，据说两人逸兴遄飞喝得尽兴，不知什么原因岳飞突然暴怒，一顿老拳揍得赵秉渊差点当场倒毙。重点是当时没有处罚，事后岳飞申请把赵秉渊连同他的部队都收归自己所有，宋廷同意了。

这就耐人寻味了，暴打军官容易，私吞军队也很常见，可宋廷为什么就同意了呢？要知道岳飞从来不是赵构的嫡系，不可能有特权。那么唯一的可能就是军人之间特有的规则在起作用，岳飞从精神到肉体都痛殴了赵秉渊，不由他不服。

佐证是很久之后，南宋绍兴十年（1140）六月时，岳飞第四次北伐收复淮宁府时，委派时任胜捷军统制的赵秉渊去做淮宁知府。

赵秉渊一直是岳飞的亲信。

另一件事也发生在洪州，当时岳飞刚刚晋升神武右副军统制，相应的福利之一是把荆湖南路安抚司统制任士安的军队划归岳飞，任士安本人转授江西总管，交接时在一个环节上出了问题。

规定要由岳飞支付第一次犒赏，赏赐分成带甲、轻骑、不带甲三个标准，统一由任士安发放。在这个过程中任士安中饱私囊，或许这是个潜规则，被军方默认是原长官最后的一个福利，但是岳飞发现之后处罚任士安"决杖一百"。

任士安"病疮而卒"。

岳飞千辛万苦才跳出镇抚使火坑，得到了正规军军衔和划归过来的正规军部下，眼见前途初见曙光，却因为小小的贪污就搞出人命。这给整个官场留下了非常深刻的印象，说不上好坏，最起码是野性难驯，不肯和光同尘，且心狠手辣，动辄取人性命。那么这可以视作岳飞悲惨结局的一大原因吗？

毕竟在这件事上显示出他的官场智商实在不够。然而又要怎样解释他迅速在南宋军界崛起的事实呢？他本来已经划归张俊部下了，又怎么会突然间独立成军，发展壮大？这里面的核心问题就是岳飞怎样取信于赵构，而赵构是怎样控制军队的。

说到取信，对帝王来说，将军以母、妻、子为人质是不够的。古来大奸大恶之辈从来不在乎至亲血脉的生死，比如帝王本身就是这样。合格的皇帝总会在必要的时刻只保全自己，像刘邦在逃跑时嫌车慢把儿女扔下车三次，项羽要把刘邦的父亲煮熟，刘邦不仅不怕，还要求分一碗肉汤喝。

所以岳飞之前的诚意很大，但赵构不信，该是镇抚使就一定要去上任。后来是岳飞的实际表现才让赵构满意。

首先岳飞治军的纪律性是绝无仅有的，行军时不许伤庄稼，宿营时不许打扰百姓，这把他与所有的镇抚使都区分开，甚至比正规军做得更好，让赵构另眼相看。

但是要注意的是，他的口号是"饿死不掳掠，冻死不拆屋"。这一点在近代以后被解读成对平民百姓的爱护。

这真的很难得。但是要真正对贫苦百姓好，口号应该是"打土豪，分田地"。以当时南宋的实际民生状况来说，贫苦的百姓不是掳掠的对象，因为抢无可抢。至于拆屋更是笑话了，贫无立锥之地，何来栖身之所？

真正受益的是乡绅、世族、富商等中产阶级以上的人，这些人最害怕乱世，最容易被伤害，同时也拥有当时最富足的经济状况。至于顶级的官员、大户本身的数量就不算多，基本在时代的洪流里陨家丧命了。有钱、有产的人万分渴望恢复秩序，岳飞就像上天赐予的圣人一样出现了。

同时，岳飞还交好文官系统。这就是凤毛麟角了，乱世中武人抬头，连正面人物韩世忠都两次挑衅文官系统，其中一次还把文官淹死了，其他人可想而知。

岳飞在最低潮时的唯一朋友就是文人赵九龄，此后岳家军幕僚里的文人名士也是诸家军中最多的。

史书由识字者编撰，识字者在封建时代基本出自中产以上阶级，岳飞得到这两者的欣赏与支持，美好的名声像插上翅膀一样迅速飞翔在南宋的大地上，建炎集团想不知道都不可能。

以上两者叠加，让岳飞在朝廷上层的印象变好，起决定性作用的却是他周边其他人的表现。

同是镇抚使，同一时间内，郭仲威占据扬州，薛庆占据承州，桑仲占据襄阳等，每个人都想着成佛做祖，谁都把赵构当一台戏唱。有这些人的衬托，更能显示出岳飞的难能可贵。

还有就是明智。

楚州守将赵立，以一城之力挡金国图谋大运河，"威名战功，咸出其上"。陕州李彦仙与金军交战两百余场，多次大胜，震动宋金两国。他们都是抗金到底的忠贞之士，功名业绩都远超当时的岳飞。

两人都以身殉国，尤其是李彦仙，连同部下五十一员战将一同战死，无一投降。这是何等的壮烈！

与他们对比，岳飞在救援楚州失败之后，上表陈述泰州无险可守，只能撤退。经过允许之后，撤退时还能带着军民一起安置，安全之后再上表请罪。全程有组织、有记录、先请示、后认罪，态度无可挑剔，过程完美无缺。

这是一个正规军该有的样子。以上这些加在一起，才让赵构从千万人中看到了岳飞，给了他编制。

第十四章
赵匡胤遗泽

现在终于可以揭开赵构掌控朝局的底牌了。先是一个问题，赵构称帝的根基是什么？很多人会说是张俊、韩世忠、刘光世等精英军人的推举，由他们压服四方，才让整个世界认可了赵构。

当然，还有赵构唯一的宋朝正统皇室血脉。

如果这是真的，那么赵构就是汉献帝。张、韩、刘等人的角色相当于董卓、袁绍、曹操、孙权等人。这些军阀寡头把赵构扶植起来的同时也能把皇权夺走，从此你方唱罢我登场，赵构和宋朝只是牌位而已。

然而实际情况并非如此，这些将军都对赵构毕恭毕敬，言听计从，只有刘光世在苗刘兵变中稍有迟疑，但也从来没有过背叛赵构的举动。

没有免费的忠诚，这些军人之所以臣服，一定有被赵构压制的事实存在，现在我们就要剖析出来。

赵宋在建国之初就定下了拆解权力的大政方向，具体实施手段是叠床架屋的官职划分。比如宰相之权一分为三，变成管理政府的宰相，管理军事的枢密院，管理财权的三司使，以及给知州配个名叫通判的副手等，为的就是杜绝任何人在任何时代大权独揽，威胁到宋朝皇帝的统治。

所以王安石、蔡京、秦桧想搞一言堂就得发明置制三司条例司、讲议司、修政局这样的独立部门。

叠床架屋的官职设置在北宋一百六十七年的时间里铺设到了国家的每一个角落，上至国都，下至县镇每个官员都在与同僚们制约与反制约的工作环境里生活，确保没有一个世族门阀存在。

像袁绍那种四世三公，门生故吏遍天下的豪门世族，在北宋根本就不存在，连同能真正掌控军队的寡头们也不可能存在。因为宋朝的军官每隔一段时间就会换防，达到"将不知兵，兵不知将"的安全线。

这的确会减损战斗力，但是国家与皇位安全。至于像董卓那样的暴发户，西军大佬曲端有那么点苗头，他自己也表现得无拘无束，谁都不放在眼里，可是一旦张浚翻脸，他一点反抗的能力都没有就被干掉了。

这就是制度的威力。

宋朝制度的受益者是文官集团和乡绅士人，这两者的精英就是士大夫，宋朝皇帝与"士大夫共治天下"，赋予了这些人极大的权力，在乱世中官方的权力被削减，可是对财富的控制分配权却被保留了下来。

比如各地的赋税，历年官方积蓄的财富，士绅等囤积的家资等，都是宋朝隐藏在水面下的底蕴，比之开封城里被金军搜刮走的皇室、大臣、市民、商家的财富不遑多让。而文官集团与乡绅士人并没有权力私自动用它们，因为制度。

叠床架屋、互相制约是宋朝制度的精髓所在，只要制度正常运转就没有人能单独行使任何权力。在任何时候，它们都没有能力挑战皇权。尤其绝妙的是，这两者的利益得由皇权保障才能安全。

当北宋灭亡时，准确地说是以赵佶、赵桓父子为代表的北宋贵族阶层与当局顶尖政客的北宋政治主体灭亡时，全国地方级的文官集团和全体乡绅士人都完整地保留着。他们在初期经受了金军粗糙的劫掠，区域范围有限。义军转化成流寇之后也抢了一些，但一个"流"字就注定了抢夺的层面很浅。

这让两大集团极度渴望皇权的恢复，赵构适时出现了。合作长达一百六十七年的成功模式瞬间回归，两者无缝衔接，立即双赢。这种组合天生就是压抑武人的，随着赵构历经劫难而不死，逐渐坐大，"王侯将相宁有种乎"的事必然会被遏制，或者杀土豪、分田地的农民起义也会失去成功的土壤，不久之后洞庭湖钟杨起义的覆灭就源于此。

至于真正的穷苦百姓，他们不会在乱世中失去财产，因为没有财产，却会因为宋朝权力阶层的复活回到从前苦难却不丢命的生活模式里，也不是不能接受，甚至会庆幸还能活着，从而感谢赵构。

那么赵构的力量会有多大呢？换言之，文官集团和乡绅士人能提供给他的钱有多少呢？以张浚准备富平之战时对蜀川增酒税为例。

"浚以为然，于是大变酒法。自成都始，先罢公帑，卖公给酒，即旧扑买坊场所置隔槽，听民以米赴官自酿。每一斛，输钱三千，头子钱二十二，多寡不限数。明年，遂遍四路行其法。夔路旧无禁酒，开始榷之。旧四川酒课岁为钱一百四十万缗，自是递增至六百九十余万缗。"

只是酒，一年就收入六百九十万缗。那么加上粮、盐、茶等税，会有多少呢？再推广到全境所有州县，会有多少呢？

拥有一个盘根错节触及国家各个角落的政体组织，稳定长久地收税上缴，让赵构拥有源源不绝的海量钱财，就算建炎集团在草创时期实力微小，也会迅速变成江淮、江南世界里最大的实力派。

接受赵构统治的军头们会得到军费、装备，在碾压周边义军、流寇时会非常轻松，事实上如果没有金军频繁地南侵的话，宋廷根本不必设立镇抚使，他们在本质上只是待宰的肥羊，张、韩、刘等军头都对他们虎视眈眈，视为口中食。以武力统一中国南方是必然的结果。

史书只记载了军队是怎样做到这些的，却隐藏了军队是由谁支持及怎样发展壮大的内幕。说到底这是赵匡胤的遗泽，是他留给后世血嗣的最后一份红利。赵构在扬州逃跑之前就尝到了好处，但仍然处于纨绔状态，觉得理所应当，他身为赵宋唯一正统血脉天然该得到这些。

他甫到江南时战战兢兢，受金军追袭势力崩灭，江南不久之前还遍地狼烟，被北宋荼毒，根本没有他的立足之地。但是太监们迅速地作威作福了，江南人只能眼睁睁坠入深渊却无可奈何，浙江一带的民众哪怕遭际再苦，也不敢反抗。

之所以这样，联想到赵构的第一个落脚点是杭州的州衙，真相应该水落石出了。

赵构就是在那时知道了自己有什么，并且立即开始使用。突然到手的特权让他得意忘形，从地面一下子飘到了半空中，所以他才有底气敢把张、韩、刘都派出杭州，单独留下苗、刘等禁卫军，结果搞出了明受政变。

两宋之际，武将与文官集团、皇帝的关系随着时间的变化而变化，时刻存在着反弹和压制，好几次走到了两败俱伤的边缘，甚至真的出现了塌天之祸，也决定了南宋最后的结局，以及岳飞、韩世忠最终的命运。

击破曹成之后，赵构召见岳飞，然而临行前，虔、吉两州盗匪突然起兵劫掠循、梅、广、惠、英、韶、南雄、南安、建昌、汀、邵武诸郡，整个夏季岳飞都在这片广大区域里剿匪。

盗匪剿灭，岳飞终于启行，携长子岳云赴临安陛见。时隔七年，赵构已是九五至尊，岳飞也从当年大元帅帐下一个无名小卒成长为威名显赫的方面大将，此行得到了足够的尊重。临行前宋廷以赵构的名义赏赐了一套金蕉酒器，物虽小，但意义重大，此前韩世忠也得到了同样的一套酒器。

陛见时赵构态度亲切，准备工作十分细致，聊天时一年前军中发生的"小事"都提了出来，就是岳飞酒后痛殴赵秉渊事件。赵构劝诫岳飞酒大伤身且误事，岳飞保证从此滴酒不沾。

赵构赏赐给岳飞很多物品。有衣甲、马铠、弓箭各一副，金线战袍、金带、手刀、银缠枪、海皮鞍各一件，军旗一面，上绣"精忠岳飞"四字。依惯例，上述赏赐减半随赐岳云一份，计弓箭一副、战袍、银缠枪各一件。

岳飞升任镇南军承宣使，江南西路舒、蕲州制置使，驻军江州。江州傅选的部队、江西安抚使所辖各路军马、江北舒蕲两州的驻军全部划归岳飞。所制辖区与驻扎在长江沿岸上游区域的王燮，下游的韩世忠、刘光世并列，形成了四大重镇。

从这时起，才有了真正意义上的岳家军。

岳飞雄心骤起，不禁想起心中积郁多年的志向，那是他在收复建康之后回归宜兴县，在太湖之滨的张渚镇张大年的桃溪园里写下的一段题记，即《五岳祠盟记》。它是岳飞一生追求的表述，是值得每一个中国人世代传颂铭记的文字，现恭录如下：

近中原板荡,金贼长驱,如入无人之境。将帅无能,不及长城之壮。余发愤河朔,起自相台,总发从军,大小历二百余战,虽未及远涉夷荒,讨荡巢穴,亦且快国仇之万一。今又提一垒孤军,振起宜兴,建康之城,一举而复,贼拥入江,仓皇宵遁,所恨不能匹马不回耳!

今且修兵养卒,蓄锐待敌。如或朝廷见念,赐予器甲,使之完备,颁降功赏,使人蒙恩,即当深入房庭,缚贼主,蹀血马前,尽屠夷种,迎二圣复还京师,取故地再上版籍。他时过此,勒功金石,岂不快哉!此心一发,天地知之,知我者知之。建炎四年六月望日,河朔岳飞书。

至此四年过去了,岳飞终于有了实现抱负的实力,而机会就在襄阳。他上书请战:"襄阳等六郡为恢复中原基本,今当先取六郡,以除心膂之病。李成远遁,然后加兵湖湘,以殄群盗。"

宋廷上下罕见地一致同意,授予岳飞黄复州、汉阳军(今湖北武汉)、德安府(今湖北安陆)制置使之职,起兵逾江收复襄阳六郡。为配合岳飞北伐,宋廷命令韩世忠以万人屯泗上为疑兵,刘光世选精兵出陈、蔡两州,合势并进,相为犄角,为岳飞声援。军饷共计支钱六十万贯,米支六万石,由户部员外郎沈昭远专力筹措,赵构又亲笔诏令鄂州、岳州及周边各地的监司、帅守通力供应岳飞部的消耗。

这是建炎南渡以来官军第一次主动渡江进攻,声势不可谓不大,岳飞心情激越,当船到中流,他环顾幕僚、部下,发誓道:"飞不擒贼,不涉此江!"

绍兴四年五月初五,岳飞率三万军马北渡长江,进击伪齐。第一个目标是郢州。郢州守将荆超是伪齐国皇帝刘豫的亲信班直，骁勇强悍，号称"万人敌"。此人自恃郢州为江汉名城，城高池大，岳家军涉江远征，没有重型攻城器械，派部下刘楫在城头挑衅骂阵，从岳飞到张宪，岳家军高层都被点名。

岳飞大怒，下令活捉刘楫。

岳家军没用任何攻城器械，他们"累肩而升"，搭人梯强行登上城头。为首者是位十五岁的少年，手持两柄重八十斤的铁锥所向披靡，攻破郢州。他就是岳飞的长子岳云，军中称他为"嬴官人"。

嬴，有时也作"赢"字解，用来形容岳云是位年纪幼小，身体单薄的贵公子，但"嬴官人"三字的本义是常胜不败！

攻破郢州，杀伪齐军七千余人，尸体堆积的高度超过了郢州内最高的建筑天王楼。荆超跳崖自杀，刘楫被活捉，岳家军初战胜得干净利落，震动两淮。没等伪齐军做出反应，岳飞兵分两路，由张宪、徐庆向东攻击随州，岳飞本人率主力直取襄阳，与伪齐主将李成决战。

襄阳是江汉第一名城，有两淮最高的城池和十万以上的守军，远超岳飞率领的两万军力。而且在行军途中，一个坏消息传来。张宪在随州攻势不利，战事胶着，被拖进泥潭了。这对孤军在客境作战的岳家军是极为不利的，张宪多年以来是岳家军的军中之胆，他有闪失，会动摇全军的士气。

事实上他派人来通报消息就有求援的意思，怎么办？岳飞正在犹豫，牛皋主动请战。牛皋在《岳飞传》等演义小说里是岳飞从小结交的生死兄弟，性格鲁莽又粗中有细，往往在激烈的战斗中自带幽默效果，尤其是他与金兀术（完颜宗弼）纠缠一生的争斗更是脍炙人口。

正史中牛将军不是这样的，他的履历表中战功累累，声名显赫。

牛皋，字伯远，生于北宋元祐二年（1087），汝州鲁山（今河南平顶山鲁山县）人。出身于农家，精善骑射。靖康之变时他在家乡聚众抗金，屡战屡胜。杜充主政开封时，牛皋在鲁山讨伐巨匪杨进，三战三捷，因功受封荣州刺史、中军统领，成为宋朝的正规军。

牛皋与金军多次交战，从家乡鲁山到京西到江西再到鲁山邓家桥，一路连胜，官职升至西道招抚使、安州观察使、蔡唐州信阳军镇抚使、知蔡州等显赫职衔。但中间要命的是牛皋曾在李横手下短暂任职，这导致他一下子被宋朝官方踢出官军序列，成了镇抚使。

相似的经历让牛皋与岳飞倾心结交，当岳飞北伐襄阳时，牛皋奔赴临安晋见赵构要求参战，从此加入岳家军。

此时他主动请战去征讨随州，声称只带三天的军粮就能成功。全军顿时哗然，初来乍到就想羞辱岳家军第一战将张宪吗？这是藐视张宪还是不屑岳家军全体？老实说，牛皋犯了众怒。

牛皋带着三天的军粮出战，不到两天的时间就攻克了随州。消息传来，全军震惊，算上行军赶路的时间，实际情况是赶到的同时就攻克了城池。这实在太惊人了，但是战报细节公开之后大家就都释然了。

岳云也参战了，他再一次率众登城，决战决胜，给全军带来了无比的胆气和征战的欲望。岳飞挟此气势率军进逼襄阳，坐拥坚城、十万兵力的李成选择野战，作为地主，他优先选择了地利。

具体战位是"左临襄江"。

岳飞一见就笑了，李成把骑兵列在江边，把步兵排在开阔地，犯了兵家最基本的常识性错误。骑兵列阵在江边，一边是水，天然缺了一半的驰骋地，是形势危急到背水一战了吗？步兵排在开阔地，是整个宋朝士兵的悲剧。没有产马地的宋朝养不起骑兵，与辽国、西夏鏖战百年，几乎每次是在开阔地与骑兵死磕，成建制地覆灭。

岳飞以鞭指王贵，"尔以长枪步卒击其骑兵"。再指牛皋，"尔以骑兵击其步卒"。两军相接，伪齐的骑兵被岳家军的步兵用长枪在局促的环境里压进襄江，步卒在开阔地被牛皋的骑兵追杀死伤无数。

李成继剿匪之役后再次被岳飞击败，只能逃跑。回顾战斗，李成像个战场白痴一样犯错，拉低了自己，也衬托得岳飞的胜利缺少成色。那么真是李成低能吗？当然不，李成纵横天下，无拘无束，南宋要派出张俊、岳飞合兵才能赶走他，投降伪齐后刘豫视其为左膀右臂，击败镇抚使北伐时李成就是主将。

李成为人坚毅，如此大败也毫不气馁，他会合金国的刘合孛堇、原在陕西的金伪兵马，屯兵邓州西北列寨三十余处，总兵力达到三十万众以上，以此与岳家军再次决战。然而岳飞改变了策略。

岳家军分散成数支部队，分进合击，不给对方决战的机会，从不同角度打击李成的各处营寨，当胜率达到一定程度时金、伪齐联军再次崩溃，李成唯有撤出两淮区域这一条活路。

岳家军毫不停顿，在之后的六天时间里连续攻克邓、唐两州，信阳军不战而降。至此，岳飞在短短两个多月的时间里收复了襄阳六郡。这是自金军南侵，北宋灭亡以来前所未有的大捷，尤其是发生在邓州西北部与金军刘合孛堇部发生的野战，宋军第一次打破了女真人野战无敌的神话。

刘合孛堇全军覆灭，单骑逃亡。

岳飞在战报中写道："臣窃观金贼、刘豫皆有可取之理……如及此时，以精兵二十万，直捣中原，恢复故疆，民心效顺，诚易为力。此则国家长久之策也，在陛下睿断耳。"他要进一步北伐，灭亡伪齐。

然而他的战果和激情让赵构不好回复。赵构的确要胜利，岳飞也真的给了他惊喜，他赞叹道："朕素闻岳飞行军有纪律，未知能破敌如此。"但是说到要进军，就变得没有纪律了，因为在出兵之前他就给岳飞画下了红线。

"伪齐乘隙侵犯，李成等辄敢占据，须着遣兵收襄阳府、唐、邓、随、郢州、信阳军六郡地土。即不得辄出上件州军界分……亦不得张皇事势，夸大过当；或称提兵北伐，或言收复汴京之类，却致引惹。务要收复前件州军实利，仍使伪齐无以借口。"

"追奔之际，慎无出李横所守旧界，却致引惹，有误大计。虽立奇功，必加尔罚，务在遵禀号令而已。"

说到底，战争是为了政治的需要服务。赵构要收复襄阳，是为了与金国谈判时手里的筹码大一些。这时岳飞战果辉煌，想要再进一步，考虑到将在外每每自专，赵构想要阻止还得想点客观理由。

在这个阶段，赵构对军方的约束力还只存在于"钱""粮"二字上。于是岳飞与赵构的交流中充满了讨价还价。

赵构说收复襄阳六郡很好，但是怎样守住呢？"若多留将兵，唯俟朝廷千里馈粮，徒成自困，终莫能守，适足以为朕忧。不知李成在彼，如何措置粮食，修治壁垒？万无刘豫肯为运粮之理。"

岳飞回答："六州之屯，宜且以正兵六万为固守之计，就拨江西、湖南粮斛，朝廷支降券钱，为一年支遣；候营田就绪，军储既成，则朝廷无馈饷之忧，进攻退守皆兼利也。"

赵构想了想，告诉他六万可以，但是要在平灭洞庭湖盗匪之后才能调拨，不然江西、湖南等地无法保持剿匪态势。岳飞强调军情比匪情严

如果你不知道什么书
就关注书单来了微信号

微信号：shudanlaile

关注后，回复数字，
即可查看相关书单！

1. 这5本小说将中国文学抬到了世界高度
2. 5本适合碎片时间读的书，有趣又长知识
3. 亭读子太大，一定会感谢你看这5本书
4. 这5本书，都是各自领域的经典之作
5. 我要读什么书，能够让我内心强大

6. 情绪低落的时候，就看这5本书
7. 这5本小书，我打赌你一本都没有过
8. 十个心理成熟的人，九个读过这本书
9. 5位大师的巅峰之作，好有得让你震撼颤
10. 这5本书启发你思考，怎样度过你的瘦颤

11. 这5本文学经典，看完仿佛度过了一生
12. 如果你对人生感到迷茫，就看这5本书
13. 这5本书，教你如何安放心中的自我
14. 5本梳理脑的推理经典，令人拍案叫绝
15. 文学史上五个绝世无双的男人，你选谁？

……

如果你不知道读什么书
就关注书单来了微信号

快点扫吧！
我抱不动了！

反面查看书单

重，洞庭湖盗匪无法走出湖区，伪齐的军马随时能反攻襄阳，孰轻孰重请朝廷考虑清楚。宋廷就此陷入思考，很久没有答复，战后程序却迅速启动。

岳飞晋升清远军节度使、湖北路、荆、襄、潭州制置使，封武昌县开国子。襄阳六郡划为襄阳路，隶属岳飞。六万士兵和一年的钱粮只字未提，最后的结果是岳飞率领主力回归鄂州、德安府驻地，襄阳路留下了部分驻军。

整个襄阳路巨大的辖区，北面时刻面临伪齐、金联军的威胁，驻军情况是周识、李旦率一百五十名士兵守郢州，孙翚、蒋廷俊率两百名士兵守随州，信阳军、唐、邓三州守军与之相近，最重要的襄阳府驻军两千。

这些兵要自筹粮饷，要自行屯田，要负责驻区安全。

岳飞的第一次北伐就这样结束了，整个世界都目睹了一颗崭新的将星升起。两个月攻陷襄阳六郡，战必胜攻必克，速战速决，这是除了初代金军外唯一的辉煌战果。岳飞名声大振，实际上兵力却被削弱分散了，现实要求他必须再次迅速壮大队伍。

赵构的反常不是他能去质疑的，在适当时候我们会分析一下赵构之所以能彻底掌控诸大将生死利败的原因，就会明白岳飞不仅此时无法质疑动摇赵构，哪怕到了岳家军全盛时期仍然无法脱离赵构设置的藩篱拘束。

第十五章
赵鼎为相

赵构不缺钱与兵,之所以放任襄阳六郡孤悬江北,是为了谈判的需要。简单地说,恢复襄阳是谈判的需要,孤悬襄阳仍然如此。

事情回到完颜宗翰回应赵构的求和,那封信是金国第一次以书面方式宣布放弃灭亡宋朝。这让赵构喜从天降,迅速派出使者跟进,为了谈判顺利,还备了一份厚礼让使者路过伪齐地界时送给刘豫的儿子刘麟。

宋朝换回来的是金国使者超越以往的倨傲无礼,金国元帅府议事官李永寿等使者传达的金国议和条件共有七条,核心内容是"请还伪齐之俘及西北士民之在东南者,且欲画江以益刘豫"。

这是南宋绝对无法同意的,连赵构都怒火升腾,说道:"今养兵已二十万有奇。"臣子会意:"未闻二十万兵而畏人者也。"

在这种情况下宋廷决意先收复襄阳,显示军威,再与金国议和。岳飞大胜之后,宋使章谊、孙近在金国元帅府"论事不少屈",真正地硬气了一回。然而带回来的条件是"淮南不得屯驻军马"。

这仍然是南宋不能接受的,守江必守淮,千辛万苦才打下的淮河屏障拱手让人，到时如果金军毁诺，难道能出兵再抢回来？僵持不下，赵构一时没有了办法。开封城里的刘豫却变得主动了。

刘豫很清楚自己为什么能当上皇帝，他必须得保持对南宋的压制才有存在的价值。可是情况极其恶劣，先是被李横的镇抚使北伐突击到开封府城边，老巢差点不保。又被岳飞渡江收复襄阳六郡，眼见南宋的国势越来越强，他必须得扼制住赵构。办法只有一个——求金国人帮忙。

刘豫是完颜宗翰的嫡系，一番哀求之后，大太子接受了刘豫针对赵构的新战术。以往之所以抓不住赵构，是因为这人能下海。那么这次就直接从海道南下，先攻打昌国县，转攻明州，夺取赵构御船，直抵钱塘江口。把赵构堵在临安城内，一战定乾坤。

这个想法天马行空，充满了浪漫主义的冒险精神。它的确绕过了陆地上所有南宋的精兵强将，神兵天降一般出现在赵构左近，以赵构的胆魄估计连魂儿都吓飞了，根本不敢再抵抗。然而，他们似乎忘了宋朝面对女真人唯一的战场优势就在水面上，黄天荡以及完颜昌在缩头湖张荣水寨的惨败都没能让他们清醒。

完颜宗翰想到就做，把这个作战计划通报给金国整个上层，却不料突然间被拒绝了。这是从来没有过的事。之所以发生了，是金国第二位皇帝完颜晟终于发起了反击，这或许是他最后的机会了。

完颜晟的一生堪称悲剧，他能上位是各方面势力博弈后的均衡结果，执政十余年来游走在派系之间如履薄冰，从来没有真正品尝过权力的滋味。郁闷和痛苦把一条能生裂熊虎的女真汉子生生地摧残到病体支离。他快要死了，而在死前还要再忍受最沉重狠毒的一击。他非常确信完颜宗翰在"替"他选继承人，就像当初选刘豫做傀儡皇帝一样！

人之将死，再无顾忌，完颜晟决定反击。他联合了金太祖完颜阿骨打的三太子、左副元帅完颜宗辅，右副元帅完颜昌，以及完颜阿骨打的四太子、元帅左都监完颜宗弼，还有伪齐太子刘麟。这些人包括他自己都不在一个阵营里，互相狠斗了十几年，但是为了对抗最大的寡头完颜宗翰，他们暂时联合起来了。

集体否决完颜宗翰的军事计划只是开始，削弱宗翰的军权也无法立即扳倒这个金国建国时期就数一数二的强人，还绝对会迎来完颜宗翰可怕的反击，但这都不重要。面对死亡，完颜晟无所畏惧，他制订了新的进攻计划。

金、伪齐联军将在九月进攻淮南，决心非常大，要扫平江南，使"六合混一"。这样重大的行动没法瞒过南宋，赵构紧急派使者过江，越过完颜宗翰直接求见金国皇帝完颜晟，询问和议的代价。

临行前赵构亲自叮咛："卿等此行，切不须与虏人计较言语。卑辞厚礼，朕且不惮，如岁币、岁贡之类，不须较。"使者魏良臣进一步询问准确数字，直学士孙近伸出五根手指竖立在胸前。

五十万两白银，或银、帛各二十五万两、匹。这个数字超过了澶渊之盟时许给辽国的岁币。

这样的诚意，换来的条件是"当以建州以南，王尔家为小国，索银、绢犒军，其数千万"。建州以南，指的是闽粤之地。赵构必须退出江南，不给帝号，到福建、两广一带去称王。

这与之前完颜宗翰的不许在淮南驻军的条件相比，更苛刻狠毒了无数倍。当宋使陷入绝望时，突然间契丹人萧褐禄问道："秦中丞安乐么？此人元在自家军中，煞是好人。"宋使愕然，紧接着完颜昌也说道："本朝事体，秦桧与张底一一知得，若未信时，语言问他们。"

这一下子让人联想到上次金使入临安提的七条和议条件里"欲尽取

北人"的核心条款,这与秦桧曾经提出的"二策"几乎是相同内容,那么这是秦桧提的,还是女真人炮制出来的?

秦桧到底是什么人?!

带着这样的疑问,和形同灭国的议和条件,魏良臣等使者回到临安。述职之后,宋廷"举朝震恐",百官劝赵构"散百司而他幸"。这真是一句绝妙的话,难以想象一个建制完整的封建朝廷会对自己的皇帝提出这样的要求。

"他幸",是让赵构远远地离开,去哪儿随便,重点是必须走。"散百司",解散朝廷,放百官一条生路。从此君臣陌路,再无瓜葛。历经五年,"搜山检海"时百官都默默地跟着赵构出海,或者沿着海岸线跟随御船逃难,都没有这样绝情寡义过,这时仅仅面对战争的威胁,就离心离德到了这步田地。

树还没倒,猢狲先散。

但树很稳定,赵构是一个成熟的领袖了,泰半朝臣大失臣格并没有让他伤心或者震怒。天下熙熙皆为利来,天下攘攘皆为利往,被儒家经典教化包装过的君臣大义,在历经战火、生死逃亡过的人看来不值得深究。

赵构没有处罚谁,而是默默地思考和等待,这是很难得的机会,能看清每个人。关键时刻首相赵鼎力主迎战,他提议把战争提升到最高规格,由皇帝御驾亲征。决战地定在淮河区域,绝不能再现"搜山检海"时荼毒江南的惨剧。

赵鼎,字元镇,生于北宋元丰八年(1085),解州闻喜(今山西闻喜)人。四岁丧父,由母亲抚养长大,进士出身。他是南宋初期唯一一位真正具有宰相胸襟、风度、素养的人。

与他相比，汪、黄之流寻隙迎奉，充满了小人气息。吕颐浩气盛粗率，未成事先树敌，不能领袖朝局。朱胜非智大于德，是非常理想的副宰相人选。至于李纲就过于理想主义了，可以确定他辅佐的人是赵匡胤会是这样，辅佐赵构也是这样，都是为国为民，赤胆忠心，有啥说啥。这是绝对不行的。宰相与老师在某种程度上是同一种职业，都得因材施教，才能做出点成绩。

只有赵鼎在军政两界都有专属自己的处世逻辑，既持中稳重，又务实贴切，而且能坚持自我，不为大臣甚至皇帝左右。

赵鼎在任相之前做过的事遍及朝廷的每一个角落。首先是意识形态，是他引领南宋思考亡国的原因，把灾难最早的源头确定到王安石变法，导致赵构把王安石移出配享的神宗庙廷。其次是敢于裁决武将之间的冲突。

这是建炎初年的一段著名案件，发生在刘光世最得力的部下王德与韩世忠之间。当时明受政变刚刚平定，刘光世、韩世忠受命追杀苗、刘等人。大衙内像往常一样自己不动，派王德出兵。

王德，字子华，通远军熟羊砦（今甘肃陇西）人。生来勇猛异常，从军后隶属熙河军大帅姚古帐下。金军入侵最开始不敢大肆进攻西军，在当地扶植了一些汉奸政权，隆德府（今山西长治）的伪政府首领姓姚，不知是什么职务，号称姚太师。

王德率领十六名骑兵冲进隆德府官邸，手杀数十百人，生擒姚太师带回帅帐。姚古入朝献俘，宋钦宗亲自问这位姚太师被俘的经过，此人回忆道："臣就缚时，止见一夜叉耳。"从此王德得名王夜叉。

后王德转投刘光世帐下，历经多次大战，勇悍绝伦，凶名远炽，连西军强将刘锜都以兄礼待之。这时追击苗、刘,王德决心自己把功劳抢下来,不分给临时上级韩世忠。韩世忠一世霸道,哪容得他人虎口夺食,派出亲信陈彦章把王德约到信州城见面,一定要让王德懂事。

双方各不相让,突然间陈彦章拔刀砍向王德,就此火并。可惜的是,陈彦章的武力值差了点,被王德反杀。王夜叉狠性发作,不仅没有掩盖,反而把尸体扔到了市面上公开。

这就相当于打韩世忠的脸了。王德不在乎,继续追杀叛军,斩苗瑀,擒马柔吉等送到临安请功。韩世忠一怒之下率领亲兵部曲杀进建康府官廨找刘光世算账,大衙内躲了,总算没上升到大将间刀兵相见的程度。

当时赵构手里只有张、韩、刘三支军队,眼见内讧,谁能处理?最有资格的张浚忙着入陕川,其他人如朱胜非、吕颐浩处在相位升降的敏感期,就连赵构本人都刚刚重新上位,底气不足。关键时刻,时任殿中侍御史的赵鼎站了出来,他亲自审讯王德,案情非常清晰,杀人者死。

王德被收押下台狱,由赵构特赦,改编管郴州。韩世忠方面被弹劾,被迫交出具体冲击建康府官廨的将官按律治罪。赵鼎胆、识、理、治具备,"诸将肃然"。

这之后赵鼎几乎以一人之力改换南宋相位的废立。

回到黄天荡之役前后,宋军突然振拔让当时的首相吕颐浩惊喜,建议赵构行营前移至浙西御驾亲征。这真是震动朝野,毕竟"搜山检海"刚刚挺过去,金军马上就要强攻楚州,抢占大运河沿线,这就要战略大反攻了?

吕颐浩气盛势强,官威压人,没人敢说话。还是赵鼎站出来反对,吕首相大怒,立即报复,给赵鼎换工作,不要做言官了,去做翰林学士，每天写圣旨埋故纸堆。但是赵鼎"不拜"，宋朝的官员可以拒绝任职。吕颐浩让了一步，给他换了一个职位，是三省六部中最肥的缺儿吏部尚书。

赵鼎仍然不拜，对外宣称现在皇帝有听取意见的诚意，宰相却拒绝大臣不同的观点。皇帝有善待言官的好意，宰相却挟私报复，打压言官。赵鼎坚卧不出，写了数千言弹劾吕颐浩过失的奏章。

吕颐浩因此罢相。赵鼎升任端明殿学士、签书枢密院事，从此掌管军事。恰逢战事频发，赵鼎几乎每料必中，于是与他唱对台戏的枢密院一系的徐俯、朱胜非等人一一落马，在金国前所未有的恐吓勒索，南宋官场公开宣扬散伙前夕，赵鼎晋升尚书右仆射、同中书门下平章事兼知枢密院事。

首相兼任枢密使，军政大权独揽一身。

赵鼎是真正的百僚之首，他的提议没人敢反对，但是下属们提出一个实际问题。御驾亲征可以，谁是主将？这个问题很刁钻，南宋自从建炎南渡以来除了富平之战就从来没有过总统帅。

除了张俊的某些战斗是赵构直接下令的，属于有计划展开，其他如黄天荡、收复建康等都是各支部队自行决定，单独进行，从严格意义上说南宋朝廷失去了对军队的整体掌控。这种现象直到岳飞收复襄阳六郡才恢复正常。

那么应对此次危机，要由谁来统领军方、主持国战呢？赵鼎提议起用张浚。此言一出，南宋举朝沉默。

无论怎样解读富平之败，张浚都难辞其咎，"半天下之责"空前大败，怎能说忘就忘？但是国难当头，除了张浚又真的没人有勇气担这份重担。于是张浚上位，任知枢密院事，即日启程赶赴长江防线视师。

张浚在镇江府召集韩世忠、张俊、刘光世议事。时隔五年，"将士见浚，勇气十倍"。军队迅速动员起来，为决战做准备。然而真正的努力还在临安城里进行。

赵鼎在都堂摆了一大桌酒席，宴请十几位顶级大太监。这才是御驾亲征能否成行的关键。太监永远是赵构的贴心人，赵构在朝堂上慷慨陈词，一往无前，回到宫里被太监包围体贴之后变得犹豫。

这时要是换成李纲、吕颐浩的话，会冲天大怒，找碴儿杀人，搞得鸡飞狗跳之余，不用金军过江，建炎集团就四分五裂重新安排人事了。换成朱胜非、范宗尹则会想出各种匪夷所思的刁钻办法让赵构有苦说不出，只好起驾去江边冒险，搞不好还得挥泪亲自处置几个太监挽回皇帝形象，但是就此种下祸根，早晚会让朱、范两人付出代价。只有赵鼎会及时变通，放下军政一把手的天大架子宴请太监们，温和地为对方着想，把利害关系讲清楚。

"诸公见上，可以赞成其事。俟退敌回銮，则共享安逸之福。"

太监们得到了空前的体面，心情大好，回到皇宫深处对赵构反复激励，当皇帝重新回到大众视线前时变得英姿神武，发表了亲征宣言。

"朕为二圣在远，生灵久罹涂炭，屈己请和，而虏复肆侵凌。朕当亲总六军，往临大江，决于一战！"

赵构下令行在向北移动到平江府，"六宫自温州泛海往泉州"，宣战诏书颁布，南宋官方第一次在正式公文中称伪齐皇帝为"叛臣刘豫"。

双方决战的态势形成。

金、伪齐联军的作战计划是先从开封城的汴河顺流直趋泗州，渡过淮河。入淮南之后,分兵三路攻打滁州、和州、扬州,再向西从采石矶渡长江攻建康府。南宋方面最先接敌的是韩世忠。

韩世忠率部渡江进驻扬州城,主动迎敌。然而金军逼近,突然间他身边空了!

张浚在建康府召集众将时颁布的计划是三大将协同作战,共同进退,为此皇帝把最信任的禁军将领杨沂中都派了过来,与三大将合兵,军力达十五万以上,是富平之战以来集结力量最强的一次,是标准的国战。

然而战斗打响了,人都哪里去了?!

刘光世这时已经越过长江回到了南岸,就驻扎在建康府里。这是他的老传统了,未战先退,将整个淮西拱手让给敌人。

以张浚的杀伐决断,刘光世等于把脑袋伸进了虎口里,随时人头落地。但他就是去了,而张浚就像刚到陕西时忍受曲端一样默默地忍着,总不能还没接战就先砍了最高军衔的将军吧?

说到底还是富平之战留下的后遗症,张浚的气势差了好多,军中威信下降,等于被当面挑衅了。

这方面张俊做得就非常好,最被信任的将军在战前向中央表态,"避将何之,惟向前进一步,庶可脱。当聚天下兵守平江,徐为计"。意思是金国逼迫,南宋没法逃避,只有向前积极迎战才是出路。具体办法是集结全国兵力守卫前沿阵地平江府,稳定局面,作持久战准备。

他的话真的说到了赵鼎的心坎里,赵鼎要的就是迎战、求稳。只是老兵痞的伎俩一眼就被赵鼎看穿了,并且半点颜面都没给,直接说给全世界听。"公言避非策,是也;以天下之兵守一州之地,非也。公但坚向前之议足矣。"他把张俊的话分成了三段,面对金国的压迫不可躲避,是对的;以天下之兵守平江府,是错的。你只管向前进就足够了。

首相、枢密使双料长官的话必须服从，张俊率军向平江府前进，在进城耀兵提升民心士气的紧要关头，突然间他马失前蹄摔了下来，伤得不轻，一条胳膊断了。

张俊向朝廷请伤假，要在平江府休养。

消息传进临安，赵鼎一阵懊悔，他还是低估了一个资深兵痞的无赖程度。平江府是现在的苏州市，距离临安很近，离长江防线很远。说到底，张俊仍然要贴紧皇帝，就算真的开战，也要"聚天下之兵守平江"。他就在平江养伤，说白了他躺在兵堆里才安全。

赵鼎严令张俊必须前进，为了激励他，还临战晋升其为两浙西路、江南东路宣抚使，屯建康，又改为淮西宣抚使。一堆头衔改了又改，其中的玄妙是首先把张俊调离平江府，去建康，那里有张浚在，关键时刻还是能举起刀，相信那时张、刘两大兵痞还是会听话的。虽然军令如山，但张俊就是不动。

要么你就杀了我！

于是在开战之初，南宋军方只有韩世忠过江顶在了淮东扬州一线，独自面对三十余万的金、伪齐联军。

韩世忠是南渡名将中最锋锐难当的一个，他的战场风格生猛得一塌糊涂，尤其在开战阶段，勇猛狡诈得让人不敢相信。他再次把阵地前移至扬州西北的大仪镇，伐木立栅，在身后修了一道牢固的屏障，把全军的后路断了。

此战有进无退。

金、伪齐联军闻讯大喜，真是天赐良机，正好吞掉韩世忠。然而稍后就有一队南宋使者来议和，他们带来了"诚意"。赵构为了议和顺利，已经传旨严令韩世忠后撤至长江南岸。金、伪齐联军顿时郁闷至极。

到嘴的肥肉就这么跑了。伪齐失望之余又很放松，陷入绝境的韩世忠有多凶狠，这么多年从黄河北岸到长江以南发生过太多的例子了，逃跑也挺好。女真人就不甘心了，金将聂儿孛堇派别将挞孛也率领前哨铁骑直奔扬州追杀韩世忠部，途经大仪镇。

大仪镇弹丸之地被韩世忠布置了五阵二十余处埋伏，密集到这个程度，等金军撞进来之后的实际效果就是敌我不分，互相缠在一起。这就是韩世忠的风格，大家自己打自己的，谁强谁杀人，弱的就去死！

韩世忠的背嵬军是这一战的决定性力量。嵬，指酒瓶子，"燕北人呼酒瓶为嵬，大将之酒瓶，必令亲信人负之。韩兵用以名军。嵬即罍，北人语讹故云嵬，韩军误用字耳"。

另一个说法是源自西军。西军百余年间与西夏缠斗，彼此语言文化交融，"背嵬"本是西夏语的音译，指骁勇的战士，这就非常贴切了。

南宋军队中背嵬军是最精锐的亲兵战士，由韩世忠首创，岳飞借用。

大仪镇之战背嵬军手持长斧"上揕人胸，下斫马足。敌被甲陷泥淖，世忠麾劲骑四面蹂躏，人马俱毙，遂擒挞孛也等二百余人"。

同一时间，韩世忠部下董旼在天长县（今安徽天长）阻击金军，生擒女真四十余人。

最激烈的战斗发生在高邮，韩世忠部下解元设水军夹河列阵与金军决战，一日合战十三次，胜负难定。韩世忠急派部将成闵率领骑兵火速增援，抢在金军援兵之前抵达战场，生俘女真千户等将领。

韩世忠攻势如潮，不等金、伪齐联军有反应，自己亲率大军追击直至淮河，"金人惊溃，相蹈藉，溺死甚众"。

这就是南宋中兴十三战功中的大仪镇之战。当金、伪齐联军压境，欲倾覆南宋时，韩世忠迎难而上，重挫其锋，在一片沮丧哀号之中突然获得大胜，极大振奋了南宋的抵抗之志。从这个角度来说，南宋官方确认其为十三战功之首是正确的。

然而从纯粹的军事角度来看，大仪镇之战只是击溃、延迟了敌军的先锋部队，并没有真正地大量杀敌。这也是韩世忠的局限性。实事求是地说，韩世忠不是帅才，是战力极强的将领，只能在一时一地的战争初期光芒耀眼，想扩大战果至整个战役是他力所不逮的。

韩世忠率部迅速回撤至长江南岸，进驻镇江府。

至此南宋三大将都回到了南岸，淮南两路处于真空状态。"守江必守淮"，再放任下去，金、伪齐联军渡江只是时间问题。

怎样破局成了南宋举国思考的难题，赵构要求全体宰执人员，包括曾经的宰执们都参与进来，拿出办法。

高官们的目光瞬间集中到长江中游鄂州一带，不必考虑，这里是唯一的选择。南宋全国目前只有五处军事据点，韩、张、刘、岳、吴。前三者都在江南，不愿过江，吴玠远在蜀川独抗金军，无法脱身。除岳飞以外，根本无兵可调。

那么怎样使用岳飞呢？

现任参知政事（副宰相）的沈与求认为，"和议乃金人屡试之策，不足信也"。宋金决战已是必然，"遣岳飞自上流取间道，乘虚击之，彼必有反顾之忧"。

前首相李纲说得更具体，"岳飞新立功于襄汉，其威名已振""遣岳飞以全军间道疾趋襄阳""捣颍昌以临畿甸，电发霆击，出其不意""此上策也"。

两者是同一个策略，即不派岳飞去淮西与金、伪齐联军决战，那是扬汤止沸，是添油战术，一旦相持起来对南宋极为不利。趁伪齐军倾巢而出的机会，派岳飞突袭刘豫的大后方，逼对方退兵。

不同点是沈与求说得模糊，李纲直接给出攻击点，"捣颍昌以临畿甸"，是要发挥岳飞的野战实力，一路突进，可收复开封。

还是复国的打算，这让赵构没法接话，只好习惯性地忽略李纲，转头答复沈与求。"当如此措置，兵贵拙速，不宜巧迟，机事一失，恐成后悔，宜速谕之。"这是在命令现任副宰相下诏书谕令岳飞立即发兵，渡江北伐。

然而他亲笔写给岳飞的手诏却是"近来淮上探报紧急，朕甚忧之，已降指挥，督卿全军东下。卿夙有忧国爱君之心，可即日引道，兼程前来。朕非卿到，终不安心"。他要的就是岳飞去淮西添油。

之所以不惜消耗岳飞的兵力，是为了确保长江防线在建康一线上的万无一失，也就是他本人会百分之百的安全。如果真的按沈、李的办法去做，万一刘豫铁了心不撤兵呢？万一刘豫想撤，金军不撤呢？到时就真的没有兵力来拱卫长江防线了！

岳飞闻命即动，一边集结兵力渡江，一边先期派出徐庆、牛皋率领两千人马去援救最危急的庐州。

宋代的庐州包括现在的安徽中部、长江以北，环拥巢湖，即合肥。很多人认为合肥二字不雅，就像古代的兰陵现在叫山东枣庄，完全破坏了古韵和美感。这是个误解，事实上汉武帝在元狩元年（前122）改淮南王国为九江郡，辖合肥等县，是先有合肥，后有庐州。

十二月十八日徐庆、牛皋率领先锋抵达庐州城，金、伪齐联军五千重甲骑兵脚前脚后地杀到。牛皋没有进城御敌，而是率领部下直接挑战。在淮西深冬的寒风里，牛皋喝令升起他的将旗，大呼自己姓名，冲了出去。

五千金、伪齐骑兵仓皇逃跑,根本不敢与之对敌。

牛皋敢这么做,在于他长期纵横两淮积累下的威名,他本是与李成、岳飞等齐名的镇抚使,以智勇双全著称。他敢于率领少量人马迎战就肯定有所依仗,金、伪齐联军怎么敢硬拼?何况他的行为与韩世忠之前的战法很像,除了杀伤力巨大外,总有挖好的大坑。

庐州解围,岳飞却火速传令牛皋必须追击,"必追之,去而复来,无益也"。这句话总结了此前战场上南宋方面一贯的、最尴尬的所谓"胜利"局面。哪怕千辛万苦打败了敌人,只要退兵敌人就会再来,之前的伤亡、损失都付之东流,毫无意义。

牛皋奋勇追杀三十余里,"金人相践及杀死者相半,斩其副都统及千户五人,百户数十人,军声大振"。参照大仪镇之战,韩世忠设伏二十余处,亲身下场鏖战,战果也远不如这场巨大。五千重甲骑兵"相半",是阵斩二千五百骑,这在宋金交战史上绝对是不多见的战绩。

岳家军迅速渡江抵近淮西,金军统帅是完颜宗弼,眼见一场大规模的决战即将发生,金军却突然间毫无征兆地撤退了。其果断程度把一向擅长逃跑的伪齐军都抛到了身后。这让岳飞、整个南宋都惊疑不定,是有陷阱吗?

很快消息从北方传来,对于此次撤军,伪齐方面给出的答案是岁末大雪凝寒,无力渡江。两淮区域久经战乱,粮道不通,也无处劫掠,实在供应不了三十万大军的需要,只好放弃这次进攻。

刘豫宣布这次战役是成功的,他们按原计划打破了宋朝继攻克襄阳之后再次北上的战略意图。直到这时赵构等人才知道刘豫为什么不顾一切地向金国求援,不顾天寒地冻发起国战。

南宋以为收复襄阳可以增加谈判的筹码，却没料到伪齐慌了，认定南宋会乘胜再战，毕竟李横等镇抚使都能打到开封城边，岳飞威名日盛绝不会比他们差，所以抢先动手。

由此间接地证明了，赵构之前强令约束岳飞收复襄阳之后不得擅自进攻也是有一定真知灼见的，只是出于恐慌就搞出了国战架势。如果岳飞真的北伐会是什么后果？

金国方面一直沉默，没有给出解释。过了相当长一段时间，南宋方面才知道金国内部发生了什么。

金太宗完颜晟病危，金国再一次面临权力重组。这一次远比完颜阿骨打暴毙时危险，那时金国方兴未艾，内部的巨头们都很克制，都在竭力保护女真人急剧扩张的势头，所以他们都选择了退让，让毫无军功的完颜晟登顶当平衡器。

这一次不行了，首先国家大局已定，西辽太远，隔着沙漠；西夏太穷，食之无味；南宋这块肥肉开始硌牙。世界虽大，女真人征伐的兴致和武力值都开始从波峰下滑，甚至他们已经像曾经成功过的游牧民族那样开始了纵情享乐。

想一想完颜阿骨打是怎么死的，就会明白女真人或者其他温带游牧渔猎民族一旦志得意满，不思进取之后的模样，无非是醉生梦死，且很快就会衰落。对此岳飞看得极准，他在奏章中曾写道："金贼所爱惟子女金帛，志已骄惰；刘豫僭伪，人心终不忘宋。如以精兵二十万，直捣中原，恢复故疆，诚易为力。"

完颜晟不像阿骨打那样是突然暴毙的，他有充足的时间来安排身后事。他的优势在于五弟完颜杲（斜也）死于五年前，即1130年，南宋建炎四年，金天会八年。

完颜杲（斜也）是完颜阿骨打的同母五弟，完颜晟是四哥。四哥继位当皇帝，五弟是皇位的法定继承人皇太弟。这么说吧，如果此人不死，完颜宗翰再强也不敢在军政两界肆无忌惮，因为那本是皇太弟的位置。

当年金国伐宋，完颜宗翰、完颜宗望分兵两路入侵，发布命令的就是任谙班勃极烈、都元帅的完颜杲（斜也）。

完颜晟的劣势在于阿骨打的儿子们兵强马壮。现在罗列一下金太祖与金太宗两系的主要男丁状况，各取前五名。

太祖系：完颜斡本（宗干）、完颜斡离不（宗望）、完颜讹里朵（宗尧，初名宗辅）、完颜兀术（宗弼）、完颜讹鲁观（宗隽）。

太宗系：完颜蒲鲁虎（宗磐）、完颜胡鲁（宗固）、完颜斛鲁补（宗雅）、完颜阿鲁带（宗顺）、完颜阿鲁补（宗伟）。

最直观的对比结果就是太祖系的王子们久经沙场，名扬列国，个个手握重兵实权，可以说如狼似虎。太宗系的王子们除了嫡长子宗磐偶然在朝政上有点建树外，几乎全都是路人甲。

事情一目了然了，金太宗想把皇位留给自己的后嗣难度不是一般的大。首先他个人威望不够，其次儿子们不争气，最重要的一点是临死前积压太久的怒火冲昏了他的头脑，把完颜宗翰得罪了。

这时分散到各地的完颜们都火速往回赶，想抢在他死前聚在一起把皇位归属定下来，无论如何也绕不过完颜宗翰去。

完颜宗翰回归都城之后第一时间去找太祖系庶长子完颜宗干，"储嗣虚位颇久，合剌先帝嫡孙，当立。不早定之，恐授非其人。宗翰日夜未尝忘此"。他提议的合剌，女真名完颜合剌，汉名亶。是太祖系嫡长子（第五子）完颜宗峻的嫡子，即嫡长孙。

完颜宗峻位高权重，但是比完颜杲（斜也）死得更早，距这时已经有十一年了。完颜亶十五岁，空有最尊贵的血脉顺位，却早已无人问津。这时他被突然提到了令人目眩的高度上，不止他自己，所有人都吃了一惊。随即就觉得完颜宗翰真是金国的镇宅之宝，这个提议就是最佳的选择，没有之一。

这和后金在皇太极暴毙之后争抢皇位的结果是一样的，都便宜了一个本来与皇位最无缘的孩子。然而彼时爱新觉罗·福临并不是唯一选择，此时却非完颜亶不可。

首先太宗系后嗣无法服众，太祖系的王子们又太强，由他们中的一个上位的话，太宗系人人自危，一场积郁已久的流血政变势在必行。皇位在太祖系的第三代中选择是神来之笔，而完颜亶是嫡长孙，且父亲早死，毫无根基，还有比这更理想的吗？

像以往一样，金太宗根本没法左右决定，最后大家只是向他通报了结果，给予他发布诏令的权力。

完颜晟在他生命最后的时刻仍然在延续着苦涩的命运，他挣扎着下诏曰："尔为太祖之嫡孙，故命尔为谙班勃极烈。其无自谓幼冲，狎于童戏，惟敬厥德。"这极可能就是金太宗的心里话，向外界表明了态度。

之所以任命你为第三任金国皇帝，只因为你是"嫡孙"，除了血脉外你一无是处。之后的话完全是对孩子的警告，你可别以为自己是孩子就一味地玩耍，要记得修心养德！

做完了这件事，完颜晟才死去。说实话同样是兄终弟及，他比宋太宗赵光义差太远了。赵弟弟虽然战无不败，以文抑武，但是成功地守住了家业，传之子孙，还让一百六十七年的北宋充满了他的味道，而不是宋太祖赵匡胤的。对比一下就知道成功的有多成功，悲摧的有多生无可恋。

金国权力重新洗牌，权力顺位是金熙宗完颜亶—完颜宗磐—完颜宗翰—完颜宗干—完颜昌。

新皇帝为首，这毫无争议，哪怕只是名义上的。完颜宗磐身为太宗系长子丢了皇位，权力榜上浮一名是安慰奖，是必须的。完颜宗翰排在第三很有争议，以他军政第一权臣的老资格，再加上拥立之功，怎么可能屈居人后？但他沉浸在报复的快感中，暂时意识不到这一点。太祖系领头人完颜宗干排到第四是稍显委屈的，皇帝是他亲侄，他理应位居第二才对。但是政治斗争就在于交换，让太宗系找点平衡，度过继位的敏感期一切都好说。完颜昌无可无不可，他和金太祖、金太宗同辈分，没法和后辈争皇位，也争不了，多年以来他是太宗系的实力派人物，应该想的是怎样巩固自己的权位。

要小心完颜昌，此人的脑回路非常古怪，不久之后他想出来的东西把宋金两国都搞得不知所措。

这时没有人关注新皇帝完颜亶，这很可能是由于一向漠视金太宗完颜晟的传统，从潜意识里就觉得皇帝只是个玩笑，谁都能开。更可能是因为完颜亶本人实在是乏善可陈，注定了只是个牌位。

历史很快就会证明金国的第三位皇帝是多么的非凡，他上位之后，女真人才从真正意义上懂得了什么是政治。

回到江南，南宋举朝庆幸渡过难关，之前的"散百司而他幸"被刻意回避，没人想去扫兴。重点是赵构终于从临安起身赶赴平江府，去兑现他"亲总六军，往临大江，决于一战"的豪言壮语。

前线将士全体集结向皇帝述职，每个人都有封赏，焦点集中在张浚的身上。前线总指挥大人坐镇建康府总揽全局，震慑江北，保证了最后的胜利。尤其是协调了刘、张两位大将的实际战斗部署，不管谁前进、谁后退、谁诈伤，都发生在他的眼皮底下，哪怕他在实际上什么都没有做，但是胜利者不接受任何指责。

而在一些宋朝的官方资料，比如《宋史·张浚列传》中记载的就"伟光正"了，把战争的结果之所以是金军撤退都归功于张浚的个人威望上。

当时完颜宗弼与韩世忠隔江约战，韩世忠斗志旺盛，主动派麾下战将王愈渡江下战书，雄壮之余透露张浚已经在镇江府。完颜宗弼愕然："张枢密贬岭南，何得乃在此？"很显然金国的战前消息收集得不到位，赵鼎重新举荐张浚的事没传过江北。

王愈掏出一份张浚颁布的文件让完颜宗弼看，完颜宗弼顿时神色大变，连夜撤退。

这是一段令人费解的文字，查遍史书也找不出让完颜宗弼怕张浚到这个地步的原因。是在哪一次战斗中张浚把完颜宗弼打出心理阴影了吗？还是张浚把某个女真人打得痛不欲生，连带着让女真族群都从灵魂深处怕了他？

都没有。

除非是完颜宗弼善于联想，吴玠在西南三次大战中的确是把金军以及完颜宗弼本人打出了心理阴影，张浚作为吴玠的领导从理论上说一定强于吴玠，那么就比吴玠更可怕了。当然这个逻辑如果成立，赵构早就成了女真人的神了，他是整个汉地的唯一大领导！

不管怎么说，张浚重回权力巅峰。在南宋绍兴五年二月，赵构从平江府返回临安，升赵鼎为左相，张浚为右相兼知枢密使事、都督诸路军事。从这时起，张浚开始插手南宋军事的方方面面。

刘、张、韩三大将心情难得地统一了，本来他们都挺好，心态平和，做了和从前差不多的事，比如刘光世未战先退，避事养威。张俊保存实力，时刻近距离保护赵构。韩世忠率军渡江杀入重围，搞得尸山血海，杀出来中兴十三战功之首，对得起自己南渡以来第一勇将的名头。

尽管都退回了江南，但金军没敢渡江，这是铁一般的事实。军人保境安民，他们做到了。然而当岳飞渡江进击淮西时，一切就都变味了。这个前几年还是个编外盗匪的后辈，居然扫了大将的颜面。

万事就怕对比，刘、张二人不必说了，再厚颜也知道自己做了什么，张俊"受伤"的胳膊简直成了军中的笑柄，难受的是韩世忠也黯然失色。大仪镇与庐州两战孰强孰弱每个人心中都有答案，官方的每一次宣传嘉奖都是一记响亮的耳光抽在他脸上。眼见岳飞再次去临安觐见，母亲受封国夫人，本人晋升镇宁、崇信军节度使，湖北路、荆襄潭州制置使，封武昌郡开国侯这一系列耀眼的头衔，都让这三人怒火中烧。

岳飞从一介"敢战士"一路走来到如今地步什么没见过，早就察觉到了这股歪风邪火，也知道怎么应对。

一方面从原则上讲，军人强者为王，他可以对抗，甚至皇帝也很乐意看到这一幕。另一方面，军队里论资排辈比官场还要严重，以后还要长期合作，他年纪小军衔低，主动一些是正常的。

岳飞写信给张俊、韩世忠沟通感情。对，他没理会刘光世，这么多年下来大衙内早期树立起来的强大形象已经彻底倒塌，官场军队都没有谁买账。写信在古代可以是传递信息的必备技能，也能直接上升到品位、学识、修养等形而上的玄妙境地。有太多的传世名帖就是一张张信笺甚至便条。

岳飞兼资文武,结字追慕北宋第一大家苏轼,字体纵横肆意、霸气天成,有极高的造诣。这些都造成了张、韩新一轮的痛苦。他俩都是大头兵出身,尤其是韩泼五,早年是个段位很高的地痞,要到岳飞死后,他卸掉所有职务苟延残喘时才变得附庸风雅,写出几首劫后余生的酸词。

张俊则是纯粹的难堪,不论是他颓唐的少壮时期还是身为巨贪的老年,都与文笔书案无缘。他老底被世人识破那次是和刘光世一起陪着赵构去一座庙里游玩,赵构是号称"善真、行、草书,天纵其能,无不造妙"的大书法家,被后世认为在中国古代所有皇帝中书法造诣最深的一位,连他那个独创瘦金体的爹都比不了。

该寺的方丈很会做事,请赵构御笔挥洒一番,既在当时得利,更在后世留名。

皇帝挥毫后轮到大将泼墨,这可真要了张俊和刘光世的命。张俊勉强抓起了笔,半天不落一字,因为他真的大字不识。刘光世出身军伍世家,是个高档次丘八,比张俊强点,能把自己的名字写在纸上,让皇帝高看了他一眼。

两相对比,岳飞的信起了什么效果就可想而知了。张、韩恼羞成怒,这是在炫耀,是加倍的羞辱!紧接着一件更让他们无法忍受的事发生了,南宋官方把剿灭洞庭湖水匪的差使交给了岳飞。

第十六章
洞庭湖

这是件苦差事，很多大名鼎鼎的实力人物都在洞庭湖栽了大跟头，就此一蹶不振。但那也是长江以南最后、最肥的一块肉，谁吞掉都会实力飙升。三大将平日里都紧盯着对方驻地与临安城之间的道路，上面跑着多少辆车，运了几许粮草、军械，都是互相眼红翻脸的因素，甚至会直接跟皇帝分斤掰量地计较，你给了他多少就得给我多少，不能区别对待。比如刘光世就曾这么干过。

"刘光世乞与韩世忠均支钱粮。帝曰：'诸将之兵，用命则一，其所支钱粮，岂容有异。此皆吕颐浩不公之弊。'"

赵构甩锅给时任首相的吕颐浩，首相只能背上，但是要粮要钱仍然没有，档次是必须拉开的。

这时把洞庭湖水匪交给岳飞既是信任，也是对淮西之战的奖赏，三大将无话可说，只能盼着岳飞也摔倒在八百里的洞庭湖水里。洞庭湖古称云梦、九江，受屈原文章的影响，中国人的心底最迷离美奂的一片水乡就是云梦泽，它南纳湘、资、沅、澧四水汇入，北与长江相连，滋养着一方水土乡民，更孕育出奇幻绮丽的楚文化。

在两宋之际，这里孕育出来的是钟相、杨幺起义。

事情从靖康之难开始，都城陷落，赵构在应天府称帝时曾下令天下兵马勤王，各方势力向他集中，其中有一支三百余人的队伍从遥远的长江边穿越千山万水到来，在当时引起了不小的轰动，可见大宋抚有天下，善待黎民，关键时刻心怀忠义之人共赴国难，天眷大宋。

然而一查这些人的身份，赵构失望了。为首者名叫钟子昂，荆湖北路鼎州（今湖南常德）人，一介白丁，其父钟相是当地一位深受爱戴的巫师。楚文化自古就充满了魔幻气息，山鬼、东君、司命等神怪层出不穷，巫的信仰在乡野民众间有巨大的受众，是不可忽视的力量。

钟子昂能率领乡民千里勤王，巫师的力量是决定性助力。这在不久之后也给他指出了崭新的人生之路。

赵构对一切非官方力量都深恶痛绝，哪怕主动投靠都别想占一席之地。他命令钟子昂一行人哪里来就回哪里去，勤王卫国这种高大上的事不是边远乡民能沾边儿的。钟氏父子只好收拾起一腔忠义，回家继续种地。

随着建炎南渡，江南土著的生活崩溃了。当赵构意识到他的老祖宗赵匡胤留给他的治国红利时变得非常疯狂，收的赋税比花石纲时期相差无几。简单罗列一下，宋朝基本税赋是按民户田籍所有的农田亩数征收夏秋两税，这时要在这基础上加收"正耗""加耗""和籴米""斗面米"等杂税。

此外在南渡之初，每亩还要加征一百文税款。正额之外加征的"大礼钱""免夫钱""纲夫钱""赡军月桩钱"等名目繁多，再经州县官吏因缘为奸层层加码，落在民户头上的实际负担就会暴涨好几倍。

钟氏父子像方腊一样忍无可忍，聚众起义。钟相作为资深巫师，非常了解底层百姓的生存需要，他比方腊更能蛊惑人心，提出了起义的口号，"法分贵贱贫富，非善法也。我如行法，当等贵贱，均贫富"。

说实话起义口号有点拗口，没有北宋初年蜀川李顺、王小波起义时的宣传语"吾疾贫富不均，今为汝均之"那么顺畅易于传播。

但实际效果很好，被现实压迫到奄奄一息的人蜂拥而来，洞庭湖周边的鼎、澧、潭、辰、岳、峡诸州所辖十九个县都变成了起义军的地盘。当时是南宋建炎四年，赵构自顾不暇，钟相觉得神灵赐福形势大好，于是建国号"楚"，年号"天载"，自封楚王，立钟子昂为太子，就此登基。

钟相的国土面积很大，物产丰富，也有牢固的民众基础，分析起来根基比江淮区域同时期存在的大量镇抚使都要雄厚，然而真要开战的话就会发现其军事力量差太多了。

镇抚使们的本质是流寇，时刻都在流窜抢劫中。在南宋分四批任命的三十余位镇抚使中有一个名叫孔彦舟的人，与岳飞同届，在第三批被任命。此人存在感极强，不必去翻阅针对他的专业史书，只需要打开《宋史·高宗本纪》就能找到很多关于他的记录，他一会儿流窜到这里，一会儿又流窜到那里，走一路杀一路，真正的贼不走空。

当孔彦舟从江北一路流窜到荆湖一带时，发现了大楚国。这让他心里很不是滋味，万事怕对比，这都有人建国了，自己还在四处抢劫。孔彦舟正嫉妒中，突然一批当地的官绅、豪商、大地主找到了他。

前面剖析过，岳飞的"饿死不掳掠，冻死不拆屋"的受益者是谁。当大楚国的皇帝提出来打土豪、分田地的口号，有田、有产、有钱的人们怕极了，当时赵构也无力庇护他们，现在天上突然掉下来个孔彦舟，这真是个救命的。

有钱人种种许诺，孔彦舟决定端了大楚国。在他来说抢谁都是抢，"皇帝"的油水肯定更足，何乐而不为。然而钟氏父子的群众基础太深厚，当孔彦舟从澧州向鼎州行进的途中，被洞庭湖义军拦腰截击，孔彦舟大败，逃命时非常狼狈，搞得自己弃甲由士兵拖着才逃到鼎州。

这对镇抚使来说只是日常，东山再起的办法简单粗暴。孔彦舟迅速把鼎州城内近八成的男丁强征入伍，恢复部队的建制，紧跟着根据钟氏父子的特点布置了新战术。他令部下化装渗透进义军内部，用当地的专业名词叫"入法"。又赶制了大批的竹签，上面刻了一行字——"爷若休时我也休，依旧乘舟向东流。"

这句话的意思是说钟氏父子如果罢手不再攻打他，那么他也收手乘船东去，离开大楚国的疆域。

为了向钟氏父子以及整个起义军宣传这个意向，孔彦舟命令每抓住一个义军士卒就在他们的头发里插一根竹签，再安全放走。时间长了，没有威胁感的起义军自然变得松懈，直到当年四月的某一天夜晚，孔彦舟突然发起强攻，大批此前入法的内应在义军营寨内部配合，洞庭湖大寨被攻破，钟氏父子与主要起事者都被活捉。

事后孔彦舟把洞庭湖义军的营寨洗劫，狠赚了一笔，带上豪绅地主的谢礼，再次启程流窜。至于钟氏父子等人，他派人押送去临安上缴给赵构，作为镇抚使对皇帝的敬意，搞得赵构当时脆弱的心灵很是温暖妥帖。

之后人事纷乱，孔彦舟在南宋叛服不定，最后渡江投降伪齐，仍然是一方豪雄。赵构则逐渐稳住阵脚，在金国的压迫下渐渐地羽翼丰满。双方早就把这件事抛到脑后，可洞庭湖那边不这么想。

压迫在继续，反抗更激烈。起义军在杨太、杨钦、杨华、黄诚、周伦等人的率领下继续和一切外来势力抗争，为了延续钟氏父子的民望，洞庭湖义军推举钟相的另一个儿子钟子仪为首，实际大权掌握在杨太的手里。

杨太很年轻，当地叫年轻小伙子为"幺"，也叫他杨幺。与此前钟氏父子相比，杨幺很有军事才能，在他的领导下义军的实力与声望都超过了此前的顶峰。这招来了更多的围剿与清洗，结果就是"为渊驱鱼，为丛驱雀"，起义军的规模越来越大，最强时的区域扩大到东起岳阳，西达枝江，北自公安，南至长沙的地步。

就算这样，当时南宋也没重视他。赵构刚刚结束"搜山检海"的逃亡，陕西方面张浚在进行富平决战，国家千头万绪哪里都是麻烦，派去剿灭杨幺的是一个名叫程昌寓的文官。此人也是从江北逃过来的官员，过程非常惊艳。

程昌寓原本是蔡州知州。金军南下时，他没有据城死守，也没有第一时间逃跑，而是把蔡州洗劫了，带着全部的钱、兵、百姓渡江，只留了一座空城给金国。这是极大的贡献和政绩，如果每一个南宋的牧民级官员都能做到这一点，不仅是拯救了百姓，更是给起步阶段的建炎朝廷注入了难得的财富。

程昌寓手里有钱有兵，于是朝廷把剿灭洞庭湖匪患的事交给了他。程昌寓晋升鼎、澧州镇抚使兼知鼎州，分兵两路从水、陆进剿洞庭湖。陆路由原总管蔡州兵马的杜湛率领，水路的队伍很庞大，由他、他老婆、大批家丁、侍从、幕僚，以及他渡江时在难民潮中敏锐发现的原东京歌伎小心奴组成。

程昌寓带着那个时代普遍存在的北方优越感，以及庞大的船队从公安县的油河出发，计划沿鼎江经龙阳县转往洞庭湖匪区。一边在梦境般美丽的江南水乡中漂行观赏，一边完成剿匪工作。

现实状况扫了他的雅兴。洞庭湖之所以匪患声势浩大，原因就在民不聊生。他想坐船享受人生，沿途连食品供给都没有。一行人坐在雕栏画栋的游船里饿肚子，好容易挨到了鼎州，发现了几个还有人烟的小村镇。

饥饿使人敏锐，贵人们看见了几只活的鸡、鸭、鹅，立即派人上岸去抓。当他们享受美食时一点都没有发现危险已经迫在眉睫。这里已经是杨幺的势力范围之内了，他们的行动早就在监视之中，在他们毫无防备的情况下突然大批起义军出现，被偷袭的整支船只逃出了程昌寓的座舰，原因是他的船当时落在最后。

剿匪司令部还没开战就被一锅端了，这让程昌寓在后怕之余羞于见人。接着一个消息传来，小心奴被杨幺一伙活捉带进了水寨，成了钟子仪后宫里的新宠，据说是嫔妃级了。

程昌寓发誓剿灭洞庭湖里的每一个水匪！为此他没收了木材商人从山区贩运来聚集在桃源县的大量文溪杉片，就此征调大批木工，赶造"车船"。这种船能载兵千人或两千人。船身是车形，小的二十车，大的二十三车，不依靠风力，由人力踏动安装在船体两侧的圆形车轮状桨叶产生动力航行，可进可退。

程昌寓命令车船进入芷江（今沅江上游，隶属湖南），配合步兵进攻剧贼夏诚的水寨。相信这样的军械一定"车到成功"。

他等来的是又一场悲剧。车船是好东西，但进攻地点选错了。那片水域河道浅窄，体量巨大的车船进退两难，连同船上的水军都被起义军俘虏。陆地步兵因为连日阴雨自发撤退。

程昌寓失败待罪,下一个剿匪的人是纯粹的武将,此人大有来历,名字叫王𤋮。他就是金军第一次渡江后,宋金在马家渡口决战时带头逃跑,导致宋军崩溃的那个人。战后此人回归,居然不断地晋升。

这就是武将在宋朝受压抑贬斥之余的另一个"好处",即有罪不罚,甚至高升。比如刘延庆、杜充,还有这个王𤋮。当然这要有一些前提条件,第一要本人资历够高,影响巨大;第二时局纷乱,本人手里有兵,朝廷还要仰仗。

这时王𤋮是南宋军方排名前三四名的重臣。

在岳飞收复襄阳之前,南宋中部防线以王𤋮为主、岳飞为辅。王𤋮坐镇鄂州,岳飞的辖区是江州。

"𤋮为荆南府,岳、鄂、潭、鼎、澧、黄州,汉阳军制置使,置司鄂州。神武副军都统制、江西制置使岳飞为江南西路,舒、蕲州制置使,置司江州。"

王𤋮的兵力达到五万,单看数量的话,不止在当时,哪怕在后来四大将鼎盛时期也不过如此。王𤋮率领三万人出征,同时赵构下令两湖区域内所有屯驻兵将一律受王𤋮节制,还增派了建康府水军正副统制崔增、吴全所统水兵一万人,以期做到真正的水陆并进。

临行前王𤋮向宋廷申请招安金字牌。这是宋朝独有的产物,也是《水浒传》之所以存在的理论基础。所谓不当胡子不当官,在宋朝的和平年代是这样,乱世之中更是。在一定程度上宋江的决策是对的,先壮大造反队伍,沉重打击官军,然后受招安当大官,从此名动天下,富贵一生。

如果洞庭湖是水泊梁山的话,现在杨幺就是宋江理论上的完整体,实在是太适合招安了。然而赵构非常愤怒，给出的指示是："近来贼盗踵起，盖黄潜善等专务招安而无弭盗之术，高官厚禄以待渠魁，是赏盗也。幺跳梁江湖，罪恶贯盈，故命讨之，何招安为！但令燮破贼后，止戮渠魁数人，贷其余可也。"

这次剿匪就此定性，杨幺等首领必须死。

当年十一月，王燮亲自出战，率领神武前军最精锐的一万五千人乘坐小船在鼎江口遇敌。他吸取了程昌寓的教训，坐的都是体量很小的"湖海船"，绝对不会搁浅，但是这里的水位很深，起义军的船足有几丈高，使用一些两头削尖、两尺多长的硬木棍，居高临下，官军从开战伊始就陷入绝境。

王燮本人被流矢击中，流血如注地逃跑。崔增、吴全率领水军断后，起义军增派车船助战，水军"湖海船数百只尽碾没入水"，崔、吴两人当场阵亡。其余散布在砂碛、堤坝上的步兵也被掩杀。

"一日之间，万人就死"，官军使用的"御前器甲、旗幡、枪刀之属"也都被起义军缴获。洞庭湖声威大振，杨幺的名字飞越长江传进开封城，刘豫就是从这时起对外宣称与之结盟，里应外合覆灭南宋。

查阅史料，关于杨幺与刘豫勾结，实际上也就是与金国勾结是不存在的，一切都是刘豫在单方面宣称，杨幺从来没有回应过。之所以会有这样的传言，是宋朝一贯的伎俩。他们在灭亡谁的同时一定要先搞臭对方的名誉，所谓的师出有名就是这样。

回到战场，王燮被罢免军职，所剩的一万五千左右的兵马划归韩世忠。洞庭湖匪患如此猖獗，宋廷决定派出近期最耀眼的王牌将军岳飞出马剿灭。岳飞之后宋朝也拿不出更强的手段了，所以给予的条件和政策都是优越的。

政策放宽，宋廷许诺只要投降，杨幺可以担任知州级别的官员，义军其他首领依此例等级安排。赵构还批了十枚招安金字牌，让岳飞随机使用。另外还配备了当时宋朝独一无二的大杀器出战——张浚。

右相兼枢密使大人亲自为岳飞站台，主持这次的剿匪行动。这个支持的力度是空前巨大且必要的，此前王燮也有特批的权力，在名义上可以随意调动战区内的一切人员。但是实际效果太差了，很多文官拒不执行，甚至有些官员自恃资历，觉得此前还是王燮的上级，公然拒绝与其合作。

张浚此时的权柄，与之前的执政风格，是南宋官场独此一位的铁血强力人物，他亲身莅临前线，整个湖湘区域上下一致，通力配合。

岳飞率军启程前，应他的要求宋廷还调整了一下招安内容，如果黄诚、杨幺两人接受招安，能就近派他们去做荆湖南北路的某个州去做知州。

"人船趁此春水，顺流赴张浚行府或刘光世军前，当议优与转官，仍旧专充水军。若有愿乞外任之人，许乞本乡或邻近州军钤辖、都监差遣。愿归农人，于鼎、澧州支拨闲田养赡，仍免五年税役。"

这是南宋朝廷巨大的诚意，让起义军还抱团生存在本乡本土，相当于势力没有被打散，随时都能再次起义。然而洞庭湖水寨没有任何回应，岳飞只能进兵。

岳飞在绍兴五年四月出兵，选择这个时间是反复思考论证之后才决定的。

之前程、王两人剿匪选择在秋冬两季，届时湖水相对干涸，不利于湖匪驾船行动。这在理论上是正确的，然而在另一个规则上就大错特错

第十六章 洞庭湖

了。湖匪也是人，得吃东西。他们春夏两季分散开回到各自的农田里耕种，秋冬收粮回寨扎堆生存，程、王在秋冬两季上门剿匪，正是他们吃饱、人多的时候，等同于战斗力最强的时候。

岳飞反其道而行之，哪怕水战是弱项，也掐住了洞庭湖水寨中粮食最少、人员最少的关键时段。他的运气非常好，这一年五月的洞庭湖河床比秋冬两季时还要浅。然而本质的问题并不会因此就解决。

岳飞此行没有成建制的水军助战，他得想办法在湖面之外做文章。他先是派人伪装成商贩，抓住了采买货物的一批湖匪。岳飞没有杀这些人，而是很沉痛地表示，你们都是世代务农的良民，奈何生在了乱世中，被逼成了盗贼。我的职责是来杀你们的，可是下不去手。他给每个湖匪都发了点钱，放他们离去。

这些湖匪离开军营，带着钱帛来到集市，想买些东西带给水寨里的亲人，惊奇地发现市场上的货物都非常便宜，比战争爆发前还要便宜。这让他们喜出望外，大肆采购之后回到水寨不由自主地宣扬外界变得富足。等水寨里的头目们拿着钱财出来买时却发现每条道路都被岳家军严密封锁，有钱也没处使。

这种反差让洞庭湖义军无法接受，想要恢复良民身份，出去过好日子的人每天都在增多，厌弃水寨的情绪暴涨。

这其实是岳飞的计策，是他命令商贩降低价格卖货物给被俘的义军，差价由军营找补。他坚信这是瓦解义军内部的唯一办法，是生活逼得这些人造反，那么只有生活的诱惑才能让他们内讧。

要见效是需要时间的，渐渐地有官员弹劾岳飞按兵不动，意在玩寇。此时张浚站了出来，替岳飞顶住了压力。"时参政席益疑飞玩寇，欲以闻。张浚说：'岳侯，忠孝人也。兵有深机，胡可易言！'益惭而止。"

很快秋天就要来临，张浚的主要任务是江防，金国国内权力阶层动荡，重组已经完成，下一轮进攻很可能就在酝酿中，他不能再守在区区洞庭湖畔，得回去主持大局了。

岳飞请张浚稍等，八天之内他就会剿平洞庭湖匪患。张浚愕然："王四厢两年尚不能成功，乃欲以八日破贼，君何言之易耶！"这里是八百里方圆，沟壑参差纵横的洞庭湖，八天的时间别说造船只选军械，连进兵抵近水寨都不够。

岳飞说："王四厢以王师攻水寇则难，飞以水寇攻水寇则易。"这是他此次出征的核心战略，关键就是第一步逼迫杨幺手下最强的义军首领杨钦。岳飞先派一支部队单独前进，杨钦像往常一样勇猛迎敌，在战场上耀武扬威。到第三天时，突然发现被岳飞的大军团团围住了。

杨钦被早就安排在身边的内应黄佐适时劝降，一万余口的老少精壮、四百多艘船组成了岳飞的临时水军，向位于龙阳县江水北岸处的杨幺大寨进攻。

到达战场后，岳家军把无数的杂草扔进水里。杨幺车船的踏板被杂草缠住，没法在湖水里行动，水战就此变成了陆战。岳家军能在野战中击败女真人，以乡民组成的起义军怎么可能是对手，连杨幺本人都在战斗中被活捉。

杨幺、钟子仪被岳飞斩首，函首送往都督行府交给张浚。

洞庭湖起义军还剩下最后一个依山临溪的大寨，以夏诚为首。攻破它只是时间问题，难处在怎样收尾。牛皋建议屠寨，理由是为了长治久安，也为了显示军威。"若不将其手下徒党少加剿杀，何以示我军威？欲乞略行洗荡，使后人知所怕惧。"

其实这是当时的惯例，真实的目的是钱。刘光世、张俊惊人的私人金库就是这样积攒起来的，至于屠寨是毁灭证据，早就是心照不宣的套路。

可是岳飞反对，他强调"杨幺之徒，本是村民，只是苟全性命，聚众逃生。既已出降，并是国家赤子，杀之岂不伤恩，复有何利"？他连说："不得杀，不得杀！"

夏诚的水寨很快被攻破，从张浚、岳飞会晤到此时正好八天，洞庭湖之战全面结束。战后参与造反的数十万湖湘百姓都被放归田里，重新耕种生活，此后直到南宋覆灭这片区域都很平静。

这得益于岳飞的仁厚，他尽可能地减少杀戮、管束军队，让这片湖区重新变成了可以生存的土地，也让南宋官方看到了一种崭新的解决叛乱的方式。在嘉奖岳飞此行的诏书里有一句话普遍被史书忽略，用来评价此次平乱的成就是非常恰当深刻的。

"清湖湘累岁荡汨之蓄，增秦蜀千里贯通之势。"

平定洞庭湖起义之后，于南宋而言，整条长江都被贯通，从此军事行动的迅速，商业系统的流通，都因此极大受益。因此南宋给予岳飞的封赏是极其丰厚的，岳飞晋升为荆湖南北、襄阳路招讨使，晋封公爵，加检校少保。就是从这时起，岳飞被朝野尊称为岳少保。

洞庭湖义军的精壮主力大约六万人，岳飞收编之后军力达到十万，就此一跃超过韩世忠、张浚，仅次于军队里鱼龙混杂、士兵数量忽高忽低的刘光世，并且"获贼舟千余，鄂渚水军为沿江之冠"。

有了这支水军，岳家军可以随时横渡长江。

岳飞的辖区中心从江州移到鄂州，正式成为南宋长江防线中部区域的枢纽。从这时起，他与韩世忠、张俊、刘光世平起平坐甚至犹有过之。这对南宋的国防是惊喜，对大将们来说就正相反。

韩、张、刘之间积怨多年，互相钩心斗角，屡次拔刀相向。经过宰执大臣甚至赵构本人的调解才勉强相安无事，在实际的军事配合上向来都离心离德。这时岳飞异军突起，让他们统一调转了枪口。

七八年前，岳飞只是列校，彼时三人已是大将。两三年前岳飞在张俊麾下任职，出生入死为张家军增光添彩，现在居然跻身同列，这让他们情何以堪？

岳飞深知这一点，除了继续写信示好，前后达三十余封以外，还加送了礼物。他送给韩、张每人一架在洞庭湖缴获的车船，船上器械人员齐备。这是一份敬意，表示岳飞没有忘记张俊的提携之恩，也尊重韩世忠的赫赫战功，希望以后相处愉快。

韩世忠有真正的气度，在岳飞的诚意里他读出了英雄相惜，从此真心与之结交。张俊恰恰相反，他回忆这些年里与岳飞交集的每一个片段，后者的每一次成功都映衬出他的无能、怯懦、失败，这时的礼物更是向他示威。这让他在少年时代就积郁养成的阴暗心理催发出了一种怨毒，在之后的时光中，随着岳飞的功绩越发辉煌，这种怨毒也变本加厉，直到他冲破人性的底线，变成时代的罪人。

第十七章
伪齐真相

张浚带着复杂的心情返回长江防线,岳飞兑现了八天平定叛乱的诺言,是让他着实有些羞恼的。毕竟他认为这不可能实现,也就是间接地证明了他与岳飞之间存在着巨大的能力差距。这让张浚无法忍受。

张浚有严重的唯我独尊症。天下如有大事发生,他必须一肩挑之,一力挽之,立大功、成大名,为万世师表,才是他的愿望。这时一介农夫出身的武将居然用战绩打了他的脸,这简直是挑衅。

但是张浚有骄傲、自尊,甚至高尚的一面,他有着卓越的识人之明,以及足够的风度来赞美他人的业绩。

"岳侯殆神算也。"

这是他对岳飞此战的评价。同时他也很清楚地知道,他心中的大业必须得有伟大的军人的帮助才能实现,就目前而言,整个南宋没有人比岳飞更匹配他的梦想。这时他急着返回前线,就是实施他谋划已久的重大计划。

进攻伪齐!

刘豫身为宋朝叛臣居然在数年之间不断地主动挑衅、攻击江南，赵构、赵鼎等人可以为了各种目的忍让，可张浚视为奇耻大辱。在他看来只有消灭伪齐才是南宋的出路，只有诛杀刘豫九族，才能震慑一切怀有不臣之心、敢于僭越的乱臣贼子。

为此，张浚对南宋军队进行了一次大整编，把全国军队分为"三衙军"和"五大部"。

三衙军由殿前司、马军司、步军司组成，负责守卫国都，是自北宋建立伊始就成立的禁军部队。这时除了杨沂中统领的殿前司是由原来的神武中军改编而成，兵力较强外，其余两司各有数百人，形同虚设。

五大部涉及两宋军制的变迁，北宋传统军制是"枢密掌兵籍、虎符，三衙管诸军，率（帅）臣主兵柄，各有分守"，层层设限牵制，保证军队的稳定和忠诚。随着北宋灭亡，这套行不通了，因为它真的阉割了军队的战斗力。

赵构称帝，设立御营司，从全国汇总来的军队整编成五军，由御营司直属，有发兵权、握兵权，是最高军事指挥机构。以宰相兼任御营使、副使，从那时起枢密院、三衙名存实亡。御营司集军政大权一体。

第一任御营使是谁在史学界有争议，有些资料显示是黄潜善，有些资料证明是李纲，篇幅所限，不一一罗列，要强调的是御营使的特殊性和权威性。

第一任御营司统兵长官是王渊，称都统制，刘光世任首佐官，下设前、后、左、右、中五军，其首脑称统制。初代统制官是时任前军统制的张俊，和左军统制韩世忠。此后发生的苗刘兵变，这两人就是御营司的统制官，杀的是自家的老大王渊。

这次兵变是巨大的节点，政治和军事都在这时改变。刘光世虽然没

第十七章 伪齐真相　271

有得到最大的红利，但是作为南宋军队最初的旗帜性人物，他的军队从御营司里独立出来，称御营副使军，人称"太尉军"。

太尉军下分五军，由王德等亲信出任统制。

这引起了张俊、韩世忠的严重不满，宋廷把他们的军队也调出来，称御前军。韩世忠是御前左军都统制，张俊任御前右军都统制。

从这时起，南宋正规军分为御营军、御前军、御营副使军三大部分。御前、御营也各分五军，与刘光世的军队编制一样。

到了建炎四年，宋廷挺过了"搜山检海"之役，总结经验教训，总揽军政大权的御营司被撤销，随即三大军也更名改制。御营副使军改为御前巡卫军，御前军改称为神武军，御营改称为神武副军。

当时岳飞被编入镇抚使，错失了正规军编制。

绍兴五年十二月时，张浚主持了新一轮的军队改编。三衙军形成，神武军改称行营护军，下辖五军，由全国最强的五支部队充任。

张俊部改称行营中护军，驻守建康府；刘光世部改称行营左护军，驻守太平州；韩世忠部改称行营前护军，驻守承、楚二州。

三将分担长江中、下游，及淮河流域的防务。

吴玠所部之前不在神武军序列里，这时归入，称行营右护军，辖区在广大的川、陕、甘区域。

岳飞部改称行营后护军，驻守鄂州，王彦的八字军称行营前护副军，驻守荆南。两位曾有宿怨的抗金名将分担长江中、上游防务。

综上，从表面看张浚只是给军队重新换了番号，各军的实力、人员配置都没有变化，但是从深层次讲，南宋开始接受一个事实。张浚在掌控所有军队，而赵构是默许的。

这一年的年底，张浚在镇江府召集东南各大将，誓师出征。令韩世忠出淮东，进攻京东东路的淮阳军（今江苏邳州西南）。岳飞由鄂州渡江进驻襄阳，挺进中原。调三衙军杨沂中为两者后援。张俊、刘光世所部不动。守卫川、陕、甘区域的吴玠不参与行动。

绍兴六年（1136）二月，南宋发动北伐，第一波攻击由韩世忠发起。这时要认真地说一下伪齐与刘豫了。

建炎二年，高宗赵构将重建的朝廷迁到了扬州，山东成为女真铁骑虎视眈眈的对象，此刻的刘豫便在河北担任提点刑狱，不过此时的他已经弃官逃窜到了真州。刘豫本想远远地躲开女真兵马，不料朝廷又委派他去做济南府的知府。济南府是个首当其冲的地方，刘豫如何敢去？请求改派不成最后只得怂怂上任。之所以中选，是他在任济南知府时杀了抗金大将关胜后降金。这位关将军就是《水浒传》里马军五虎将之首大刀关胜的原型。

这份履历过于平庸，很符合普遍印象里一个傀儡的形象。不久之后，连带着把他组建的王朝也拉低了成色。但是公平地说，他并不是女真人拍脑袋选出来的废物，他真实的官场地位有一个参照物。

他的副手张孝纯。

张孝纯在靖康年间是太原知府。由他领衔的太原保卫战挺住了金军第一次南侵，在金军第二次南侵时阻挡女真军方一号人物完颜宗翰率领的西路军长达二百六十余天。太原城不是被攻破的，而是饿倒的。

这样的人屈居副手，是很值得探讨的。

伪齐王朝以张孝纯为丞相，李孝扬为左丞，张柬为右丞，李俦为监察御史，郑亿年为工部侍郎，王琼为汴京留守，刘豫的长子刘麟为太中大夫、提领诸路兵马兼知济南府。施政核心是文武并重，甚至武大于文。

第十七章 伪齐真相　273

这是与宋朝崇文抑武的核心对立了。刘豫看得很准，把北宋灭亡的根本看得清清楚楚。

与其说是宋徽宗荒淫无道，六贼败坏国家，不如说是从立国伊始就埋下了屈辱灭亡的种子。宋朝不是大一统王朝，北方的辽国先于它建立，雄踞不倒。中间党项人兴起，后来又出现了女真人，再后来还会有，不是蒙古人也会有其他民族兴盛。

因为宋朝本身不强，在没有大一统的情况下就自我压抑武将，这在逻辑上一定会导致亡国。

所以刘豫极其看重武人与军队，他当皇帝之后拆明堂改名"讲武殿"，对武将折节下交。设马上技巧为科目提拔军官，皇子府"网罗人才，置诸左右，文武并杂用，不限资格"。北方众多军事寡头、残存的镇抚使、失败绝望的南宋将领们，如李成、孔彦舟、关师古、张中孚、折可求等都在其手下为官。

赵构有宋朝唯一正统血脉，刘豫则得到了山东孔庙现任家主的背书，一度拉起近三十万的军队，还建立了庞大的水军，为之后数十年出现的金海陵王完颜亮南侵打下了根基，同时还积累了数量惊人的战马。

这比赵构强得太多了，很多摇摆不定的势力和散布在两河、两淮区域内无数的民间自保武装都视刘豫为更好的投靠对象。说实话，只要刘豫在对南宋的诸次战争中真正地胜利哪怕一次，都会迅速掀起伪齐王朝的高速发展，相对来说赵构的日子会更加局促狼狈。

然而岳飞横空出世，迅速成长，成了伪齐与南宋之间最明显的差距。除他以外，韩、张、刘等人对伪齐没有优势，赵构剩下的就只有文官集团的帮助了。再对比基业，南渡以来江南历经起义与战火，残破凋敝，想要恢复元气不是短时间内能办到的。中原王朝自古以来就以经营黄河、淮河两片区域以及现在掌握在金国手里的陕西一带来控制天下，这些都在刘豫的手里，所以无论怎样对比，都比赵构强。这也是当初金国建立伪齐的初衷和信心所在。

综上所述，可以准确地复盘出当时张浚发起北伐是件何等魄力巨大的壮举，又冒了怎样的风险，至少在宋廷内部就有截然不同的政见呼声。其中就以推荐他重出江湖的赵鼎为首。

赵鼎与张浚的关系可以上溯至靖康之变开封城被攻破时，那时张浚逃入太学躲避灾祸，同行者还有两个人，一个是胡寅，另一个就是赵鼎。两人在兵祸国变之时结下了生死友谊，又在建炎南渡的整个过程中同甘共苦，私交之重宛如兄弟。但论到政见时，君子和而不同，是绝对不会因为私交放弃胸中纲领的。

说到张、赵政见的不同，具体到对伪齐的处理，张浚主张灭亡之，赵鼎不反对，但是觉得还不是主动进攻的时候。至于什么时候才能进攻，他不确定。总而言之，他要的是稳，要南宋逐步做大做强，等内部夯实到一定程度后，才会对刘豫动手。

此次张浚忤逆左相才得以出兵北伐，可以说代价重大，机会难得。谁都知道这又是一次豪赌。赌赢了宋朝国势大涨，输了的话每个人的心底都闪过"富平之败""半天下之责"等可怕的字眼。

这一次的战争发生在长江、淮河之间，一旦失利，动摇的是整个江南，不再是川陕一隅之地！

韩世忠整军渡江，首攻淮阳。在符离之北突然间掉进了陷阱里。这里集结了庞大的伪齐军队，只等韩世忠落网。从这一刻开始，这次北伐的结局就已注定，如此重大的战事居然事先走漏消息，韩世忠被包

第十七章 伪齐真相 275

围了。

然而韩世忠一生打的就是孤军决战，自从在黄河南岸与金军遭遇开始，他被围困的次数实在是太多了，哪次也没把他怎么样。这次面对伪齐重兵，韩世忠"为贼所围，奋戈一跃，溃围而出，不遗一镞"。

连个箭头都没给伪齐留下，突围中前护军骁将呼延通活擒金将牙合孛堇。孛堇是金军中的尊称，相当于宋军的太尉。

突出重围之后，如果是张俊、刘光世就会以最快的速度脱离战场，返回驻地，就此谁的命令都不听，一心替"国家"保存实力。韩世忠不一样，他生来不吃亏，被埋伏之后勃然大怒，返身就杀了回去。

一连六天，韩世忠按原定计划攻击淮阳军，他一定要拔掉这颗钉子。但是完颜宗弼和刘豫的侄儿刘猊杀了过来，众寡悬殊，孤悬江北，韩世忠陷入了必死之局，只有向江南求援了。

按辖区远近，军阶兵力，张俊责无旁贷。但是接到求援信后张俊的第一反应是韩世忠图谋不轨。如果他派兵渡江支援的话，韩世忠一定会趁机吞并那支部队，甚至杀掉主将打散士卒，对外宣称都战死了，这种事很常见。

张俊声称辖区内军事压力很大，无兵可调。

江北刘豫紧急加派军队合围韩世忠，危急中韩世忠亲自率队勒阵向前，私下里派人对伪齐军告密说："锦衣骢马立阵前者，韩相公也。"有人提醒他这么做太危险，韩世忠坚持自己的决定，"不如是，不足以致敌"。

两军合战，伪齐军果然集中兵力攻击韩世忠，这正中韩世忠下怀。敌方有军必有将，韩世忠奋勇阵斩伪齐两员主将，率军冲出重围，带着一万多淮阳百姓回归驻地。至此京东东路的战事告一段落，韩世忠像从前一样勇猛善战，仍然是战难以胜、困不可得的天下劲旅。然而也仍然没有攻入伪齐腹地，像从前一样受阻于金、伪齐联军。

从这个角度来看，张浚的灭齐计划从一开始就失败了，接下来只能把全部希望寄托在岳飞身上。

岳飞在韩世忠退兵三个月后才出兵襄阳，错过了与之双路并进的机会。这在当时与史书中被广泛诟病，与他闻命即行的作风不符。

原因是岳飞的母亲突然病故了。他三日间水浆不进，泪水不干，伤痛之余严重伤害了视力。不久之后，患上了眼病。岳飞决定上庐山为母亲守孝，三年不喜乐、不劳作、不视事，非如此不足以报母恩。

大战在即，举国瞻望，张浚寄言道："此君侯之素志也！"北伐，怎能缺少岳飞。

这次张浚组织北伐由韩世忠、岳飞出战，是有特殊考虑的。看位置，南宋如果被攻击的话，韩世忠首当其冲，因为他的背后是国都临安府。如果进攻的话，岳飞注定是前锋。由鄂州进襄阳，由襄阳进河南，直抵旧都开封城，这是最近的一条直线。

为了增加岳飞的胜算，宋廷把王彦的前副护军交给他。这位原八字军的首创者年纪很大了，健康状况迅速恶化，宋廷之前给予他独立的番号与辖区，实际上是种奖励，认可他为国征战多年，为他在世间正名，是大宋忠贞的臣子，再不是最初自发组建的义军首领。可是王彦在感慨之余变得愤怒。

他像韩、刘、张等大将一样对岳飞充满了各种偏见，岳飞曾是违逆他的叛将，两者在抗金的道路上渐行渐远。数年间岳飞声威大震，每一次的战功对他来说都是一记响亮的耳光，都在印证他当初是错的。

王彦绝不认错！

这时宋廷要把他毕生的心血交给岳飞,他觉得像第一次觐见赵构时汪、黄两人把他安排在贼将范琼手下当差一样,是奇耻大辱。王彦心性决绝强悍,在极大的愤怒中陡然振作,居然病痛全消,重新站了起来。

王彦辞去了襄阳知府一职,转去张浚的都督行府参议军事。上任途中经过鄂州,岳飞约他在江边一叙。江水浩荡的岸边两人执手交谈,史书中没有记载他们说了什么,突然一阵江风吹来,王彦立即登船解缆而去。那船乘风鼓棹,远扬千里,很快就消失在岳飞的视线中了。

岳飞目送王彦离去,叹息此公风骨硬朗,老而弥坚,然后就发现有了点麻烦。王彦带着前护副军到临安府交给了张浚,成了都督府的嫡系。这让张浚喜出望外,手里终于有了属于自己的兵。

王彦之前的荆南府辖区就要由岳飞接管,岳家军要分出一部分兵力去驻守。这样一来,临战实力未见增长,反而分散了。

这时岳家军的兵力达到十万,将官由原来的十将扩编到三十将,每将平均兵力达三千余人。在以后还会不断扩编,直到第四次北伐时的八十四将。全军分成十二统制军:一、背嵬军;二、前军;三、右军;四、中军;五、左军;六、后军;七、游奕军;八、踏白军;九、先锋军;十、胜捷军;十一、破敌军;十二、水军。

游奕是巡回的意思,踏白是侦察兵,背嵬军是绝对主力。此时南宋四大将韩、岳的亲兵都叫背嵬军,张俊的亲兵叫银枪亲兵,刘光世的亲兵有个含义不明的名称叫亲兵部落,让人联想到他的党项血统。

当年七月,岳家军的第一波攻势由牛皋发起。他的行军方向并不是最初预定的襄阳,而是偏东方的蔡州区域,具体目标是汝州鲁山县附近的镇汝军。

这是牛皋的故乡，许多年过去了，当地仍然流传着他接连击溃来犯金军的传说，近年来他在岳家军中的军功叠加，使他的威名越发响亮。

镇汝军的守将名叫薛亨，拥兵数万人。

牛皋只有八千步卒，他主动进攻，打破镇汝军城，活捉了薛亨，重点是缴获了三百多匹战马。这是意外的收获，北宋自从党项人崛起丢失西北重镇灵州城之后，就失去了最后一块养马地。百余年间想尽办法，包括王安石变法中都有专门的一项"养马法"，也没有改善军队缺马的现象。

到了南宋，战马变得更加稀缺。以刘光世为例，五万大军战马只有三千余匹，赵构手里的牧马监要到六年之后才能达到养马一万三千余匹的规模。小小的一座镇汝军城居然能一次性缴获三百余匹战马，这本身就是一件奇功。

牛皋继续进攻，连续攻克颍昌府（今河南许昌）的大部，蔡州周边地带，迫使伪齐的军队向这个方向集结。一个月之后，岳飞率主力过江，攻击的方向是被牛皋拉空的西边，由王贵、董先、郝晸等知名主将合兵攻打虢州的卢氏县。这是岳飞事先设定的首要目标，因为这里囤积着整整十五万石的粮草。

这是岳飞最急需的物资，已经困扰他很久了。

鄂州与襄阳都不是产粮地，岳家军壮大到十万之众，每天消耗的粮草都是天文数字，战争每天都在进行，想以军队屯田不是朝夕之功。临安等产粮地在鄂州的下游，运输只能逆水行舟，彼时长江水道湍急凶险，根本供应不上。现在大举出兵，只有一个办法才能解决问题。

因粮于敌。

《孙子兵法·作战篇》中写道："善用兵者，役不再籍，粮不三载。取用于国,因粮于敌,故军食可足也。"

粮草到手,攻势豁然铺开,王贵等人迅即攻占虢略、朱阳、栾川等县,兵锋继续向西,突出虢州进入商州境内。严格划分的话,虢、商两州属陕西路,是西北方向吴玠的战区。吴玠的部将邵隆早就上书要求收复这两州,宋廷也预先批准了他,只要打下来,他就是两州的主管。

岳飞横扫整个商州,给吴玠写信要邵隆来上任,之后率军攻向顺州。顺州在今河南省嵩县西南,距离北宋原西京洛阳仅一百余里。

至此岳飞先抢到了军粮,再吸引伪齐兵力,才突然转向攻击此行的真正目标河南,完美地实现了预期目标。

这就是岳飞与同时代所有战将都不同的地方,他在战场上纵横捭阖,动静无常,在别的将领如韩世忠总是在一城、一池、一地纠缠厮杀时,他在广阔的战区内随心所欲。

进入河南,全军的先锋是统制官王贵,打头阵的是第四副将杨再兴。杨再兴进军的速度非常快,顺州还没有得到消息就被他突然攻破,接着毫不停顿冲向下一个目标长水县(今河南洛宁县西)。

伪齐终于做出了反应,一个姓孙的都统官率领数千人迎战。杨再兴是那个时代里冲击力最强的将领,包括宋、金、伪齐在内,没有之一。这场遭遇战迅速结束,伪齐都统官被阵斩,一个统制官被活捉。杨再兴再次向西京洛阳挺进,在第二天到达长水县边界处的孙洪涧。

伪齐在顺州界内的最高长官安抚使张宣赞率军隔涧拦住了他。两军隔涧对峙,张宣赞以优势兵力排列弓弩阻挡杨再兴,他没有料到杨再兴竟然勇猛到率军强渡孙洪涧,冒着如雨点般的箭镞冲进了伪齐军中。

两千伪齐军仓皇逃窜,杨再兴穷追不舍,一直追杀到晚上二更天,顺势收复长水县,缴获了两万石粮食。这在平时是岳家军最需要的东西，可杨再兴把它们都分给了当地的百姓，因为他发现了更重要的东西，即一万匹战马，还有数十万石的草料！

这是个天文数字，能让江南各大军头都眼红的重要军资，杨再兴的任务从攻城略地转成了就地保护战马，等待岳飞的主力到来。

捷报在八月末时传到江南宋廷，张浚喜出望外，岳飞真的给了他惊喜。此前他昼夜难安，反复忐忑，如果岳飞打成韩世忠的样子，他的下一步计划就没法实施了。

张浚请宋廷趁此战机，集结各路大将集体渡江，收复河南地。为此，他敦请皇帝把行在前移，因为"临安僻居一隅，内则易生安肆，外则不足以召远近，系中原之心"，如果皇帝亲临前线到达建康府，就会昭示全军决战，各大将才会不再心存侥幸。可是不出意外地又遭到左相赵鼎的反对。

赵鼎不反对行在前移，但是不能到达建康府，平江府是极限。赵构也同意了这一点。行在定于九月初一起行，出临安之前，赵构去天竺寺进香，"为二圣祈福"。出寺门时正好接到岳飞攻破京西虢州州治卢氏县的捷奏。

南宋君臣乘船沿浙西运河北上，晚泊临平镇时，赵构思忖了一整天的忧虑终于宣之于口。他把赵鼎、张浚召进御船，问道："岳捷固可喜，但淮上诸将各据要害，虽为必守之计，然兵家不虑胜，唯虑败耳。万一小有蹉跌，不知后段如何？"

这是赵构真实的心声，他对胜利的渴望远不如对失败的恐惧。韩世忠没能深入两淮，惊险之极地退回江南，侥幸实力未损。岳飞此时深入河南境，万一失败，会是难以挽回的损失。岳飞的军队是以十年光阴不断征战扩充才组建的。十年难得，岳飞更加难得，一朝败亡，到哪里再

第十七章　伪齐真相　281

去寻找？

这个问题赵鼎没法回答，难道要让岳飞在连胜的局面下撤军吗？那是自挫锐气，最起码会让在观望中的其他大将越发懈怠，像刘、张之辈从前就公然抗命，以后肯定变本加厉。张浚也无话可说，他没法向皇帝保证岳飞肯定继续胜利，直到收复河南。

兵凶战危，谁敢言必胜，他敢口出此等言语，就是蛊惑人君，是误国的奸贼！

一切都要看岳飞接下来的战绩。岳家军的前锋部队迅速向洛阳逼近，只需很短的时间就能抵达原西京城下。

形势空前大好，但是金、伪齐军队都不见了。完颜宗弼、刘豫、李成、刘麟、刘猊等人都销声匿迹，要知道就在几个月以前，韩世忠渡江北伐时这些人倾巢出动，围攻韩世忠，迫使其退回江南。

这时岳飞已经渡江近两个月，足够这些人再次集结兵力，有所行动了。那么他们在哪儿？最乐观的估计是他们怕了岳飞，都躲了起来。最凶险的前景是这些人设下了巨大的埋伏，就在前面不远处等着岳飞跳。

只要岳家军保持攻击态势，很快就会见分晓，毕竟岳飞出兵的本意就是摧毁一切阻碍，光复河南地区。可是西京近在眼前，粮草却快要消耗殆尽。所谓天下精兵只要有一顿饭吃不饱，战力就会迅速下降，粮草两天供给不济，到时想撤退都是奢望。

为了供应北伐，留在襄阳的岳家军已经有饿死的了，形势要求岳飞当机立断，哪怕前方有再大的荣耀与战果，都必须撤军。

九月，岳飞撤军。临行前岳飞对粮食产生了巨大的怨念，他派兵突袭了伪齐重镇蔡州，一把火烧光了那里的粮草。

岳飞携大胜之威回归江南，此战进无可挡，退无敌追，是建炎南渡以来前所未有的巨大军威与战果，宋廷主战派一片欢腾，各种惊叹赞美的信件雪片一样飞向鄂州，岳飞让他们看到了恢复中原的希望。

其中以前首相李纲的信最著名，里面写道："屡承移文，垂示捷音，十余年来，所未曾有，良用欣快！"然而此时此刻岳飞正被目疾的痛苦折磨，病情恶化到他住的地方都要用厚重的帘幕遮住阳光。

南宋举国陷入复杂的情绪之中，主战派欢欣鼓舞，力主乘胜追击。有的人却陷入巨大的恐慌中，他们认为岳飞的胜利是偶然的，就此认定讨伐伪齐甚至向金国报复已经时机成熟是荒诞的，必将招致灭亡。所以岳飞的胜利反而是坏事！

唯有张浚保持清醒，向赵构辞行返回长江防线。刘豫不可能就此一蹶不振，伪齐必须保持对南宋的进攻态势才有存在的价值。至于女真人为什么没有出现在战场上一定有内幕，岳飞还没有强到让完颜宗弼望而却步的程度。

原因都让张浚料到了，首先是金国。新任的小皇帝完颜亶是女真人里的异类，他父亲早亡，被族人边缘化，导致他的学业是"不正规"的，老师是辽籍汉人韩昉。韩昉，字公美，燕京人。在本书开篇阶段他曾经出场。

当时萧皇后摄政，派往童贯军中传达辽国愿降为臣属，永为屏藩的使者就是他。当时童贯把韩昉呵斥出帐，他曾仰天悲恸："辽宋两国，和好百年。盟约誓书，字字俱在。尔能欺国，不能欺天！"

相信在他的心中对宋朝、对汉文化都充满了怨念，可他身为辽国天庆年间的进士，入金之后任翰林侍讲学士、礼部尚书等职，都离不开"文化"二字。而在整个东亚地区，提到文化就只有一种。

汉文化。

哪怕辽、金两国各有自己的文字、习俗，但只要与宋朝接壤，发生接触，就一定会被同化。

金熙宗完颜亶自幼跟随韩昉学习汉文经史，经常到皇家图书馆稽古殿研读中原典籍，导致此人的心性、识见、审美都倒向了被女真人蔑视的宋朝一端，连带他的日常生活也大受影响。

完颜亶一个人霸占了宋徽宗的六个女儿，分别是令福帝姬、宁福帝姬、荣德帝姬、嘉德帝姬、华福帝姬、庆福帝姬。当然他的正妻是女真族人裴满氏，这女人生性泼辣，干预朝政，堪称悍妇，让完颜亶终生苦恼。

完颜宗翰觉得自己推举金熙宗上位，终结金太宗一系嗣位的希望是神来之笔，妙不可言，其实是给他以及所有的女真贵族挖了个爬不出来的大坑。

完颜亶上台不久就废除了立国之本勃极烈制度，改行三省制。这在纯技术角度上来说是正确的，但是女真贵族群体接受不了。

勃极烈制是个权力高度集中的小团体，由都勃极烈（皇帝）、谙班勃极烈（皇储）、国论勃极烈（国相）、阿买勃极烈（国相助手）等一小撮人组成，庞大的金国就由这寥寥数人管理。

女真人刚刚兴起时是可以这么做的，完颜阿骨打活着时也没问题，他是神一样的存在，没有任何人敢违逆他。但是灭辽之后就不行了，疆域、人口都呈爆炸式增长，千头万绪的政务、民生、军事等问题都需要海量的官员去管理。女真人再仇视契丹人，再鄙视宋人，都必须想出办法。办法不会从天而降，以女真人奴隶制的思维方式永远给不出正确答案，他们只能向辽国人学习，使用汉族人的管理办法，于是三省制出台。

三省制，是用中书、门下、尚书三个部门作为最高权力机构，以三师（太师、太傅、太保）、三公（太尉、司徒、司空）为最高官衔，管理具体办事的六部。这是纯粹的宋朝官制，但女真人宣称他们学的是唐朝，与宋朝无关。

宋沿唐规，这也是事实。

抛开表面看实质，完颜亶除了是为金国着想，更现实的目标是他的"恩主"完颜宗翰。大殿下是勃极烈制度真正的受益者，通过与金太宗的生死博弈，他已经重回权力巅峰，这让太祖系、太宗系、新皇帝都既惊且惧。谁都不想再让这位东亚第一强人继续这样下去。

完颜亶把大殿下从云中地区召来，许以国家最高职权，完颜宗翰习惯、欣慰地同意了。于是他受封太保、尚书令、领三省事，封晋国王，成为国相。同时卸任军职，府邸治所从遥远的云中搬到了国都里，与皇宫只有一墙之隔。

女真建国第一功臣，就这样被汉民族官场里非常低档次的手段剥夺了所有实权。等他反应过来时一切都晚了，手里没有军队，旁边就是皇帝，他永久性地丧失了从前一呼百应，慑服金国、南宋、西夏、大理等整个天下的权柄，再多、再耀眼的头衔也于事无补。

完颜亶就此有了金太宗完颜晟一生都没有的皇帝的部分权力，缺失的那部分由完颜宗弼和完颜昌瓜分。

完颜宗翰失势直接影响到了刘豫的生存。自从他进入金国高层视野后就注定了活得艰难纠结，原因就是到底要忠于谁。

几乎全部的史书都罗列出他的颠三倒四以及短视。

他是完颜昌首先选定的，在选定做傀儡皇帝之前完颜昌就一力扶持，却被完颜宗翰截胡，强行收入囊中。他上位之后竭力奉承金太宗、完颜宗翰和完颜宗翰的亲信高庆裔三人，此外对谁都很冷淡，包括故主完颜昌。

当金太宗病危失势时，也被他抛在一边，其势利程度让人鄙薄齿冷。于是史书判定此人智商不够。

其实这个看法是错的，处在刘豫的位置上是绝对不能普遍性地讨好所有女真人，那就成墙头草了。

这时南宋强势进攻，刘豫必须做出及时的反击，但实力是硬伤，他只能向金国求援。然而女真人不理会，只是派出完颜宗弼屯兵黎阳县（今河南浚县）观望。这让刘豫心惊肉跳，决定铤而走险。

刘豫在半个月内强行签发乡兵二十万，对外号称七十万，分三路进军淮南西路，就是张俊、刘光世的防区。金国四殿下就在不远处看着他能干出什么成绩。

情急生智，刘豫"又令乡兵伪金人服，于河南诸处千百为群"。这些小部队身着女真人服饰纵马来去如风，很快张俊、刘光世得到战报，"处处有房骑"。他们立即向平江府行在求援。

宋廷高层乱成一团，左相赵鼎和签书枢密院事折彦质联名给张浚一口气发了七八封信，又草拟出"条画项目"，请赵构亲笔写成手诏急寄张浚，要后者立即实施。书信和手诏的内容有两点。

第一，要诸大将撤军后退，"退师善还，为保江之计"。也就是放弃淮西，退守长江南岸；第二，火速调岳飞部增援淮西。

此外他们请赵构从平江府南撤，回归临安。

在赵鼎等人看来，北方这次进攻是对张浚发起的北伐的报复，更是之前金、伪齐联军因为金太宗去世而暂停的南侵的继续。无论哪一种都是极其危险的，南宋没有实力抗衡北方的全力进攻。

军队、行在后撤，是南宋的传统战术，用现代语言来描述的话叫"以空间换时间"，实际操作就是金、伪齐军队杀过来，南宋后退，大片疆土暂时放弃，等到敌军前进过度，战力消减时再稳住阵脚，通常那时敌军师老兵疲开始主动后撤了。南宋会随即前进，恢复对原有疆土的控制。

一来一回，南宋损失的是逃不掉的百姓和各州府的财产，军队、政府都能完整地保存下来。

这套思路赵鼎等高官认可，张俊、刘光世更加熟悉，两个人没等宋廷、张浚形成决策就迅速后撤。一边逃一边向朝廷要救兵，"皆张大贼势，争请益兵"。

在一片恐慌中张浚始终保持了清醒，他有这样和那样的毛病，很多时候不讨喜，但是从来没被吓倒过。他挺在长江防线上迅速派人了解敌情，知道了刘豫在搞什么把戏，哪有金军，都是骗人的。

张浚上书给赵构，淮西不能放弃，军队不能渡江回归江南。

"若诸将渡江，则无淮南，而江之险与敌共。淮南之屯，正所以屏蔽大江。使贼得淮南，因粮就运，以为家计，江南岂可保乎？今淮西之寇，正当合兵掩击，况士气甚振，可保必胜。若一有退意，则大事去矣。"

张浚没法离开前线去平江府亲自劝说赵构，派出了自己最得力的幕僚都督府参议军事吕祉回去再三力争，可枢密副使折彦质坚持己见，还发出了威胁："异时误国，虽斩晁错以谢天下，亦将何及。"

大臣相持不下，唯有赵构有权决断。这次他选择相信张浚，亲手写了一份诏书送到前线，里边有给张浚的特权。

"有不用命者，依军法从事。"

张浚立即派吕祉赶往刘光世军中传诏。此时刘光世已经舍弃庐州南撤，目标是太平州。当他看到"军法从事"的御笔时吓得面无人色，急令手下的将军们："汝辈且向前，救取吾首级！"

刘光世本人是个军中纨绔，奇妙的是他手下的将军们一个比一个强悍，偏偏还就听他一个人的命令。靠着这些人，刘光世和韩世忠结成冤家之后还能活得滋润，实话说这也是很了不起的能耐。

现在行营左护军火速杀回淮西，王德、郦琼等人在霍丘（今安徽霍邱县）与伪齐军遭遇，展开激战。在他们之前，张俊已经先一步回程，赵构下令此次淮西之战以张俊为主将，节制刘光世与三衙军统领杨沂中。

杨沂中，字正甫，生于北宋崇宁二年，代州崞县（今山西原平）人，出身军伍世家。祖、父两代都在金军入侵时战死。杨沂中身材魁伟，机敏沉稳，勇力绝人，曾公开声称："大丈夫当以武功取富贵，焉用俯首为腐儒哉！"

杨沂中在北宋宣和年间应募从军。靖康之变后隶属张俊部下，是赵构组建元帅府时最早的班底之一。那时他整夜执戈立于赵构幕外，让离乱亡命中的赵构产生了难得的安全感。

杨沂中成名之战非常震撼，当时有剧贼李昱占据任城，大元帅府多次派兵都无法攻克。一天赵构登高望城，突然见到杨沂中率领几名骑兵披甲执锐冲进了任城。赵构目睹这几名骑士在城内纵横驰骋，力杀数百人。赵构召见时，只见杨沂中铠甲间血污满身，但都是所杀盗贼的污血，本身并无伤痕。

赵构惊喜交集，亲自奉酒给他，"酌此血汉"！

杨沂中要重返战场，赵构爱惜将才，不愿他再冒险。杨沂中断言，"此贼胆碎，即成擒矣"。果然再次冲锋，成功收复任城。

杨沂中一脸浓髯，神色雄壮，喜欢他的人叫他"十哥"。这个排名是建炎南渡之后将军大排行时搞的，从张俊、韩世忠、刘光世、岳飞一路排，直到最小的杨沂中。鄙薄他的人叫他"髯阉"。

此人心思精细，察言观色，是赵构的贴心人，像个太监一样听话，差别只是多了一把大胡子罢了。

杨沂中奋勇当先，渡江之后抢在刘光世之前推进到庐州北方的定远县（今安徽定远县东南）遭遇伪齐军队，是刘豫的侄子刘猊的小股前锋。

三衙军以两千名士兵接战，击溃伪齐前锋，继续向前，迎击刘猊率领的伪齐主力。两军相接之地名叫藕塘。

藕塘地处定远县东南方六十余里处。刘猊先到，率领十万之众依山列阵占据地势，阵前是规模庞大的弓箭手。这是标准的宋军临战阵型，一旦开战会有遮天蔽日般的箭雨泼洒过去，是进攻方的噩梦。

杨沂中一如十年之前的血汉，风格强硬直接，他派出五千精骑正面冲向伪齐军主阵。箭雨如约而至，宋军铁骑狂飙突进，深深切入伪齐大阵里。杨沂中乘乱孤注一掷，亲自从大阵侧方突入，关键时刻张浚部下的统制官张宗颜从背后突然出现，三方夹击，伪齐军大败，刘猊仅以身免。战场上剩下一万多名伪齐士卒"僵立失措"，杨沂中跃马叱喝，尽数投降。此外还夺得舟船数百艘，车数千辆。伪齐太子刘麟在顺昌，大将孔彦舟正围困光州，闻讯都迅速退走。

三衙军一战成名，重现北宋军界传统，禁军才是最强的作战单位。

从实际意义上讲，是杨沂中击退了这次伪齐的大举进犯。

赵构格外高兴，禁军强大才是他的强大。他一边向宰执大臣们炫耀，"卿辈始知朕得人也"。一边晋升杨沂中保成军节度使，殿前都虞候兼马、步帅。

这些头衔再加上殿前都点检就是当年赵匡胤陈桥兵变前夕的军阶，杨沂中很机警地拒绝："祖宗置三衙，鼎列相制，今令臣独总，非故事也。"这样的政治觉悟让赵构非常满意，决定重点培养，一定要杨沂中接受上述官职。

以上就是南宋中兴十三战功中排名第六的藕塘之战。上了点年纪的人都知道在《岳飞传》的连环画里就有《藕塘关》这一本，可见其脍炙人口，流传久远。但是在纯粹的军事意义上它的成色不高。

敌人是伪齐军，还充斥着大量的临时招募的乡民百姓。刘麟、孔彦舟的撤退有很大一部分原因是岳飞已经率军渡江，即将抵达战场。

岳家军刚刚结束北伐，军队疲惫，岳飞本人病目加重，粮草也没有解决，一切迹象表明如果强行出战的话，很可能会发挥失常，动摇威名。但是赵构发来御笔要求他"戎务至繁，边报甚急，累降诏旨，促卿提兵东下"。至于眼睛的病痛，赵构随信派去了御医，"想卿不以微疾，遂忘国事"。

换成张俊、刘光世想都不想就会拒绝，理由一定花样百出，比如从马上摔下来等，一定让赵构认清现实，从此之后对所谓的忠诚勇敢不抱幻想。然而岳飞不是这样的，他强撑病体，率军渡江，按照枢密院发来的札子，"勾抽襄阳等处军马""星夜兼程，起发前来"。

当岳家军接近战场时，淮西之战已经结束，赵构知道自己小题大做，只好再写手诏让岳飞返回鄂州。

左相赵鼎自知判断失误，尴尬中只能自我解嘲："此有以见诸将知尊朝廷，凡所命令，不敢不从。"实际是说哪怕朝廷惊慌失措，乱发命令，将士们也只能服从，体现了领导的权威。赵构立即配合："刘麟败北不足喜，诸将知尊朝廷，为可喜也。"这是非常高明的政治手段，不管发生什么样的糗事，转移视线永远有效。

全程回顾这场战争，本质其实是场闹剧。堂堂南宋被一些道具吓得张皇失措，上至皇帝、宰执，下至统兵大将都一度只想着逃命。这才是当时南宋朝廷的真实底蕴，如张浚、岳飞之辈仍然是凤毛麟角。

当张浚从前线回到平江府时，发现行在已经准备好南撤了。哪怕伪齐失败逃跑都不能阻止赵鼎、折彦质等人劝说赵构回临安。在他们看来，战争是非常态，行在一直驻扎在平江府等接近前线的地方，等于明白地向伪齐甚至是向金国宣战。只有返回临安，才能让形势缓和。

张浚与赵鼎发生了剧烈的理念冲突。

赵鼎从来不拒绝进攻，但是一定要在内部安定富足，兵强马壮之后再开战。这在理论上完全正确，受到官方广泛认可，尤其赵构觉得好。但张浚嗤之以鼻，试问什么情况下才能算是稳定富足呢？

北宋真、仁、神宗时代算不算？那时仍然有无数的官员列举出各项国家数据证明很穷，且内部矛盾恶化，终宋朝三百余年是中国各大王朝里造反次数最多的，没有之一，那就是说永远都不可能进攻了吧？

说到国富，汉、唐等朝代远远没有宋朝富，可是对外远征从来没有停止过，彼时汉唐君臣为什么不说先安内，再抑外？

具体到这次战争，赵鼎等人简直一无是处，尤其是调拨岳飞部仓促东上，当时张浚就强烈反对："俊等渡江，则无淮南，而长江之险与敌共矣。且岳飞一动，襄、汉有警，复何所恃乎？"

拆东墙补西墙，好几次总是调岳飞补防，真要是被金国抓住机会突袭鄂州，到时才是灾难。

凡此种种，赵构不得不支持张浚，"却贼之功，尽出右相之力"。此言一出，赵鼎羞惭之余，体现了合格大臣的基本素质，即在任何情况下都坚持自己的政见主张，绝不受任何外力影响。

他继续和张浚全方位作对。

张浚提出国家的下一步目标。第一，行在留在平江府，不回临安。"天下之事，不倡则不起，三岁之间，陛下一再临江，士气百倍。今六飞一还，人心解体"；第二，乘胜进击河南，灭伪齐抓刘豫，复开封旧京；第三，罢免刘光世军职，收编行营左护军。

第一件事得到了赵构的首肯，赵鼎无可与争。后两件赵鼎都不同意。赵鼎认为伪齐是几上之肉，随时可斩，对南宋没有威胁，留着它作为宋金之间的屏障才是最佳选择。至于夺刘光世军职是件很凶险的事。

"且刘光世军下统制、将辖、士校多出其门，若无故罢之，恐士卒惧而不安。"

张浚大怒，留伪齐作为宋金间的屏障，一看就是宋朝初年时留北汉在辽与宋朝之间作缓冲的故技，此一时彼一时，那时宋朝只有黄河区域的疆域，两淮与江南、两广、蜀川都没有征服，只能先征服南方增强国力，再回头向辽开战夺回燕云十六州。留着北汉是防止契丹主动南下的不得已办法，怎么能与现在相提并论？

刘光世的问题就在于赵鼎的忧虑，正因为他的军队已经是私军的实质，才必须夺权罢免，不然的话长此以往将助长武将气焰，不要忘记宋朝国策的核心就是防止武人专权，军队必须掌握在帝王手中。

第十八章

淮西军变

赵鼎、张浚针锋相对，互不相下。张浚携淮西之胜彻底压倒了舆论，关键时刻赵鼎那颗深具风度的心也促使他做出让步。

赵鼎提出辞呈："臣始初与张浚如兄弟，近因吕祉辈离间，遂尔睽异。今同相位，势不两立。陛下志在迎二圣，复故疆，当以兵事为重，今浚成功淮上，其气甚锐，当使展尽底蕴，以副陛下之志。如臣但奉行诏令，经理庶务而已。浚当留，臣当去，其势然也。"

这番话让赵鼎走得很潇洒，给官场留下了一个品德高尚的印象，非常有利于东山再起。可在他重起之前，国家需要新的宰相，选谁呢？按宋朝官场惯例应该由他来推荐一个，但是他拒绝了，建议由张浚来选。

毕竟新一届政府需要同心协力。

张浚很感激，还是同生共死过的兄弟有情义。他遍查官场，选出来的副宰相人选居然是秦桧。

秦桧在绍兴二年罢官，此时是绍兴六年。初回江南时的英雄已经谤满天下，尤其是绍兴三年宋金互通使者，交换议和条件时，女真人所提的"尽还北俘"与秦桧的"二策"吻合,天下人尽知秦桧与金国是共谋的关系。

挂在临安朝堂上的"永不复用"的榜文证据充足,真的会执行到底。

事情在绍兴五年时出现转机,宋朝在年初的二月突然调整秦桧的官职为资政殿学士、提举宫祠。这两者前一个是荣誉性官衔,后一个是闲职的代名词,貌似没有实质晋升,但这是非常明显的官场信号。

果然四个月之后,秦桧知温州,成为地方长官。次年七月,改知绍兴府,与临安近在咫尺,随即就兼任侍读、行宫留守,回到了赵构身边。当张浚举荐他升任副宰相时,秦桧已经是权赴尚书、枢密院参决庶事,能进入国家最高机构参与政务决策了。

这一切的根源都在于绍兴五年时,金太宗完颜晟死亡,完颜昌地位上升。秦桧与完颜昌的关系在南宋上层已经不是秘密,他之所以上次被罢官就是完颜昌因为种种原因没法回应赵构的提议,现在完颜昌重新上位,秦桧的政治价值也上升了。

在四年的罢官生涯中,秦桧一定尝遍了人情冷暖。这在宋朝的官场里是常事,每个官员的浮沉都是频繁的,连被赞誉为宋朝三百年间第一人的范仲淹和北宋第一权奸重臣蔡京都几经黜落跌入尘埃。而在尘埃中没有谁能真正保住尊严,坡仙苏轼在海南岛上饿到想和儿子一起学乌龟探头洞外吞食阳光都算是幸运的,因为他没被下吏与仇官刻意羞辱报复。

秦桧是身负奸细之名被贬官的,这四年里可想而知会遭到多少冷眼、嘲讽、针对甚至打压,这些都会随着金国对宋朝的欺侮而变本加厉。但是对秦桧的影响一定非常小,在金国为奴的经历会让这些风轻云淡。

秦桧对现实的认识会加倍地清晰，变得低调，再也不去幻想搞修政局一步登天了。面对张浚的举荐，他很谦逊："臣罪戾之余，猥蒙召用，切愿扈从銮辂，身冒矢石。伏念臣陷敌累年，敌国诡计，稍知一二。"同时第一时间迎奉讨好张浚，"贼豫狂谋，备见本末，若有探报远近，或可以备顾问"。

秦桧以这种姿态重回政府，让张浚非常满意。用张浚的话来说，之所以选择任用秦桧，就是因为他"柔佞易制"。"佞"是贬词，"柔"说的是行事风格。这四个字是昭告天下他知道秦桧是坏人，但他现在需要的就是听话的、易于管束的工具。

天下信了他，因为那时的张浚是有识人之美称的。终其一生，经他手提拔起来的名臣有赵开、吴玠、吴璘、刘锜、韩世忠、虞允文、王十朋等，都名震一时，功业彪炳。按封建王朝的官场规定，举荐者会因受荐者的功、罪而赏罚，张浚一生跌宕，很多次能爬起来，都是因为他的举荐识人之功。

然而这一次谁都没有料到，他开启了两宋之际最凶险的潘多拉魔盒！

绍兴七年（1137）正月，宋廷任命秦桧为枢密使。因为他曾任宰相，如今虽然是西府长官，但"应干恩数，并依见任宰相条例施行"。这是一种礼遇，宋朝崇文抑武，主管军事的西府比东府在各项待遇以及传统印象里稍低半级。这时把秦桧的各项待遇都提升到东府宰相级别，既是一种恩惠，也是警告官场不要因为之前颁布的各种惩罚、鄙薄秦桧的政令就怠慢这条翻身的咸鱼。

如果说张浚在文治官场上将倚重秦桧的话，在武将中此时他信任的人是岳飞。岳飞用铁一般的事实证明了他是南宋诸将中唯一一个能带来战役级胜利的人。张浚命令岳飞趁伪齐新败,再一次渡江北伐。

岳飞的眼疾刚刚缓和了些,军粮却还是没有着落。在这种情况下远征是很勉强的,但岳飞永远都是闻命即行。他遍查辖区内的粮草储备,尽最大的努力也只能携带十天的给养,这是极端危险的数字,但行营后军还是开拔了。

岳飞的第三次北伐就此展开,首战目标是伪齐重镇蔡州。蔡州城池高峻,兵精粮足,由伪齐头号大将、老牌游寇李成坐镇。

李成吸取教训,决定这次不给岳飞半点机会。他先是坚壁清野,不让岳飞有就粮敌境的机会。之后在蔡州城囤积了大量的守城器械,当岳家军攻城时各种重型守御工具轮番上场,让岳飞久攻不下。

伪齐军迅速向蔡州集结,李序、商元、孔彦舟、贾潭等知名战将都闻风而动,要像群殴韩世忠一样困住岳飞。如果是上一次淮西之战,岳飞会很享受这样的待遇,但此次受限于军粮,只带出来两万士卒,他没办法再横扫中原。

岳飞抢在敌军合围之前跳出包围圈,向长江边撤退。岳飞逃跑了!李成顿时陷入了疯狂状态。一生的苦手,把他从江南追到江北再追到无路可逃,只能投降伪齐变成金国的走狗,都是这个岳飞,他本来是要称王称霸的。

李成招呼所有伙伴追击岳飞,命令每个士兵都准备长绳一根,把岳飞在内的每个岳家军都绑回来。

仇恨和欲望让李成失去了理智,忘了最初定下的战争方针。他本是要躲在蔡州城里消耗岳飞,等岳飞粮尽力竭被重重围困时才出城决战的。这时他冲出来追击,尤其是追得太急,搞得伙伴们还得追他。

李成再一次陷入噩梦,败到几乎全军覆没,被俘者有几千人,其中包括几十个将领以及三千余匹战马。

岳飞的第三次北伐在十天之内，以两万兵力孤军深入，大胜而回。这印证了张浚灭亡伪齐的理念是有成功基础的，他的主战思想被更多的人接受，正当他准备加一把劲推动下一次全面进攻时，一个消息从遥远的北方传来了。

绍兴七年正月，宋使何藓回国，带回金国右副元帅完颜宗弼的信，里边提到宋徽宗死了。

赵佶死在两年前，当时宋、金两国在各条战线上打得难分难解，女真人还忙于政斗，就没去理会这样的"小事"。

赵佶一生大起大落，就完整度而言历史上都没有能与之媲美的。他当了二十五年的皇帝，享尽人间之福。尽管世界上的帝王有比他地位更高、疆域更大、财富更足、享用更加奢靡的，但是宋朝的财富与他的艺术品味结合起来就是绝无仅有的巅峰奇迹，没有人比他更懂享受，更会享受。

会有人提到隋炀帝杨广，抛开隋朝没有宋朝有钱之外，杨广的每一个荒诞之举从另一个角度来看都是雄才大略，比如修运河、征高句丽、远赴塞外大会诸夷，哪一件只要稍微放缓脚步，让隋王朝缓口气再去做，都是千古一帝的功业，而且都变成了唐朝成功的基石。

赵佶不同，他所做的一切都是败坏，是真正的以天下奉一人，直到王朝崩灭。

说"落"，他做了九年的俘虏。这种落差也是人间最大，没有之一。因为与他同命运的西晋末帝浑浑噩噩天生智力低下，无法深切地体会到亡国失位的痛苦与折磨。说到折磨，女真人除了在正式投降场合要

第十八章 淮西军变 297

他们父子行牵羊礼外，还算是厚道。没有打骂，发给他土地农具让他自给自足，并不是像连环画里让他们父子坐井观天，宛若穴生动物。

遍查史书，宋朝一方也只是记载他受到了严重的精神折磨。

争议在赵佶的尸体处理方式上。在金国的记录里，赵佶以女真人的习俗落葬，不用棺材直接入土。因为他是宋朝的皇帝，所以在尸体上加裹了一层生绢，还把他与更早死亡的郑皇后合葬。

在野史里的记载就很糟糕了，女真人挖了一个大坑，把赵佶的尸体扔进去焚烧。烧到一半时加了些水，这是女真人的特殊技术，据说熬出来的油点灯很亮。赵桓痛不欲生，几次要跳下去与父亲死在一起，都被女真人拉上来，扔到一边。

后者看似荒诞，但是结合后面发生的历史事件分析很可能是真的。几年之后，宋、金议和成功，双方各取所需，宋徽宗的棺椁得以回国，南宋官方没有开棺检验，直接落葬，仿佛知道棺材里边有什么玄机。

当崖山海战宋朝灭亡后，元朝军队里有个恶毒的番僧名叫杨琏真伽，他把南宋六陵给挖了。

南宋六陵位于今浙江绍兴城外东南的攒宫村，埋着徽、高、孝、光、宁、理、度七位皇帝与皇后、嫔妃。杨琏真伽把每个皇帝的坟挖开，取下头骨，精心打磨加工做成佛串挂在胸前。

宋徽宗赵佶的棺材里没有尸体，只有一段朽烂的木头。

这也不见得就是定论，然而这些都无法改变赵构当时心灵受到的震撼。突然间听闻生父的噩耗，赵构痛哭失声，踉跄回宫，一连数日滴水不进，难过得痛不欲生。说到底他是个人，哪怕有再多的阴暗心理、帝王心术，也没法泯灭父子天性。

仇恨是最好的动力，从这一刻起，赵构发誓与金国不共戴天！

他一方面令各地寺观建道场七昼夜，禁屠宰三天，平江府各寺院"声钟十五万杵""百官禁乐二十七日，庶人三日，行在七日"，赵氏宗室三日之内禁止嫁娶等形式，祭祀赵佶与郑皇后，一方面加紧整军。

以上这些从情理上是讲得通的，赵构有完整的童年、少年、青年，他与赵佶的父子亲情哪怕淡漠，也还在封建时期的正常范畴内。在中国古代儒家思想的规范下，父与子之间是没有多少亲昵可言的。

君子抱孙不抱子，君子易子而教，食不言、寝不语等都泯灭了现代正常社会里几乎所有父子之间沟通的可能。所以赵构不会因为父亲对自己的冷淡就产生怨恨心理，而是从心里往外地觉得父亲就该是那样。

现在父亲的惨死激起了他早就消失殆尽的勇气，那个在青年时代热血豪胆的人又回来了。这时应该探讨一下他是怎样失去勇气，变成个懦夫丑类的原因了。开封城外，进出金营的二十多天里，他的身体一定没有被伤害过，但是精神被极大地摧毁了，有可能是金人对他直接进行了恐吓，更多的可能是他目睹了太多的惨剧，被击破了心灵防线。

这就好比，某些人有足够的勇气漠视痛楚，也下定决心忍受痛楚，也在痛楚最初袭来时能咬紧牙关忍住，但是痛楚不停地长时间地折磨就是另一回事了。当阈值到达，临界点被突破后，之前越是坚持的就越会变得薄脆，之前越是热血豪勇的就越会怯懦胆小。两者是成正比的。

赵构就是这样，他被金人吓破了胆，非剧烈刺激不会再滋生出半点勇气与反抗之心。赵佶的死讯和惨烈的死法让他痛不欲生，突破了之前牢牢笼罩他的恐惧之网，导致他不仅要反抗，更要报复！

二月八日，赵构结束丧仪恢复听政，次日召见岳飞"内殿引对"。两人交谈的内容是马。赵构说这段时间他突然间对马非常感兴趣，之前与张浚交谈时强调自己不必看到马，只要听到马蹄的声音，就能知道马的性格、特长。

这次他要岳飞介绍一下骑马、养马的经验。岳飞说从前他骑的是良马,现在是驽马。"寡取易盈,好逞易穷,驽钝之材也""受大而不苟取,力裕而不求逞,致远之材也"。赵构非常赞赏。

随后赵构在正式场合对宰执高官宣称"飞今见识极进,论议皆可取"。这是对岳飞的定性,可以托付大事了。

赵构率领行在前往建康府。绍兴七年三月初九,赵构单独在寝阁中召见了岳飞,"中兴之事,朕一以委卿。除张俊、韩世忠外,其余并受卿节制"。

岳飞一生的夙愿实现了,集全国兵力北伐终于成真!激动之余,他在隔天之后写了份奏章,这是一篇非常著名的文字,分成三个段落。第一段是谢恩,可以忽略;第二段是战争策略及步骤。

岳飞计划直趋京、洛,夺取河阳、陕府、潼关,三地在手,号令五路叛将,逼迫刘豫放弃故都开封,渡黄河退守河北。这时收复京畿、陕右指日可待,至于京东诸郡,由韩世忠、张俊负责。

上面的内容里有两个值得关注的要点。一、战争初步规划到黄河的南岸,以收复开封城在内的疆域为限,也就是目前伪齐的国土;二、除了京东路由韩世忠、张俊两人负责外,岳飞"宣抚诸路"。总领天下战区,是真正的天下兵马大元帅了。

第三段岳飞写道:"异时迎还太上皇帝、宁德皇后梓宫,奉邀天眷以归故国,使宗庙再安,万姓同欢,陛下高枕万年,无北顾之忧,臣之志愿毕矣。然后乞身归田里,此臣夙夜所自许者。"这是岳飞的愿望。

因为最后的悲剧结局,世间认定岳飞是战场英雄,政治白丁,连起码的明哲保身都做不到。但是上文为证,岳飞早就意识到了这一点,功成身退，毫不恋栈，是有大智慧的人。

赵构很欣慰，给出的批示是："有臣如此，顾复何忧。进止之机，朕不中制。惟敕诸将广布宽恩，无或轻杀，拂朕至意。"

此时的君臣二人是多么的和谐得体。

行营继续前进，此行的真正目的也就此显现，是去行营左护军的驻地建康府褫夺刘光世军权。

行营左护军实力强盛，达五万两千余人，一度是南宋军方编制最大的部队。以刘光世为人心性，如果用官场勾当图谋他的话，比如下诏进京陛见，当场拿下，是会鸡飞蛋打的。

刘光世会立即过江，根本不奉诏。

大衙内对几乎所有肮脏污秽、阴险下流的招数都熟悉，都使用过，别想投机取巧。

赵构此行带着韩世忠、杨沂中、岳飞等军中威望同行，一起去现场压制刘光世。启程之初还给刘光世下了一道手诏："卿忠贯神明，功存社稷，朕方倚赖，以济多艰。俟至建康，召卿奏事，其余曲折，并俟面言。"

手诏还在路上，刘光世的辞呈就已经到了赵构的手里。刘光世官高爵重钱多，触角遍布官场，第一时间知道了内幕，抢先辞职。这让行在顿时紧张，刘光世是不是在试探？如果是的话，赵构的手诏就要坏事。

以宋朝官场惯例，无论是就任还是罢免，都会一而再，再而三地推辞或挽留，以示君臣礼仪。这次赵构的手诏里只说到了建康面谈，丝毫没有挽留之意，可以说罢免已成定局，而且有见辱之意。

参考从前李成、孔彦舟等人叛逃到伪齐的事实，刘光世很可能立即渡江!

然而一切平静,当赵构抵达建康府,刘光世像往常一样出城迎驾,在当月下旬被解除军职,以少保兼三镇节度使的虚衔去当万寿观使。

从此刘光世消失在南宋的朝堂之上,他逍遥自在,带着海量的钱财去享受人生,身后留下的是一片蔑视的目光。纵观刘光世的一生,有哪一点值得称赞呢?他好时是个总是失踪的职业军人,他坏时是个无恶不作的兵匪。他手里沾满了宋朝百姓的鲜血,以他的实力和身份,那些血迹应该是女真人的才对!

就连他交出军权的过程都是那么的厌,手握如许重兵,居然坐以待毙,本身又不是精忠之辈,这是何苦呢?至少还是能逃的吧,诸如此类的话在宋、金、伪齐之间大肆泛滥,刘光世也就此被钉在了耻辱柱上,变成没人愿意理会的一坨东西。

但是别忙,不久之后发生了很可怕的事情,到那时世人才会真正看清大衙内的另一面,才能真正立体多角度地解读这个一直以来都举足轻重的大人物。

回到收编的大事上,赵构写了份御札给刘光世的部下们,由岳飞亲自转交。里边写道:"朕惟兵家之事,势合则雄。卿等久各宣劳,朕所眷倚。今委岳飞尽护卿等,盖将雪国家之耻,拯海内之穷。天意昭然,时不可失。所宜同心协力,勉赴功名。行赏答勋,当从优厚。听飞号令,如朕亲行。倘违斯言,邦有常宪。"

最后四个字是最强力的威胁,不听话就杀头!

张浚负责的都督府也发来了一道《令收掌刘少保下官兵札》,里边详述了行营左护军的人马总数量,自王德、郦琼、王师晟以下等主要将领各自率军数量,最后一段文字是:"右札送湖北京西路宣抚使岳太尉照会，密切收掌，仍不得下司。准此。"

这是都督府把刘光世所部全部将官、人马开列清册，由岳飞"密切收掌"，代表此事已成定局。

岳飞着手实施把刘光世旧部并入岳家军的具体细节，满心欢喜中他忽略了一个至关重要的步骤，他一直没有接到以皇帝、宋廷的名义颁布的圣旨，向全国公布指令他去收编原行营左护军。

他更没注意到有个人已经视他为死敌，嫉妒羡慕得快要发疯了。

那个人就是张浚。岳飞总领天下军队，那么置他于何地？执掌天下军马扫平伪齐、覆灭金国应该是他，也只能是他去做，区区岳飞何德何能，不久之前还只是他帐下一武夫而已，现在居然要立此不世之功了。

那份都督府颁布的收兵札是他迫于皇命不得不签发的，对他来说只是争取时间的手段，用来说服赵构收回成命。这并非不可能，宋朝自建立以来文官就无法无天，有无数次用各种手段强迫皇帝不得不按照他们的步调走。

所谓与士大夫共治天下，并不是一句戏言。

张浚去找赵构，他的忠诚的秦桧陪伴着他。史书没有记载两位宰执与皇帝交谈的内容，当他们离开时，赵构已经恢复平静。距离得知他父亲的死讯过去大约一百天，他就平静了。

死父辱母奴役全家族的仇恨不再困扰他，究其原因，是他的怒火不断衰减，哪怕没有张浚、秦桧的另类劝慰也会回归"理智"。

赵构手写了一份御札给岳飞："淮西合军，颇有曲折。前所降王德等亲笔，须得朝廷指挥，许卿节制淮西之兵，方可给付。仍具知禀奏来。"他要岳飞先不要忙着收编，去都督府，张浚在等他。

一桶冰水从头淋下，岳飞变得冰冷。张浚要和他说什么呢？不祥的

第十八章　淮西军变　303

预感一直延续到他们的谈话开始。

张浚像不知道都督府曾签发的收编札子一样，向岳飞咨询一个军事调动方案。在《宋史·岳飞列传》里记载着下面这些对话：

> 诏诣都督府与张浚议事，浚谓飞曰："王德淮西军所服，浚欲以为都统，而命吕祉以督府参谋领之，如何？"
>
> 飞曰："德与琼素不相下，一旦握之在上，则必争。吕尚书不习军旅，恐不足服众。"
>
> 浚曰："张宣抚如何？"
>
> 飞曰："暴而寡谋，尤琼所不服。"
>
> 浚曰："然则杨沂中尔？"
>
> 飞曰："沂中视德等尔，岂能驭此军？"
>
> 浚艴然曰："浚固知非太尉不可。"
>
> 飞曰："都督以正问飞，不敢不尽其愚，岂以得兵为念耶？"

最后这一句是诛心之语，当面点明张浚的用心，是他贪图多得军队才横生枝节，人为制造矛盾。

从这一刻起，张浚发誓不仅要得到刘光世的军队，连岳飞的军队也不放过！

岳飞在盛怒中离开都督府，当天就上书辞职，解除一切职务，不等赵构批准，就把军队交给张宪管理，自己穿上孝服，脱下鞋子徒步走向庐山，为生母服丧。这一刻岳飞被愤怒冲昏了头脑，他清楚地记得赵构的亲口承诺。

是皇帝把行营左护军交给他，进行北伐的！国恨族仇，多年夙愿，实现就在眼前，可现在突然间平地风波，都不算数了！愤怒与惋惜交织成不顾一切的冲动，既然梦想破碎，那么何必再有半点的坚持！

实话说，这颇有点破罐子破摔的赌气成分，的确不是老谋深算者的行为。从这里能够清晰地看出岳飞的本质，他是个纯粹的人，脑子里只有崇高的目标，容不下别的内容，像政治、谋身等，在他都是渣滓，是不屑一顾甚至唾弃的东西。

唯其纯粹，所以精强。岳飞专注于军事，达到天下无敌的高度，根源就在于此。

岳飞负气离去，正中张浚下怀，立即弹劾岳飞"专在并兵，奏牍求去，意在要君"。

赵构同时接到了岳飞的辞职信和张浚的弹劾奏章，他的处理办法是先把辞职信封还，不予接受，同时写亲笔信安抚岳飞；另一方面同意了张浚的两大行动。

第一，派吕祉去收编淮西军；第二，派兵部侍郎、枢密都承旨兼都督府参议张宗元到鄂州的岳家军军营做宣抚判官。

这两个决定在当时非常符合赵构的利益。张浚、秦桧之所以能说服他取消对岳飞的承诺，理由不外乎北伐不可行，军人不可势大这两点，把刘光世的军队收归张浚名下是加强文官集团与皇权的力量，同时再把岳飞的部队也收归国有，赵构名下的军事实力立即飙升到全国第一，压制其余部将的地步。

有这些牌在手，张俊、韩世忠、吴玠等人就能随意拿捏了，可以预见彼时各种坠马伤臂的把戏都将绝迹。

张浚决心一口吞下两个胖子,同时接收行营左、后护军。吕祉、张宗元都是他的亲信,如果成功,他会瞬间跃上南宋的权力之巅,成为宋朝第一权臣,蔡京、童贯加在一起也不如他的权势大。

贪欲像烈火一样烧昏了张浚的头脑,他的下属们也快马加鞭地奔向各自的目标。张宗元跑得飞快,因为岳飞不像刘光世已经解除了军职,岳飞会随时从庐山回归的,必须抢时间把生米煮成熟饭。

鄂州行营后军庞大的军营像往常一样运转,井然有序。张宗元到了之后走正常程序接收部队,被告知张宪将军病了,没人接待。张宗元就此无可奈何,哪怕他有铁嘴钢牙,奈何没处下嘴。

岳家军是真正的铁板一块,没人对他无礼,更没人刁难,可就水泼不进,连带着整个鄂州区域都自成体系。消息传进临安,张浚气得咬碎钢牙,还想继续发力,一定要砸碎行营后护军这块硬核桃。

赵构及时清醒,眼下局面是淮西主帅撤职,鄂州主帅辞职,两边都乱的话,就不是主动进攻报仇的事了,小心长江防线崩了!

他的清醒还包括"抑怒"。不同的身份决定思考的内容和对错的评判标准,事情发展到这个地步,在岳飞的心里当然是赵构与张浚的错。赵构先予之后改之,出尔反尔,张浚包藏祸心,公私不分,妄自尊大,不只是错,已经是在犯罪。但是在赵构的心里是另一个算法。

君要臣死,臣尚且不得不死,一个小小的任命变更算得了什么呢?岳飞居然敢生气,那就是说他认为遭到了不公的待遇。封建时代讲究的是"君臣无狱",就是说皇帝是永远对的,不管对臣子做出了怎样天怒人怨的事,也没有任何责任。

当然中国古代的行为准则里也有孟子说的"君之视臣如手足,则臣视君如腹心;君之视臣如犬马,则臣视君如国人;君之视臣如土芥,则臣视君如寇仇"。但是历代帝王从来没有真正贯彻过这套理论,说来孟轲身为鲁国庆父后裔,一脉相承远祖的桀骜气息,身处战国乱世,从来没有把自己的身份摆在臣子这一级别上。

孟轲觉得自己是帝师,是圣人,是天生的指摘皇帝乃至世间万物对错的存在。"望之不似人君"等语说得从心底往外的自然,历代的皇帝们也给予了他相应的回应。亚圣的名头来自至圣先师,想尊孔至万世师表就绕不过孟轲,仅此而已,没有任何一个成熟时期的封建帝王真拿孟轲的话当回事。

所以赵构的君臣观念是正确的,这一点谁都无法反驳。相应地,岳飞就是错的,然而权衡利弊,赵构决定主动和岳飞沟通。他再三下诏敦促岳飞下山,其中一份手诏里如是写道:"再览来奏,欲持余服,良用愕然。卿忠勇冠世,志在国家,朕方倚卿以恢复之事……张浚已过淮西视师,卿可急往,商议军事,勿复再有陈请。"

然而岳飞没有动静。

如是者三,赵构的心里徒然升起一种强烈的不安。要仔细地复盘赵构的人生,会发现他在什么地方受到的挫折最大,他最忌讳的是什么。那不是女真人,而是他自己的军队。

每一个天水朝赵姓子嗣都会从小就接受皇家的基本教育,知道宋朝的基本国策——抑武!赵构有幸亲身体验了武人的恐怖,让他眼睁睁地看着属于自己的宝座就是不敢坐上去。他亲眼看到最喜欢、最亲近的太监在城头下被禁军虐杀,这是宋朝皇帝里绝无仅有的恐怖体验。

从那时起,赵构对武人的提防之心日益加重,所以才青睐精忠无比的岳飞。然而现在岳飞大亏臣道,一而再、再而三地抗拒他。岳飞想干什么,他想谋反,或者叛逃?不用这样严重,只要他继续消极怠工,长江防线就岌岌可危。

赵构的心灵滑向越来越黑暗的角落，岳飞一无所知。他在庐山等来了李若虚和王贵。这两人一个是他的重要幕僚，一个是岳家军主将之一。赵构命令两个人上山劝岳飞回鄂州主持军务，如果岳飞仍然不奉诏的话，李、王两人将被军法从事。

岳飞的倔强让人震惊，两人在山上劝了六天，他始终不为所动。最后李若虚说了这样一番话，让岳飞猛醒。

"是欲反耶？此非美事。若坚执不从朝廷，岂不疑宣抚？且宣抚乃河北一农夫耳，受天子之委任，付以兵柄，宣抚谓可与朝廷相抗乎！宣抚若坚执不从，若虚等受刑而死，何负于宣抚，宣抚心岂不愧？"

李若虚是靖康死难者李若水的哥哥，在宋朝受到普遍尊重，这番话把岳飞从愤怒的深渊中拉了出来。北伐是他的夙愿，就此负气解除军职，置国家于何地？岳飞在六月重返行在，向赵构"具表待罪"。

赵构的回复是耐人寻味的，他说，我没有生你的气，若是生气，必定会有措施的。太祖当年说过，"犯吾法者，唯有剑耳"。现在我仍然让你统领军队，恢复故土，这足以证明我的诚意。

这是抚慰，还是警告，还是杀人前的最后通牒？相信岳飞并没有深思，当时整个宋朝也没有人能真正地领会。因为他们都不知道赵构的真实目的，都忘了赵构初登帝位就杀了陈东、欧阳澈！

岳飞回归鄂州，张宗元返回行在述职。他评价此行所见的岳家军"将帅辑和，军旅精锐。上则禀承朝廷命令，人怀忠孝；下则训习武技，众智而勇"。这是极高的评价，让赵构心情好转。岳飞纵有百般不是，治军方面也无可挑剔。

至此张浚筹划的"大计"失败了一半,但他不难过,谋夺岳飞的部队成算本来就很小,严格来说只是出口恶气。他的工作重心始终都在建康府。要说一下吕祉,此人慷慨激昂,与张浚志趣相投,在很多场合宣扬过理想。他声称"若专总一军,当生擒刘豫父子,然后尽复故疆"。

于是这时他成了淮西战区行营左护军的领导者。这是多么神奇的一件事,只靠宣传理想,就能当上全国五大军区之一的总司令官。

是时候清晰地介绍一下刘光世的部下们了。此前不止一次地提到大衙内本人"菜"、软、惰、毒兼备,手下却都是猛人,个别特别猛的敢跟韩世忠等人叫板。那么他们都是谁呢?先是二号人物王德,前面提过他的生平,不再赘述。

郦琼是三号人物,他先文后武,金军入侵时在故乡拉起一支七百人的队伍,加入宗泽的军队,成为独立的将领。宗泽死后,郦琼辗转调往滑州。金军第二次南下,郦琼杀了统制官赵世彦,号召勤王,聚集一万余人南渡淮河,加入建炎集团,赵构任命他为楚州安抚使、淮南东路兵马钤辖。

以这种资历加入刘光世军队,郦琼本应是二号人物,王德以超强的武力,传奇般的战绩压他一头,郦琼从来没有服过。

郦琼之下是张荣。还记得岳飞任镇抚使时丢失泰州待罪一事吧,那时完颜昌信心爆棚之际觉得女真人无所不能,于是组建水军进攻缩头湖的张荣水寨,只要成功就会占领整个淮南。然而他被张荣打得一败涂地,剩余兵力连泰州都守不住了,只好撤退。这一战让金军放弃了经营淮南,张荣给了整个南宋一个巨大的惊喜。

其余的邵青、靳赛、郭仲威、祝友等每个人都有不凡的经历,刘光世这十余年来领导他们时刻都像站在刀刃上,其中滋味不足为外人道,稍知内情的都佩服大衙内走得一手好钢丝。这时张浚头脑发热，吕祉更是不知死活地钻过来想收编他们。

他们一定是觉得刘光世已经退休，这班人只能逆来顺受。他们忘了上一次赵构以皇帝之尊由韩世忠、岳飞护驾，才敢到建康府收编这班牛鬼蛇神，这时一介书生就能替代皇权和韩、岳的武力吗？

张浚不管这些，吕祉还在路上，他就向外界宣布吕祉是行营左护军的政治、军事一把手，之下是王德。

左护军立即内讧，郦琼联合十多个将官向枢密上告王德种种不法事，拒绝这次任命。王德同样上告，要求严惩抗命的下属。互相告状，按理郦琼输定了，首先他是在对抗朝廷，然而结果谁都没有料到，居然是王德输了。

宋廷调王德率领八千亲军进驻临安，隶属都督府。王德愤愤不平，更难受的是张浚，他被秦桧抄了后路。

一直"柔佞易制"的秦桧在张浚背后突然捅了一刀。他提醒整个宋廷注意，国家兵权只能归于枢密院，这是祖制。都督府是凭空出现的新生事物，和置制三司条例司、讲议司一样，都在搞垄断。

潜台词是你们当初不准我搞修政局，这时就放任张浚搞都督府吗？都是专权，凭什么张浚就可以？

张浚到嘴的肥肉就这样飞了，还有苦说不出。整个朝廷都在赞颂秦桧的高洁耿介，因为秦桧这次起复就是张浚推荐的，为了国家利益因公忘私，就像北宋名相富弼出使辽国时弹劾岳父晏殊一样，大有名臣风范。

张浚不惜赤膊上阵只搞到了王德和八千名士卒，淮西军彻底与其无缘。沮丧之余，他没意识到真正的灾难还在后面。

吕祉在淮西军中沿袭了宋朝以文御武的传统，傲慢无礼，指斥众将，或许在他想来这才是主帅的样子。然而他很快发觉郦琼拉帮结派，把淮西军蛀空，他的命令根本没人听。吕祉立即躲进大帐，以种种借口，诸如生病、吃饭、听音乐等拒不见人。郦琼一生都在阴谋诡计中讨生活，马上就知道他在干什么。

郦琼在临安与淮西之间散布人马，很快截获了一封信。信是吕祉写给张浚的，内容是淮西军不可救药，他建议国家迅速行动，派专人"往分其兵"。

郦琼等人大惊失色，这是对付军队最狠的招数。收编只是换个大领导，"往分其兵"是打散原来的建制，把士卒将校分散进其他部队里，就此丧失番号。具体到淮西军，他们从前兵匪不分的快乐生活将就此结束。

郦琼等人震惊、怀疑，适逢宋廷任命张浚出任淮西宣抚使，杨沂中任制置使，名将刘锜为副手，置司庐州。同时召郦琼赴临安觐见。

这一系列操作让郦琼等人再无侥幸之心，在绍兴七年八月八日清晨郦琼率众闯进吕祉大帐，指责咒骂之后当场杀死吕祉的亲信张璟等人，裹挟吕祉上马，奔向江边。一直到距淮河三十里的地方，吕祉才清醒过来：军队哗变，要渡河投降伪齐！

吕祉悔怒交集，跳下马斥责郦琼，激励全军："刘豫逆臣，尔军中岂无英雄，乃随郦琼去乎？"回应他的是郦琼的刀。平心而论，吕祉是忠贞的，也很有勇气，但是毫无意义。

原南宋行营左护军近四万士卒，六万多家眷、百姓北上渡淮河投降伪齐，史称"淮西之变"。

前沿五大军区之一突然间全军叛变，长江防线崩塌。南宋举国震惊，宰执辈"皆惶恐失措"。

赵构急火攻心，以最快速度下手诏，追上叛军。"以前犯罪，不以大小，一切不问，并与赦除。"但郦琼等人根本不回应。

赵构传令岳飞，要他给郦琼写信。"闻琼与卿同乡里，又素服卿之威望，卿宜为朕选一二可委人，持书与琼，晓以朕意：若能率众还归，不特已前罪犯一切不问，当优授官爵，更加于前。""卿是国家大将，朕所倚注，凡朕所怀，卿之所悉，可仔细喻琼，使其洞然无疑，复为忠义，在卿一言也。"

岳飞照办，郦琼这次回信了，信里把南宋君臣一顿蔑视咒骂，说他对伪齐"投身效命"，是"合得其所"。

至此彻底无可挽回。巨大的损失是一道永恒的伤痕，它带给南宋实打实的缺失，要怎样填补淮西空缺，必须立即拿出方案来。然而受创最重的还是岳飞，他恨不得追上去亲手干掉郦琼，这次叛变毁了他的理想。

在这种情况下还谈什么北伐？！

不久之后赵构就下手诏印证了这一点，"淮西兵叛，事既异前，未遑急举"。北伐真的搁浅了。

这还不是最大的损失，真正的后遗症发生在赵构的心底。他总结经验教训，自动忽略了自己出尔反尔，先予后夺那一块，却加深了对武将的疑忌。说到底都是武人不听命令，乖乖听话哪会有什么意外？！

所以必须加强对武将的控制，至于办法，潜藏在他与监察御史张戒的一段对话里。

张戒："诸将权太重。"

赵构："若言跋扈则无迹。兵虽多，然聚则强，分则弱，虽然分，未可也。"

张戒："去岁罢刘光世，以致淮西之变。今虽有善为计者，陛下必不信。然要须有术。"

赵构："朕今有术，惟抚御偏裨耳。"

张戒："陛下得之矣，得偏裨心，则大将之势分。"

赵构："二年间自可了。"

这是一个非常阴毒的办法，针对现状，没法收编，更没法往分其兵，那么就提拔各大将的亲信部下，比如岳飞手下的张宪、王贵等人。这些人升官得权自立山头之日，岳飞的实力自然缩水。

这并不是赵构等人的独创，原型是汉朝的推恩令。

汉朝初年分封的诸侯国往往连城数十，势大雄强，经晁错削藩之后仍然尾大不掉，比如汉武帝的叔叔梁王出行时千乘万骑，与天子无异。私造弓箭、府库，"珠玉宝器，多于京师"。汉武帝采纳主父偃的建议，颁布推恩令，命令诸王将封地不问嫡庶分封诸子，建立大小不一的侯国。从此诸侯国越分越小，再无威胁。

事已至此，必须追责，南宋朝野但凡有点理智的人都归罪于张浚。言官们的弹劾奏章雪片一般飞来，殿中侍御史石公揆入对时公然宣称："浚之败事，天下之人皆痛愤切齿，恨不食其肉。"

基本上这就是对张浚责任的定性。

御史台长官周秘的弹劾轰动一时，对张浚这些年的作为归纳总结得透彻解恨。

"浚轻而寡谋，愚而自用。德不足以服人，而惟恃其权；诚不足以用众，而专任其数。若喜而怒，若怒而喜，虽本无疑贰者，皆使之有疑贰之心。予而阴夺，夺而阴予；虽本无怨望者，皆使之有怨望之意。无事则张威恃势，使上下有暌隔之情；有急则甘言美辞，使将士有轻侮之意。"

众言官要求把淮西军变与富平之败联系在一起追究张浚的责任，这两件决定国家命运走向的大决战、大事件都被张浚败坏，此人万死不足以辞其咎！

赵构亲自下令，解除张浚一切职务，降为散官，流放岭南。这在宋朝对张浚级别的高官是最严重的处罚了。而这并不会影响宋朝君臣之间永恒不变的清雅礼仪状态，赵构把张浚单独召进皇宫，给予张浚最后一次行使相权的权力。

要他指定由谁继承相位。

张浚沉默不语，外界的指责打击远不如他自责的力度。以他的志向，出现如此疏漏，死的心都有。

赵构继续问，秦桧如何？

张浚心如刀割，秦桧是他举荐的，却在背后捅他刀子，这时再问秦桧可否当首相是何等巨大的讽刺。而他必须做出回答。

张浚答道："近与共事，始知其暗。"

赵构认可，那就选赵鼎吧，同时命令由张浚主笔去都堂写赵鼎的拜相制。当天深夜，在都堂发生了很多有趣的事。首先，张浚绞尽脑汁，按捺住悲苦烦郁的心情，用最优美的语句书写对赵鼎的赞美之词。

拜相制堂皇古雅，用来肯定歌颂举国一人的德操才能，来治理亿万黎民，是封建时代最神圣伟大繁杂的事业。所谓宣麻拜相就是这样了，可怜张浚百般谋划，到头来竟然要受此折磨。

这是赵构对他的惩罚，你不是要官、要功业吗？就由你亲手写别人上位的诏书，以最近的距离看别人得到你失去的。

张浚做这些时，身边一直有人陪着。这人仿佛还在像面对军政合一、处在权力之巅时的张浚，仪态恭敬，言辞谦逊，彻夜长谈，好像世上没有人走茶凉这回事。

秦桧消息灵通，知道赵构宣召张浚入宫一定是咨询下一任首相人选，张浚果然在都堂书写拜相制。秦桧心想，一定要站好这最后一班岗，给张浚留下完美印象，好持制上位当首相。然而事与愿违，张浚写得时间太长了，赵构派人催促张浚草拟御批，秦桧才知道选的并不是自己。一时间哪怕秦桧再老奸巨猾，也"色变愈甚"，不受控制地露出了本相。

这一幕让张浚在极度失意悲痛中难得地得到了一丝快意，但他没意识到，或者根本不在乎，这次是真的把秦桧得罪到死了。他会为此付出极其惨痛的代价！

这时要说一下刘光世了。大衙内的离去悄无声息，仿佛南宋王朝从来就没有过这个身膺淮西防线重任、曾经位列所有将军之首的大将。

联系到岳飞屡次主动向张俊、韩世忠示好，却自始至终无视刘光世，似乎他也没有得到过什么尊重。他"养威避事"，以劫掠杀戮本民族百姓为能事，在对外战场上百无一用，严格地说连个好人都算不上，更无从谈起此人有什么风骨了。可现在我要谈的就是刘光世的风骨，就以他的部下郦琼等人为参照。

想来世间早就有一种嘲讽，郦琼都能率军投奔敌国，来反抗南宋王朝的不公，刘光世却连自己的部下都不如。其实根本就不需要由赵构亲自率领岳飞、韩世忠去解除刘光世的军职，刘衙内绝对不敢反抗的。

这不对，要换个思路想。

郦琼叛国，刘豫待为上宾，那么刘光世叛国呢？也许刘豫根本就不敢接受。刘光世的资历、实力会让伪齐国皇帝寝食难安！但是他完全可以向金国投降，届时荣华富贵无可比拟。处在刘光世的位置上，这些是他长年累月思考的东西，不可能不知道。

而他什么都没有做。

史书里给出的答案是刘光世贪图享乐，胸无大志，多年节镇一方攒出了金山银海，在整个世界里唯有最繁华的南宋才能让这些财富转换成美妙的生活，所以他像扔掉烫手的山芋一样抛弃了军权。

所以才什么都没有做。

这样说的话郦琼也不必叛国，郦琼的财富比刘光世少，却比绝大多数人都多，留下来享受生活就是了。毕竟没有谁想杀他，只是想往分其兵而已。而刘光世绝不是什么草包，不然的话这些虎狼之辈又怎能甘心俯首听命，从无二心？

更何况刘光世与韩世忠缠斗半生，数次刀兵相见，韩世忠这样的也拿他没有办法，大衙内的实力可见一斑。

综上所述，刘光世之所以选择安静地离开，是他不愿叛国，不愿史册上留下骂名，即便不能成为岳飞那样的中流砥柱，也绝不愿渡淮屈膝投齐或者降金。刘光世哪怕没有十分的忠勇，至少有三分的气节。

第十九章
秦桧之奸

回到朝堂,赵鼎"疾速赴行在",连夜赶路进了临安城。说实话不知道为什么要这样急,临安城又没出事,宰相也不是来晚一步就能被谁抢走。《宋史》中总是会有这样无厘头的记载,个人觉得就是文臣当道,干不出什么大事,又想着与众不同,才故意炫一下本来平平无奇的过程,一定要弄出点色彩才满意。

国政当务之急是填补淮西军留下的空当,防备伪齐军乘虚而入。然而史书中浓墨重彩记录的是赵鼎如何为张浚的结局画上句号的。

赵鼎问赵构,现在因为淮西兵变,朝野人心惶惶,陛下想过怎么解决吗?

赵构说会下罪己诏,等"行遣张浚了,降诏"。

赵鼎:"浚已落职。"意思是都降职罢官了,就不要再远窜岭南了。

赵构:"浚误朕极多,理宜远窜。"

赵鼎:"浚母老,且有勤王大功。"

赵构:"勤王固已赏之为相也,功过自不相掩。"

截止到这里，条理清晰，说理有据，下面的就不同寻常了。

赵鼎提醒皇帝要注意军方动态。赵构立即变得严肃，又有什么情况了吗？赵鼎说淮西之变的错误在军方，是军队骄横的表现。朝廷典章规定，君上做出的决定，军队都必须遵从，这是最基本的君臣之道。

赵构感到迷惑："我同意，可这与远窜张浚有什么关系？"

赵鼎继续说"理"，淮西军因为将领职务调动就叛国，这是淮西军的将领平日里纵容军队的后果。这股歪风邪气必须刹住，其他军队都在看着，朝廷绝不能示弱，不然后患无穷。所以不能过分处罚张浚，要确定军方是第一责任者。

赵构豁然开朗，拍案叫绝。

至此张浚不必远窜岭南了，改成"责授左朝奉大夫、秘书少监、分司南京"，贬至永州（今湖南零陵）居住。总结一下，是张浚因为个人私欲膨胀导致国家损失五分之一的兵力，但为了能继续有效地控制军队，所以从轻处罚他。也就是说，不管文臣怎样犯错，都要由武将们买单。

真是吊诡。

通过这件事赵鼎收获了一片赞叹之声，官场感慨："鼎不负德远（张浚字），德远负鼎。"赵构也给予了进一步的信任，"卿既还相位，现任执政去留惟卿"。这是组建内阁的专断之权，谁也没法料到，赵鼎的选择居然是"秦桧不可令去"。

他选择的是秦桧！

像之前的张浚一样，他也只选了一个执政伙伴，还是秦桧。这是怎么回事，难道以张浚与赵鼎的生死之交，加上赵鼎刚刚挽救过张浚的岭南之难，张浚都没有告诉他秦桧是个怎样阴险黑暗的人吗？

赵构是知道的，也不提醒赵鼎？

历代史书的答案是秦桧骗术高超，张浚、赵鼎甚至赵构都接二连三地上当了，看结果这个猜测是成立的，但是往前翻一下会有真相。秦桧之所以咸鱼翻身，是完颜昌在金国重新掌权。

这才是张浚在罢职时沉痛控诉也没让赵构警醒，赵鼎上任要重用秦桧，赵构也无动于衷的真相。

赵鼎重登相位，南宋进入了一个平稳期。一来是赵鼎的本性就是个稳字，安内高于一切；二来淮西兵变之后军力急剧下降，只能防守。在这个指导思想下，他与秦桧协力使皇帝答应回跸，即返回临安。

绍兴八年（1138）二月，南宋行朝迁回临安。对此，稍后出现的理学大宗师朱熹在《朱子语类》中评价道："自平江再都建康，张德远极费调护，已自定叠了。只因郦琼叛去，德远罢相，赵公再入，忧虞过计，遂决还都临安之策。一夜起发，自是不复都金陵矣。"

从这一刻起，在南宋君相心中北伐不再是选项，大政方针改为苟安一隅。

古今中外做大事的人普遍都迷信，无论是皇帝、宰相、大将军或者大商人，都服膺于命运。

翻遍史册，每一个大人物登上舞台都历经无数巧合，他必须得是命运的宠儿，才能显现出本身超凡的本领。而命运千转百回，谁也无法预料下一刻会发生什么。这一特性让绍兴八年前后的长江两岸都坐上了过山车。

淮西军变，郦琼率领行营左护军全体渡过淮河投降伪齐，刘豫惊喜若狂，"乃命粉饰门墙，增置仪仗，以待其来"。郦琼到了之后，立即

第十九章 秦桧之奸 319

授以高官，同时派户部侍郎冯长宁出使金国，向女真人报喜。如今此消彼长，齐国国势骤强，他一定会打过长江，灭亡南宋。

然而金国毫无反应。

金国内部权力结构遭到再次洗牌，金熙宗的政治手段震怖所有女真人，这个被定性为傀儡的小皇帝居然把完颜宗翰的势力连根拔起。他先是诱惑完颜宗翰以军权换政权再调进京都，之后大王子处处受制，在淮西兵变前夕连首席亲信高庆裔都保不住。

高庆裔等宗翰系高层被下狱定罪，绑上法场问斩，金熙宗还偏偏给予完颜宗翰特恩，允许他去法场送行。

女真建国第一功臣完颜宗翰，目睹亲信被杀头却无可奈何，活生生地被气死了。"粘罕以庆裔故，绝食纵饮，恚闷而死，虽非梃刃所及，似站非正命也。"

金国权力三足鼎立，一方高高在上，以金熙宗为首；一方是太宗系，以完颜昌为首，他们对外温和，甚至主张与南宋议和；一方是太祖系，以完颜宗弼为首，主张继续扩张，对外唯有战争。

太祖系与太宗两系势如水火，按理说金熙宗出身太祖系，是金太祖的长房长孙，有他支持，完颜宗弼必然会压制太宗系的完颜昌等人。然而权力的奥妙在于平衡，金太宗归还帝位的让步过于巨大，直到这时完颜昌仍然在吃红利。

太宗系暂时占上风。

但是在一件事上女真人内部意见是统一的，那就是命令刘豫立即解散投降过来的原南宋淮西军！

刘豫蒙了，这怎么可能？为什么要解散这支有史以来最精锐的降军呢，用它去攻打南宋不好吗？以南宋倾国之力培养出来的军队去攻打南宋曾经的防线，是何等的快意，为什么要解散？

事实上铲除伪齐在完颜宗翰倒台之前就在女真人内部达成共识了，淮西军投降是导火索，加速了这个运作，理由是一旦等刘豫消化了淮西军之后实力大增，再想铲除搞不好就会是场战争。

淮西兵变后三个月，金国太宗系首领完颜昌与太祖系首领完颜宗弼联袂抵达开封，伪齐太子刘麟接驾被当场绑俘，女真军乘乱突入皇宫，囚禁刘豫。刘豫惊愕之余仍然摇尾乞怜："父子尽心竭力，无负上国，唯元帅哀怜之。"

完颜昌为人宽厚，面对过期走狗也解释了一下。原文非常精彩。

"刘蜀王，刘蜀王，尔犹自不知罪过。独不见赵氏少主出京日，万姓燃顶炼臂，香烟如云雾，号泣之声闻十余里。今废了尔后，京城内无一人为尔烦恼。做人犹自不知罪过。朝廷还尔奴婢、骨肉，各与尔父子钱物一库，煞好。"

刘豫全家被女真人北迁到临潢（今内蒙古巴林左旗附近），不久病死。伪齐就此覆灭。

这真是福兮祸兮难以捉摸。当南宋痛失淮西军时，又怎能想到这是伪齐的催命符呢？当刘豫扬扬自得地向主人报喜时，又怎会想到转眼就因此而灭亡。

伪齐覆灭得风平浪静，深层原因并不是完颜昌所说的刘豫不得人心，而是从黄河至淮河等广大的区域内百姓们活得太痛苦，他们一直受着三方面的同时压榨。女真人、伪齐，偶尔攻进来的南宋，哪一方都抓他们的壮丁，要他们的钱粮。想用人心向背来概括他们实在是形而上了，现在少了一个地头蛇刘豫，他们只有高兴。

尤其是女真人还给他们主动减压。金军在开封城中宣扬："自今不用汝为签军，不敢汝免行钱，不敢当五厘钱，为汝敲杀貌事人，请汝旧主人少帝来此住坐。"

原伪齐的汉属官员也随即下令："齐国自来创立重法，一切削去，应食粮军，愿归农者许自便。齐国宫人，检刘豫所留外，听出嫁。内侍除看守宫禁人外，随处住坐。自来齐国非理废罢大小官职，并与叙用。见任官及军员，各不得夺侵民利。自来逃亡在江南人，却来归投者，并免本罪，优加存恤。一应州县见勘诸公事，不得脱漏。"

这并不是强盗发善心，实际的原因错综复杂，每一方势力的视角都很片面，但是谁也无法解释为什么远在江南西湖之畔的赵构突然间能对金国说出："河南之地，上国既不有，与其付刘豫，曷若见归。"请把河南那片土地白白地还给我！

这句话震惊了整个南宋，每个人都觉得皇帝是发疯了，女真人与宋朝仇深似海，从来都只有抢劫，怎么可能白送？但更让人崩溃的是完颜昌得讯之后居然派宋使王伦回国，带给赵构一句话。

"好报江南，既道途无壅，和议自此平达。"并且附带了和议条件，"许还梓宫及皇太后，又许还河南诸州。"

完颜昌不仅同意了，还主动加码多给了很多东西，满足了赵构以及宋朝最看重的孝道，把赵佶的尸体和赵构的生母韦氏都一起归还。

这让南宋不敢相信，回忆一下之前的和议条件，是要赵构销帝号，退到福建、两广、海南岛一带等，与现在比不啻天壤之别，而原因在哪里谁也没分析出来。毕竟由张浚组织的进攻实际上并没有真正地摧毁什么。

赵构不想这些，他以不知从何而来的灵感或者消息开启了议和之端，进而给出了指导思想。"朕以梓宫及皇太后、渊圣皇帝未还，晓夜忧惧,未尝去心,若敌人能从朕所求,其余一切非所较也。"

前边说的是个"孝"字,是之所以议和的原因。后面则是要求不惜一切代价促成。

王伦、高公绘回朝仅四天,赵构就任命他们为大金国奉迎梓宫使、副使,再次出使金国,敲定和议。

之所以这样匆忙,是朝野在瞬间就沸腾了,无论文武,每个官员或同意或反对,都不顾一切地趋向了极端。

宋朝军方的怀疑是此前宋朝在淮河、秦岭一线与金国对峙,金国找不到重创宋朝军队的机会,想借此把宋军骗到中原地区决战。

持此意见的是韩世忠、岳飞。两人在伪齐覆灭之后积极招降各方势力,一批批的归正人投奔沿江驻军。在原南京应天府,赵构登极的地方,两万伪齐军起义,蔡州知州刘永寿等人杀金将兀鲁,率众投奔岳飞。

岳飞上书:"宜乘废豫立之际,捣其不备,长驱以取中原。"情急之下,岳飞给现任宰执王庶写咨目(公文)说:"今岁若不举兵,当纳节请闲。"纳节,指上缴武胜、定国两镇节度使旌节。

看来他仍然没能吸取之前辞职守孝的教训。

文官们的反弹更加剧烈,"物议大讻,群臣登对,率以不可深信为言"。这大出赵构的意料之外。回想之前金、伪齐联军进攻时,百官要"散百司而他幸",对宋朝毫无留恋,对外敌不想抵抗,现在不需要风险就能恢复疆土、迎回父母,百利而无一害,为什么要反对呢?

赵构频频大怒,"意坚甚,往往峻拒之,或至于震怒"。搞得首相赵鼎夹在中间左右为难,只能和稀泥。

争吵中,北方传来消息。完颜昌派出一个使者名叫兀林答赞谟,也叫乌陵思谋,与王伦一起南下,协商议和。这像在池塘里扔了一颗炸弹,所有物种都跳了起来,喧嚣不止。这时南宋的宰执有四人,按职务顺序排列是:赵鼎、秦桧、刘大中、王庶。前三人以赵鼎为首,紧密团结,王庶被孤立。

王庶此前是鄂州知州,是岳飞的同事兼部下,两人志同道合,是坚定的主战派。王庶指出这个叫乌陵思谋的使者本身就是不共戴天的国家仇人,就是这个女真人在开封陷落时搜括百姓,抓捕皇族,干尽了坏事。

王庶倡议抓住这个死敌,先报仇于万一。这样的话"彼必加兵,我则应之",是为上策。

赵构凄然摇头,王庶你忘了,我的母亲、你的太后还在北国受难,眼下是唯一能接她南归的机会。杀了这个使者,一切都成泡影,朕以孝治天下,这点思母之心,你不能成全吗?

赵构泪如雨下,御座下百官只好一起悲伤。这是百试百灵的招数,然而这一次有人反对。

北宋宣和六年恩科状元,时任左朝奉议郎冯时行请皇帝回顾秦末楚汉相争的一段。当时项羽抓住刘邦的老爹,威胁不投降就煮了他。刘邦不仅不慌,还笑着说:"吾翁即若翁,必欲烹尔翁,则幸分我一杯羹。"项羽搞不定刘邦这个泼皮,只好放人了事。

冯时行说宋、金交恶比楚汉相争还要凶险,两个民族不死不休,怎么能以一个母亲的名义要求整个民族屈服?况且屈服带不来平安,更没法平等。皇帝应该向刘邦学习。

赵构神色惨变,以袖遮面,"杯羹之语,朕不忍闻",颦眉蹙额,离座而去。群臣只能相顾失语。

监察御史张戒警告说，"我今未有以胜房，而房初非惮我……此正所谓无方之礼，无功之赏，祸之先也""臣恐不足以讲和，而适以足招寇"。这在后面一一被现实验证，可在当时都说给了空气听。

赵构的第三次痛哭发生在接见金国使者时的金殿上，当时他"哽咽，举袖拭泪"，向乌陵思谋询问："太后及渊圣圣体安否？"

这让乌陵思谋实在很为难，难道他能说你家女性亲友团洗衣服很卖力，洗出很大的成绩，你家的男性亲友团在十多年的田间劳动中，已经都成了优秀的农民，这不是逼着赵构骂人吗？

乌陵思谋回答得很职业："但望和议早成。"

赵构立即跟上："切望留意。"

这两句就达成了此次金使的出使任务，因为这次就是敲定态度，下一次才是商议具体条款。

赵构派专人护送金使回国，随行的南宋使者王伦，副使蓝公佐带去了南宋方面由首相赵鼎亲自厘定的条项细要。其中包括"银、绢各不过二十五万匹、两"的岁币，由于黄河因杜充决堤改道，宋金以黄河为界，"须是旧来浊河""须是尽得刘豫地土"，不同意金国对赵构"行封册，移损尊称"等。

两国使者北上，赵构勒令沿途南宋官员，尤其是鄂州、镇江方向的军队，不许寻衅滋事。这很必要，很多年前韩世忠曾经亲自带人在半路上埋伏，想要杀掉当年的金国使者，由于对方临时改道才没得手。

综上所述，赵构的操作堪称神迹。他在金国政坛动荡、国策改变之际突然提出了妄想般的要求，却正中金国当权者的命脉，得到了圆满的答复。接着在本国几乎全体官员都反对的情况下，以一己之力强行推动和约的进行,这在之前的宋朝是不可想象的。从来没有哪个皇帝,包括开国太祖赵匡胤在内能做到这一点。

那么首先他是从哪里知道金国最高层政局变动的,能远隔千里之外提出"过分"至极的要求,匪夷所思般获得同意的呢?他当然没法像巫蛊、神仙般未卜先知,这类事情古今一样,最高层的当权者们之间的联系可以在一段时间里隔绝如水火不容,也能随着事态的变化随时沟通,迅捷隐秘到除了他们谁也不知道。

联系到秦桧的留任,事实昭然若揭,是完颜昌又找上了他,先传递过来金国的愿景,赵构求之不得,就此达成默契。实际操作上金国作为上位者,需要赵构主动要求,才一口应允。

和议进行到这一步,终于到了最艰难的阶段,赵构压服文官集团相对容易些,而军方的态度会有很大的变数。赵构下令东南方向的三大将率亲兵觐见。

到得最快的是张俊,其次是韩世忠,岳飞走得最慢。态度决定一切,这无形中又是一次向皇帝靠拢的选拔赛,排名与宠信的程度成正比。

张俊在淮西兵变时吓得丧魂落魄,"擅弃盱眙而归",私自从前线逃跑。宋廷彼时震怖于淮西军整军叛变,对张俊根本不敢追究。此时他精准地摸到了赵构的痒处,第一个赶到,保证拥护皇帝的每一个决定。

这让赵构得到了久违的安全感,对军界做出重新划分。如果说在绍兴七年以前,岳飞一度是赵构最倚重的大将的话,那么绍兴八年以后,张俊重新成为最受器重的军人。

南宋武宁、安化节度使,京东淮东路宣抚处置使,少保韩世忠的亲兵进临安城时以铜面具遮脸,全身铁甲,沉默不语。

这也是韩世忠此行的态度。赵构问及他对议和的态度,韩世忠只有一句话,不可和,愿决战时把最重要的地段交给我。赵构点头叹息,韩世忠忠勇过人,朴拙出于天性。当年苗刘兵变平叛救驾之功犹在眼前,这时虽然桀骜,就随他去吧。

岳飞姗姗来迟。他在八月上旬接到金字牌快递的枢密院札子,启程后不断上奏,要求"屏迹山林"。这是履践他不出兵即纳节请闲的诺言。赵构一次次地降诏不允,让他越发愤郁,走了多半个月才到达临安。

赵构询问他的意见,岳飞斟词酌句地回答:"金人不可信,和好不可恃,相臣谋国不臧,恐贻后世讥议。"之后两人陷入了长时间的沉默。

这一刻真正的分歧是政治正确,还是军事正确。历史的进程告诉我们岳飞的话百分之百的正确,那么又何来其他的正确呢?可这就是客观存在,被古往今来每一个民族的每一个时间段证明过,从长远来看无比正确的事,对当时来说并不是最优选项,尤其是针对某个特定人物来说。

当天岳飞离开了皇宫,身后是两道冰冷仇视的目光。一道来自赵构,岳飞再次让他失望了,哪怕岳飞的预测像之前淮西兵变时一样准,也不是他渴望的臣子。他发现岳飞和李纲一样,都是在为国家民族尽忠,不是为他服务。

另一道则是来自副相秦桧。秦桧在乱世宦海中几经蹉跌,已经三次位居次相,距离权力之巅只差一步。然而尺水之阔,天堑之远,他阿谀张浚,尾附赵鼎,以柔佞示人,连何时自立门廷都遥不可知,从何谈到

第十九章 秦桧之奸 327

位极人臣的首相?

现在机会终于来了,完颜昌执掌金国大权,以前所未有的力度主动与南宋议和,而赵构议和之心迫不及待,两者叠加,秦桧决定不顾一切赌了。岳飞注定要坏他的事,一定要除掉。但眼下不急,真正急需处理的是赵鼎。

秦桧,终于开始了他的罪恶之路。

时下宋廷四位宰执中秦桧位居第二,下面是参知政事刘大中,关键就在这个人的身上,他时刻与赵鼎同进退,再加上秦桧也站队赵鼎,才造成首相大权独揽。不然的话,宋朝的制度核心就是制约,连皇帝的权力都被约束,首相更别想说一不二。

秦桧暗地里做了很多预先准备,在工作上"并相之后,复不敢专,唯诺而已",成功地麻痹了赵鼎,私下里培植党羽,侍御史萧振就成了他的爪牙。萧振弹劾刘大中侍父不孝,"所以治家者如此,何以为国;所以事父者如此,何以事君"。这个罪名太大,刘大中别说任相,连为官都不够资格。

刘大中上奏辞免,在十月出知处州(今浙江丽水)。

萧振对外宣称:"某只论刘参政,如赵丞相不必论。"言外之意是对赵鼎有很深的敬意,虽有弹劾的材料,但不行使言官的权力,希望首相大人自己辞职。一时间临安城里流言四起,"赵丞相乞去矣""赵丞相搬上船矣",秦桧这些年暗中扶持的魑魅魍魉都在兴风作浪,"百计摇撼"。

光是这样,是动摇不了相位的。关键时刻秦桧亲自登场,某一天宰执们向皇帝汇报完工作后,按班辞退,秦桧请求赵构将他单独留下。他强调"臣以为讲和便",在这个基础上,提出了一个极其大胆的建议:

"讲和之议，臣僚之说皆不同，各持两端，畏首畏尾，此不足以断大事。若陛下决欲讲和，乞陛下英断，独与臣议其事，不许群臣干预，则其事乃可成，不然，无益也。"

这是一个代价巨大的赌博，以秦桧的政治前途、身家性命赌赵构对议和的盼望程度。联系到此前分析出的和议之所以出现的内幕，赵构是以秦桧为桥梁联系到了完颜昌，得到了梦寐以求的机会，那么此时此刻秦桧的所谓赌博，还有风险吗？

当然有，政局变幻无常，今天看似稳赚的，随时都会断崖式倒塌。敌对两国的君主的幕后是名副其实的龙潭虎穴，动辄万劫不复，秦桧想侧身其间是要冒真正的大风险，随时会倾覆在两方君主的动荡波澜之间。

为此秦桧要穷尽心力通算所有可能。

秦桧先复盘赵构的人生，从扬州逃跑之后赵构就一直在求和，这时终于盼到了曙光，却被无数的臣子反对阻挡，这是怎样的烦躁急迫？尤其是赵鼎，不说反对却在枝节问题上斤斤计较，更是让人心焦难耐。如果这时有人冲出来对赵构说都交给我，然后一力促成，赵构会怎么决定？

会同意。

果然赵构说："朕独卿。"完全答应了秦桧。

此时此刻，秦桧貌似赌赢了。他和赵构都想不到这只是合作的开始，要到后面几年秦桧理解到赵构深层次的恐惧之后，两个人才真正把民族和国家都推入了深渊。

具体到此时，秦桧胆战心惊之余得到了承诺，却突然间拒绝了。

"臣亦恐未便，欲望陛下更精加思虑三日，然后别具奏禀。"

第十九章　秦桧之奸　329

此处掌声必须响起，每临大事有静气，秦相公没有急吼吼地就此纵身上马，而是再次对赵构长期忐忑恐惧的心理进行梳理。事要三思，以免后悔。

赵构欣然同意。

三天后，秦桧再次觐见，赵构表示和议不变，信任不变。秦桧仍然摇头，古人云事不过三，请赵构静心深虑，再思考三天。

赵构同意。

又三天后，两人相见，赵构决心越发坚定，秦桧方取出奏札"乞决和议，不许群臣干预"。至此秦桧独相内定。针对这一幕，绝大多数史书认为秦桧在贬谪的几年里变得老谋深算，不像从前那样才出山就搞独裁。九天之间就获得了皇帝的绝对信任，胆识、手段、耐性都出类拔萃。

其实事情没这么高深复杂，自从赵构执政以来反复无常，出尔反尔的事屡见不鲜，尤其是出错之后既迁怒，又委过，办事的人苦不堪言。秦桧是翻过跟头的人了，议和的事再重要，也得先确保自身安全才行。

另一边，谣言也把赵鼎解决了。当此景况，赵鼎和他的幕僚们觉得保持尊严的唯一办法就是辞职。赵构没有再三挽留，立即就同意了，在刘大中被贬外放的十余天之后，赵鼎就知绍兴府。

赵鼎离京那天，秦桧难忍长时间伏低做小积压的怨毒，拉着王庶去饯行，要目睹昔日长官倒台才算出气。

王庶满心悲凄，他清楚随着赵鼎的离开，南宋对外只剩彻头彻尾的软弱，连叽叽歪歪的声音都没了。"公欲去，早为庶言。"你倒是早点告诉我啊。

赵鼎满脸倨傲，"去就在枢密，鼎岂敢与"！秦桧是枢密使，行右相权，这是当面指责秦桧搞小动作，阴谋害人。至于倨傲，是因为他是"名相"。赵鼎在当时及后世都被推为名相，负才学，尚气节，倜傥不群，易退难进，名节稍微见辱，立即主动辞职。所以他觉得自己有资格倨傲。

秦桧像没听见一样，微笑着走上来送行。赵鼎一揖登船。秦桧偏不放过他："已得旨，饯送相公，何不少留。"

赵鼎大怒，只要设宴，必有大批官员作陪，这是要他加倍地难堪。"议论已不协，何留之有！"呵斥船家开船，再不停留。

秦桧也恼羞成怒，"桧是好意"。叱令从人撤收筵席。

王庶是最后一位持异见的宰执。赵鼎走后，王庶重申自己对议和的态度，他公开声明"遇有和议文字，许免答书"等要求，违抗赵构的皇命。同时严厉斥责秦桧："公不思东都抗节存赵时，而忘此敌耶？"

你忘了在故都开封时面对金军的刀兵，你是怎样挽救赵宋江山的吗？此言一出，是夸赞追忆还是挖老底，让秦桧愧怒交集，忍无可忍。王庶在十一月时出知潭州（今湖南长沙），随即降为宫观官散职。

不久金国的使者回来了，带来了议和的具体条款。

金国使者张通古的头衔是"诏谕江南使"。也就是说，南宋根本不是国，而是江南。这次的文本不是地位对等的国书，而是对下位者的诏书。

张通古每到一处州县，必坐于公堂正中，南宋官吏陪坐末席，以迎接天子诏书之礼相见。也就是说，南宋的官吏们得向他跪拜叩首。他受礼之后还要宣称，金国本身是不想搞什么和谈的，是南宋的使者"百拜恳告，不得已而来"。

等金国使团到达临安之后，赵构要升正殿，拜于张通古脚下，奉表称臣，受金国诏书，从此成为女真人的臣子，才算礼毕，和议才能达成。

这都不如伪齐。刘豫是金国的"子皇帝"，最起码还是个皇帝，赵构却只是金国的臣子，在身份上卑微到底。

这些条款迅速传遍江南，官民都愤怒了。江南重镇平江府知府带头拒绝接待金国使者。想叩拜，做梦！临安降旨申斥，知府索性辞职。随即一场空前猛烈的官场风暴席卷南宋。

前首相李纲上书："自古夷狄陵侮中国，未有若斯之甚者。今陛下藉祖宗二百年之基业，纵使未能恢复土宇，岂可不自爱重，而怖惧屈服，以贻天下后世之讥议哉！陛下纵自轻，奈宗社何，奈天下臣民何，奈后世史册何！"

这是不顾忌赵构的皇帝身份，不留丝毫余地地斥责，近乎有失臣节。这样的文字很多，迅速风行天下，可是都没有得到回应。这是赵构的特权，他可以把奏章封回、留中、不报，每一种都能让满腔怒火胎死腹中。

可这一回不行，他城门失火，连最听话的禁卫军都打上门来了。临安禁军三衙长官，殿前司公事杨沂中，侍卫马军司公事解潜，侍卫步军司公事韩世良，一起去都堂去找首相秦桧，以及首相的大爪牙御史中丞勾龙如渊。

他们说一旦皇帝以臣礼受诏书，天下军民不服，因而闹事的话，三衙军没有把握平息暴乱。并且提出一个问题："盖缘有大底三个在外，他日问某等云：尔等为宿卫之臣，如何却使官家行此礼数？"

三个大的，是指在外的三大将。三位禁军大统领看似逼宫，其实色厉内荏，只是在提醒危险在哪里，到时出事别怪我们不给力。秦桧不屑一顾，打发走人。说到底军方的压力还是太小了，要是苗、刘复生，且看君相嘴脸。

可是文官集团的怒火是无法忽视的，最先站出来的是礼部长官。金国以臣奴之礼肆压江南，正是礼部的职权范围。礼部侍郎、兼侍讲张九成先去见了赵构，很平和地提出反对意见，转身去找秦桧时，立即变得冷若冰霜。

秦桧眼见形势不对，抢先开口："大抵立朝须优游委曲，乃能有济。"这是在说治国纲领，优游指清闲悠闲，委曲是曲意迁就，眼下时局，只有这两样才能让国家受益。

张九成冷笑："未有枉己而正人。"这句话出自《孟子·万章上》，全句是："吾未闻枉己而正人者也，况辱己以正天下者乎？"秦桧饱读诗书，立即知道张九成要说的是下半句。

现在南宋要自辱以待金国，是得不到"正"的结果的。这是对国家时政的否定，而上一句更是对身为首相的他当面辱骂——你本身就是个不正之人，居然敢对我说三道四！

秦桧如遭雷击，这是史无前例的侮辱，是自从宋朝立国以来百余年间所有宰执们从来没有经历过的奇耻大辱。宰相礼绝百僚，他居然被下官当面辱骂，这是无论如何不能忍受的。但这也给了他口实，走正常程序罢免张九成。

继任的礼部侍郎名叫曾开，上任伊始就激烈反对议和，"信其诡谋，侥幸讲和，稽之前古为可忧，考之今事为难信"，"忘大辱，甘臣妾，贬称号，损金帛，以难得之时，为无益之事，可不为恸哭流涕哉！"

眼见此人更加难缠，秦桧直接收买，说皇上以宰执之位以待。曾开不为所动，问这次议和的体制是怎样的？秦桧无奈举了个例子，就像我朝与高丽。曾开大怒，高丽对宋朝一向称臣，可两者不接壤，宋朝无法真正控制对方，这和宋金两国的关系能类比吗？稍加一句，曾开之前是在直学士院上班的，学识卓然，他当场引经据典驳斥秦首相，从古人的正义正理开始上课。

秦桧被气得发抖："侍郎知道古时的事，唯独我秦桧不知道吗？"接着就被曾开抓个正着，明知故犯，罪加一等。

秦桧急怒攻心，声称这是陛下所决定的，你高尚，可以"自取大名而去"，我秦桧只想成就国家大事而已。

第二任礼部侍郎被迅速罢免，第三位上任者名叫尹焞。尹焞是北宋圣人程颐的入室弟子，大概是赵构觉得儒道正宗的程圣人门下一定会尊王守法，与皇帝步调一致。却不料尹焞的攻击才最致命。

尹焞抄录了《礼记·曲礼》中的一句话寄给赵构。

"《礼》曰：父之仇，弗与共戴天；兄弟之仇，不反兵。"现在金国与陛下有父母之仇、兄弟之仇，你不共戴天了吗，不反兵了吗？反而要议和，这样做你有孝、礼吗？要知道国之大事，无非"礼""孝"二字！

赵构焦头烂额，体无完肤，他一直都以所谓的"孝"来当挡箭牌，这时根本无从解释，无法掩饰，能做的只有尽最快的速度罢免尹焞。

礼部成了赵构、秦桧挥之不去的梦魇，为此秦桧重提修政局旧事。这回不大张旗鼓，他悄悄地提供了一份名单，上面是勾龙如渊、施廷臣、莫将、沈该等亲信，请赵构安插进重要部门。

文官集团立即识破了秦桧的意图，由兵部侍郎、权兼吏部尚书张焘带头，合兵部、吏部、刑部、礼部四部之力集体上书反对，秦桧结党营私,居心叵测,这些人升官,我们立即辞职。

赵构呆了,这是他事先没有想到的。他可以很轻松地任免某一部门的长官,可三省六部中的四部集体辞职是他没法承受的,国家大半职能会瞬间瘫痪。

除此之外,宋朝的国家干部基地,馆阁方面胡珵、朱松(朱熹父亲)、张扩、凌景夏、常明、范如圭等人联名上书,哪怕不要前程也要弹劾秦桧。这些人都是宋朝未来宰执人员储备,身份与人脉在求学时代就非同小可,社会影响力尤其巨大。此时火力全开,瞬间引爆外界舆论。

其中以范如圭的文字最犀利,他单独写了封信给秦桧。"……犯众怒,陷吾君于不义,苟非至愚无知,自暴自弃,天夺其魄,心风发狂者,孰肯为此。必且遗臭万世矣!"

秦桧的风评史无前例地恶劣,依照宋朝官场惯例,他必须辞职。馆阁人员击中了新任首相的要害,然而秦桧不为所动,他是何许人也,经历过在北方为奴的残酷屈辱,怎么会把这点小把戏放在眼里。

眼下局势,能让他下野的只有皇帝,而皇帝与他刚刚结盟,所以结局早已注定。赵构、秦桧在正式场合以工作谈话的方式讨论了解决这次危机的办法:"待疆事稍定,须当明政刑,以未劝惩,庶几不变。"等议和的事办成了,再秋后算账。但是足以颠覆他们地位的危机突然袭来。

监察御史方庭实上书,"天下者,中国之天下,祖宗之天下,群臣、万姓、三军之天下,非陛下之天下","陛下纵未能率励诸将,克复神州,尚可保守江左,何遽欲屈膝于房乎?陛下纵忍为此,其如中国何?其如先王之礼乎?其如百姓之心乎"?

赵构震惊,终于有人公开蔑视他所谓的至高无上的皇权了。这是一记提前敲响的丧钟,他之所以能立足江南,控勒众大将,靠的就是文官集团的支持,现在已有分崩离析的趋势!没等他作出反应,更强烈的一波动荡开始了。

临安城里各大主干道、显要地段,出现了大批的榜贴,上面写着:"秦相公是细作!"

秦桧心惊胆战,赵构更加惊慌,他没有忘记就在十几年前,江南曾经出现过的声势浩大的反抗他父亲的花石纲等恶政的方腊起义,眼下他的作为比赵佶更加恶劣,赵佶要汉人的钱,他要汉人的脊梁!

要军队介入吗?自淮西兵变以来,他最担心的就是军队。剖析心理的话,他在兵强马壮的现在,仍然不惜卑躬屈膝向女真人求和,有很大一部分原因就是不信任自己的军队。试想如果他的军队在北伐中不断壮大会是怎样的局面?

是金国的末日,还是他赵构的死期?!

两难中,赵构等到了议和事件中来自文官集团的最强烈攻击,这一次他和秦桧都承受不住了。

胡铨,字邦衡,吉州庐陵(今江西吉安)人。非科班出身,以贤良方正被举荐跻身官场,时任枢密院编修。这是个没有多少实权的位置,相当于国防部里的一个科员小干部。他写了一份奏章,字数不多,与当时动辄万言以上的文章相比,实在是很不起眼,但要看他写的是什么。这是光耀整个两宋三百余年的气节与愤慨,每个中国人都应该阅读。

戊午上高宗封事

臣谨案:王伦本一狎邪小人,市井无赖,顷缘宰相无识,遂举以使虏。专务诈诞,斯罔天听,骤得美官,天下之人切齿唾骂。今者无故诱致虏使，以'诏谕江南'为名，是欲臣妾我也，是欲刘豫我也！刘豫臣事丑虏，南面称王，自以为子孙帝王万世不拔之业，一旦豺狼改虑，捽而缚之，父子为虏。商鉴不远，而伦又欲陛下效之。夫天下者，祖宗之天下也，陛下所居之位，祖宗之位也。奈何以祖宗之天下为金虏之天下，以祖宗之位为金虏藩臣之位！陛下一屈膝，则祖宗庙社之灵尽污夷狄，祖宗数百年之赤子尽为左衽，朝廷宰执尽为陪臣，天下士大夫皆裂冠毁冕，变为胡服。异时豺狼无厌之求，安知不加我以无礼如刘豫也哉！

夫三尺童子至无识也，指犬豕而使之拜，则怫然怒。今丑虏则犬豕也，堂堂大国，相率而拜犬豕，曾童孺之所羞，而陛下忍为之邪？

伦之议乃曰：'我一屈膝，则梓宫可还，太后可复，渊圣可归，中原可得。'呜呼！自变故以来，主和议者谁不以此说啖陛下哉！然而卒无一验，则虏之情伪已可知矣。而陛下尚不觉悟，竭民膏血而不恤，忘国大仇而不报，含垢忍耻，举天下而臣之甘心焉。就令虏决可和，尽如伦议，天下后世谓陛下何如主？况丑虏变诈百出，而伦又以奸邪济之，梓宫决不可还，太后决不可复，渊圣决不可归，中原决不可得，而此膝一屈不可复伸，国势陵夷不可复振，可为痛哭流涕长太息矣！

向者陛下间关海道，危如累卵，当时尚不忍北面臣虏，况今国势稍张，诸将尽锐，士卒思奋。只如顷者丑虏陆梁，伪豫入寇，固尝败之于襄阳，败之于淮上，败之于涡口，败之于淮阴，较之往时蹈海之危，固已万万。倘不得已而至于用兵，则

第十九章　秦桧之奸　337

我岂遽出虏人下哉？今无故而反臣之，欲屈万乘之尊，下穹庐之拜，三军之士不战而气已索，此鲁仲连所以义不帝秦，非惜夫帝秦之虚名，惜天下大势有所不可也。今内而百官，外而军民，万口一谈，皆欲食伦之肉。谤议汹汹，陛下不闻，正恐一旦变作，祸且不测。臣窃谓不斩王伦，国之存亡未可知也。

虽然，伦不足道也，秦桧以腹心大臣而亦为之。陛下有尧、舜之资，桧不能致君如唐、虞，而欲导陛下为石晋。近者礼部侍郎曾开等引古谊以折之，桧乃厉声责曰：'侍郎知故事，我独不知！'则桧之遂非愎谏，已自可见。而乃建白令台谏、侍臣佥议可否，是盖畏天下议己，而令台谏、侍臣共分谤耳。有识之士皆以为朝廷无人，吁，可惜哉！

孔子曰：'微管仲，吾其被发左衽矣。'夫管仲，霸者之佐耳，尚能变左衽之区，而为衣裳之会。秦桧，大国之相也，反驱衣冠之俗，而为左衽之乡。则桧也不唯陛下之罪人，实管仲之罪人矣。孙近傅会桧议，遂得参知政事，天下望治有如饥渴，而近伴食中书，漫不敢可否事。桧曰'虏可和'，近亦曰'可和'；桧曰'天子当拜'，近亦曰'当拜'。臣尝至政事堂，三发问而近不答，但曰：'已令台谏、侍从议矣'。呜呼！参赞大政，徒取充位如此。有如虏骑长驱，尚能折冲御侮耶？臣窃谓秦桧、孙近亦可斩也。

臣备员枢属，义不与桧等共戴天。区区之心，愿断三人头，竿之藁街。然后羁留虏使，责以无礼，徐兴问罪之师，则三军之士不战而气自倍。不然，臣有赴东海而死尔，宁能处小朝廷求活邪！

这篇讨伐投降卖国主义的檄文一问世立即四方传颂，宜兴一位叫吴师古的进士出资刻板印行，让它以最快的速度风行全国。

讨伐秦桧的声浪达到了最高潮。

世人皆曰可杀，初入相府的秦桧顶不住了，然而想议和就缺不了秦桧。赵构习惯性地动了杀机，潜藏心底深处的真实一面浮出水面，胡铨想成陈东第二，那就成全他！赵构清楚地记得，称帝初期，他之所以能顺利地从虏骑肆虐的北方迁到扬州，就是他毫不留情地斩杀陈东、欧阳澈，震慑了整个官场。

那么，杀！

然而秦桧反对，他不得不为自己考虑。这时赵构为了议和顺利不惜大开杀戒，处理得越凶残，一旦进程波折，他自己受的反噬就会越苛酷，甚至赵构为了泄愤，会一股脑儿地把所有责任都甩到他的头上，彼时万夫所指，死无葬身之地，怎一个惨字了得。

秦桧提醒赵构，再杀言事者，小心江南变天。

这让赵构的一口恶气瞬间像泄了气的皮球一样瘪了下去，他能为了平安向仇敌屈膝，同样也能为了平安放过一介臣子。

赵构下令将胡铨发配至岭南昭州（今广西平乐），立即起行，哪怕他小妾正怀孕也不得耽误。然而舆论持续发酵，如此苛待言事者，与杀人何异？秦桧恨得咬牙切齿，就在快忍耐不住时，他的党羽范同说："只莫采，半年便冷了。若重行遣，适成孺子之名。"

真知灼见，秦桧一下子明白了过来。胡铨改到广州去管理盐仓。

对抗持久激烈，金使也离临安越来越近了。眼见官场不配合，赵构索性耍无赖，不再理会任何意见，命令秦桧安排接待金国使者的事宜。然而他犯了个低级错误，作为上位者是必须清楚属下们各项最低需

第十九章　秦桧之奸　339

求的。

世界上没有任何人天生就该为谁付出,而不索求代价。孔夫子规定了君君臣臣,父父子子等天伦纲常,可惜只有极少数的信众能认真执行。

秦桧表示干不了,他是想要促成这次议和,但他并不准备为之去死。眼见举世皆敌,已经身败名裂,还要一往无前,当他是岳飞吗?

这大出赵构意料之外,秦桧从这一刻起不再是之前他能随意拿捏,予取予夺的那个臣子了,从秦桧在他与完颜昌之间搭起了和议的桥梁时起,秦桧就有了新的身份,哪怕和议最终不成,就此时此刻而言,秦桧很超然。

这让赵构很不安,事情有失控的感觉。一时间纠结焦虑,他抱怨道:"士大夫但为身谋,向使在明州时,朕虽百拜,亦不复问矣。"明州,指"搜山检海"逃亡时。

没人接茬。

赵构越发愤怒:"王伦本奉使,至此亦持两端。秦桧素主此议,今亦来求去。去则无害,他日金人只来求朕,岂来求他秦桧。"

这就对了,要让赵构清楚现在骑虎难下的并不是只有他秦桧一个人。赵构必须急起来,下面的事才好办。

秦桧的亲信之一给事中楼炤在《礼记·丧服四制》和《尚书·无逸》中找到了解决办法。"高宗谅闇,三年不言。"也就是说,在服丧的三年时间里,皇帝可以对国政不闻不问。

赵构瞬间轻松,古人至圣,什么事情都为后世想到了,难怪国人万事羡古。然而文官集团可不是吃素的,更狠的办法立即出台。金国的条件之一是南宋的整个朝廷在正式场合共同接受诏书,他们从这时起就集体请假，看皇帝、首相怎么办。

这是体制内无解的一招，官员有权请假，再进一步甚至辞职，到时金国要求的步骤无法完成，那么和议也就此搁浅。

然而全体官场都对秦桧一无所知，这个人不知何时进化成了一个彻头彻尾的怪物，心性比之北宋权奸蔡京更加阴暗凶险。蔡京终结党争的办法是不分新旧党全体打倒，连同子孙后代都无法翻身，秦桧是完全无视官场、人间所有规则，只要能达到目的就行。

下面是秦桧操作和议的具体步骤。

秦桧向行进中的使团传送了"高宗谅闇，三年不言"的典故，由王伦向金使张通古疏通，以首相代皇帝行跪礼，接受金国诏书。其余礼节不变。

绍兴八年十二月二十七日，秦桧率领宰执大臣迎接金使至使馆，跪受金熙宗诏书，备玉辂承载送往临安皇宫。金使张通古驰马直入殿门，只见殿内铺满紫幕，宋朝官员穿着绯色、绿色、紫色的朝服，腰间佩带着金鱼银鱼，已整齐排列，等待仪式。

张通古向宋朝皇帝赵构大声宣读金国诏书，从这一刻起，赵构不再是皇帝，他与他的国家臣民都成了金国的臣属。

仪式完成，金使离去。满殿文武大臣脱掉朝服、鱼袋，恢复三省、枢密院吏胥的本来身份。

这就是秦桧的办法，在国家最庄严的地方上演这样拙劣的闹剧。他抛开了拒绝配合的全体朝臣，用小吏差役等厮仆辈下人假扮官员蒙混了事。于他哪有什么难题，只不过是多准备一些官服而已！

这样的事发生在以衣冠礼乐称道的宋朝，简直是天大的丑闻，事实上翻遍全人类的史书，也没有同类事件。

秦桧为了"和议"不顾一切，赵构听之任之。事后官场震动，斥责皇帝与首相丧心病狂，可和议已成，反对者只能徒呼奈何。

三天之后，张通古带着南宋的第一批岁贡共计五十万两白银回国了，陪同的有南宋的各项专责使者。比如奉表报谢使韩肖胄、副使钱恺、迎护梓宫、奉还两宫、交割地界使王伦、副使蓝公佐。这些人负责为宋朝带回议和所得。

以上并不意味着结束，相反赵构的工作才刚刚开始。文官集团与他休戚与共，没有文官集团赵构无法保住皇位，甚至生命。文官集团没有赵构会被淹没在乱世洪流之中，重返五代十国时代被武将随意斩杀的命运。所以不管彼此闹到哪步田地，最后都会止步于红线之前。

武将们就不一样了！

张俊可以忽略不计，吴玠远在川陕，此人刚柔相济，智勇兼备，领军抚民，诸德咸集，隐隐然有王者之相。本来赵构是非常提防的，但是近年来吴玠的另一面显露出来，他好美色，喜丹药，在享乐上逐渐失控，已经没有多少进取之志。

剩下的韩世忠和岳飞是强硬的、从来没有动摇过的抗金主战派，闹剧一样的和议过程堪称拙劣，内容丑陋可耻，这两人一怒之下会做出什么，真是殊为难料。

赵构将刘光世、张俊、韩世忠、吴玠、岳飞、杨沂中集体升官，四支前沿部队与杨沂中殿前司军的统制、统领、正将、副将等也各"进秩一等"。这是皇帝给的封口费，从此不得再于此事纠缠。

他的消息传送得很及时，韩世忠泼皮本色发作，面对耍无赖、没底线的皇帝，他在楚州淮阴县洪泽镇（今江苏淮安境内）埋伏人马，假扮红巾军，要袭杀使团。这一招匪气十足，但和赵构、秦桧的行为很匹配。只要成功，肯定能破坏议和。

奈何他的部将郝卞向淮东转运副使胡纺告密，使团改道直奔淮西的张俊辖区，就此被服务得安全周到，顺利北返。

韩世忠就此安静。

剩下的只有岳飞了，赵构很是沮丧，当年觉得法眼无差，选中了一个德行兼备、百依百顺的臣子，却不料是最让他头疼的犟种！他亲笔写了一份手诏安抚岳飞："已得大金国书，朕在谅阴中，难行吉礼，止是宰执代受。书中无一须索，止是割还河南诸路州城。此皆卿等扶危持颠之效。功有所归，朕其可忘。尚期饬备，以保全勋。"

岳飞"进秩一等"后升为从一品的开府仪同三司，升官阶的《制词》中对他大为褒奖："霍卫有闻，沉勇多算。有岑公之信义，足以威三军；有贾复之威名，足以折千里。临敌而意气自若，决策则机智若神。"

将岳飞比之西汉的卫青、霍去病，东汉的岑彭、贾复，这是武将至高无上的美誉。升岳飞为武昌郡开国公，食邑三千五百户、实封一千四百户，再向上就是封王了。宋朝除了童贯的广阳郡王外，还没有生前封王的例子。

宋金此次和议中"新复州郡"中有很大一部分在原北宋西京河南府一带，按地理位置划归岳飞辖区。

以上种种，赵构把荣誉、实利、头衔、辖区等一切能给的都一股脑儿赐予岳飞，只为了换得"同意"二字。

然而他等到的岳飞的回复是："臣幸遇明时，获观盛事。身居将阃，功无补于涓埃；口诵诏书，面有惭于军旅。尚作聪明而过虑，徒怀犹豫以致疑；谓无事而请和者谋，恐卑词而益币者进。臣愿定谋于全

第十九章　秦桧之奸　343

胜，期收地于两河。唾手燕云，终欲复仇而报国；誓心天地，当令稽颡以称藩。"

这是对赵构不加掩饰的鄙视，皇帝颁布到军营由岳飞亲口对三军将士念诵的诏书，居然让他面有惭色，他在以公文的方式向全世界嘲讽自己的君王！这一刻赵构心中愤怒、羞耻交织，很自然也很习惯地转化成杀机！

而岳飞的反对还在继续中，他屡次上表辞退各项封赏，同时警告宋廷："今日之事，可危而不可安，可忧而不可贺。可以训兵饬士，谨备不虞，而不可以行赏论功，取笑夷狄！"

绍兴九年（1139），时年三十三岁的赵构历尽波折磨难，已经喜怒不形于色，他非常平静地应对岳飞，对其所有的抗议都视而不见，不加评论，只是对岳飞的辞退封赏之举"不允所请"。之所以这样，一是和议还未完成，南宋还需要军队坐镇，才能保证和议条款的执行；二是文官集团暴动了。

文官们发现下吏冒充自己跪迎金使之后对赵构彻底失望，无数奏章涌向临安，其中最尖锐的几份开始脱离臣节，仇视赵构了。

广州知州连南夫引用韩愈之说："叛父母，从仇仇，非人之情。"官员贾廷佐上书："太祖、太宗基业之盛，堕于陛下之手，无复中兴之理，复何面目戴黄屋，主天下哉！"等等，限于篇幅无法一一列举。

赵构装聋作哑，毫不理会，把他们一个个都贬官外放，让这些人从此再也没有资格上书。

在这个过程中赵构没有意识到，他每打压残害一个上书者就损伤了汉民族的一分元气。女真人和契丹人都只是趁汉民族一时虚弱，主要原因还是宋朝官方闭口不谈乃至视而不见的国家大政，即赵匡胤设计、赵光义完善的弱枝强干、崇文抑武政策，才逞一时之快。

从这一点出发，赵构哪怕知道自己正在干什么，也绝不在乎。他心中只有自己的安全和富贵。

女真人"搜山检海"抓他，武将在行宫门前威胁他，这样的事绝不允许再发生了！

第二十章
天予不取

绍兴十年三月,金国真的归还了土地,要南宋派官员去接收。这次议和发生在金国的天眷元年(1138),史称"天眷和议"。

金国归还的土地在新河以南,即陕西、河南一带。旧河以南、新河以北的土地仍然属金。所以和议之后宋金边界大致仍然在淮河一线,没有太大的改动。

和议条款中规定,宋方"不许辄行废置"金国在该地所设官员,不许宋方大规模驻军,只允许有少量的治安力量。金军占据了横跨河中府(今山西永济县西)、同州(今陕西大荔县)的黄河渡桥,把河面所有渡船都划到北岸,保证能随时重新渡河。

主持宋方和议的使者王伦上书示警,"乞令张俊守东京,韩世忠守南京,岳飞守西京,吴玠守长安,张浚建督府,尽护诸将"。

赵构无动于衷。不久消息传来,金国把王伦扣押了,把副使蓝公佐派回来,索要"岁贡、正朔、誓表、册命等事",还要求南宋兑现把原属河东、河北两地,现逃亡江南的各项人等遣返北方。

赵构下令各部门一一照办。对于南宋的所得利益，如河南怎样保守，他下达的命令却是不能拿太多的钱去供养驻军，派两三千人的部队进驻充当治安力量就可以了。宋廷派郭仲荀为东京副留守，率张俊所部一千兵力前往。可想而知，这点兵力什么都做不了。

真正重要的事是"孝"。赵氏祖坟在河南，从赵匡胤开国时到北宋灭亡，包括赵匡胤的父亲在内已经有八位皇帝入葬。之前被战乱隔断，现在赵构可以，也必须派人去祭祀了。皇叔、同判大宗正事赵士㒟和兵部侍郎张焘受命祇谒陵寝使前往朝拜。

一行人从杭州出发，路经武昌、信阳、蔡州、颍州等地，目标洛阳。这条路线基本在岳飞的辖区。岳飞请求率领轻骑兵随行保护，一不小心在奏书中流露了真实意图，"臣请量带轻骑，随二使祇谒陵寝，因以往观敌衅"。

岳飞念念不忘战争，要亲自去敌占区试探虚实。这让赵构的心情越发的焦躁，岳飞不仅是在文字、舆论上反对他了，还要用实际行动来破坏和议。他下诏严令岳飞不得离开驻地，只派一千余名士兵随行就好。

赵士㒟等人到达之后，只见西京八陵宫室、墙垣倒塌，"草深不见旧址"，诸人"披荆履蘖，随宜葺治"而成礼。至于陵寝，"诸陵皆遭发"，宋哲宗的永泰陵被盗现场最惨，他的尸体暴露野外，使团只能"衣裹之"。之所以会变成这样，是因为古代封建迷信上升到了朝代更迭，生死成败的地步。

伪齐皇帝刘豫派正规军去挖掘北宋皇陵，号称"淘沙队"，是历史上仅排名在汉末曹操后面的最大的官方挖坟运动，除了珍贵的陪葬品外，更主要的目的是挖断天水朝赵氏的龙脉。

探陵使回到临安，深感难堪，没法向赵构述职。当堆累的官方语言过后,赵构实在忍不住问:"诸陵寝如何?"

回答是:"万世不可忘此贼!"

赵构头晕目眩,一下子失去了表达能力。悲痛与羞耻是应该有的,毕竟赵佶的死讯传来,他曾经有意与金国不共戴天。然而此时此刻,他的痛苦来自和议还要怎样继续下去,他的孝字号招牌轰然倒塌,再以生母的安危为借口已经行不通了。

生母与列祖列宗孰重孰轻?

还有什么理由不开战?!

然而赵构"涕下沾襟,悲动左右",除此之外,八风不动。他决定容忍一切,只要和议的成功。

可是他不知道远在千里之外的北方,金国内部爆发了自女真建国以来最大的血腥事件。完颜宗弼开始杀人了!

四太子目睹宋人进驻河南地,忍无可忍之余找到了金熙宗,控诉完颜昌是个金奸,被宋朝买通了。

"初,右副元帅沈王宗弼既还祁州,密言于金主曰:'河南之地,本昌与宗磐主谋割与南朝,二人必阴结彼国。'今来使已至汴京,未可令过界。""挞懒至燕京,愈骄肆不法,复与翼王鹘懒谋反,而朝议渐知其初与宋交通而倡议割河南、陕西之地。"

太祖系内部协商的结果是把太宗系连根拔掉!金国历史上第一次皇族大流血自此开始,初代女真人完颜宗弼举起了屠刀砍向自己的族人,当他把完颜昌等人都砍死之后,不会知道自己开了一个怎样恶劣的先河。

女真皇族在之后的岁月会不断地自相残杀,只存世一百多年,就被更北端的新兴蛮族屠灭。

金国内讧是南宋的天赐良机，前北宋官员张汇夜渡淮河，赶到临安，报告第一手情报，金国"主懦将骄，兵寡而怯，又且离心，民怨而困，咸有异意"，建议南宋"王师先渡河，胜负之机，在于渡河之先后尔"。

只要敢于抢先出兵，就一定胜利。

岳飞、韩世忠等人闻讯再也按捺不住，纷纷请战。赵构要他们都安静，国家要尽最大努力争取和平。他连续派出苏符、王公亮和莫将、韩恕两批使者，去履行天眷议和剩余的条款，比如迎接生母韦氏回归。

完颜宗弼简直哭笑不得，事到如今宋人居然还在做梦。他对前一批使者拒不接待，后一批索性拘囚。直到这时赵构才彻底死心，知道议和不可能了。

绍兴十年五月，金军兵分四路南下。分别由聂黎贝堇、李成、完颜杲及完颜宗弼本人攻击山东、河南、陕西和开封区域。

金国要收回天眷和议中"割让"给南宋的所有土地，以南宋那点可怜的驻军来说结果是注定的。

金军杀到，宋城官兵或弃城逃跑，或开门投降。

南宋把战场分成东、西、中路三部分，西路由吴玠主持，东部由韩世忠主动出击，渡江攻击京东路区域，中路由岳飞、张俊迎战完颜宗弼。

在国战即将爆发之际，有一支部队的位置非常尴尬，时任东京副留守的刘锜带着八字军从临安启程去开封上任。他走的是长江水路，以九百艘船装载士卒、家属、战械，当金军发起进攻时，已经进入淮河流域，临近一座叫顺昌的小城。

他面临抉择，前进、后退或者坚守。

第二十章　天予不取　349

八字军此时的建制是两万士卒，与完颜宗弼的十余万重兵相比悬殊过甚，再前进相当于羊入虎口。但是刘锜选择就地坚守。

五月十八日，刘锜率部进驻顺昌城，他把家眷安置在寺庙中，院墙堆满了柴草，向全军训话。此战如果失败的话，请帮忙点火，他的家人绝不做女真人的俘虏！

刘锜决死一战的决心感染了全军，八字军誓与顺昌共存亡。

完颜宗弼率领十三万重兵逼近顺昌，连营设在颍水北岸，长达三十余里。"连接下寨，人马蔽野，骆驼牛马纷杂其间，毡车、奚车亦以百数。攻城战具来自陈州，粮食器甲来自蔡河。"

富平之战时刘锜以西军五分之一的兵力击败率领当时金军一半主力的完颜宗弼。时移世转，现在完颜宗弼叫嚣："刘锜何敢与我战，以吾力破尔城，直用靴尖跃倒耳。"

金军选择在一个大晴天的早晨攻城，刘锜制订的作战计划是必须坚守到中午。这是一个惨烈的决定，顺昌城小墙颓，八字军的实际兵力只有五千，其余的是三千名禁军和家属，要顶住十三万金军整个上午的围攻，是不可能完成的任务。

这一切的原因都在顺昌南城墙某个位置上裸露在太阳下的一副甲胄上。它必须被六月的太阳晒到烫手，才是刘锜预设的总攻时机。

时间在血肉与战火间来到了正午，金军在滚烫的铠甲中燥热难耐。他们的主力是铁浮屠，浮屠是佛教词语里的铁塔，金军铁浮屠骑兵人马都披重甲，三五勾连集体冲锋，在当时是势不可挡的钢铁洪流。

刘锜下令出击，五千步卒手持大刀长斧，背着装满豆子的长竹筒冲出了城门。

《宋史·刘锜列传》里记载，豆子是熟的，金军骑兵的马饿了一个上午，迫不及待地低头去吃，马蹄绊到竹筒，顿时队形散乱，自相践踏，乱成了一团。宋军的步兵迅速破开了铁浮屠阵地，直逼完颜宗弼。

没有任何史书记载完颜宗弼被伤害到了，但他就此逃跑，从顺昌一口气跑回开封，累到"气疾""呕血不止"。女真人坚称打败他们的不是宋朝军队，而是从外国借来的"鬼兵"。

让金军火速撤退的另一个原因是川陕大将吴玠在绍兴九年的年末病故，导致岳飞提前出征。

吴玠扼守长江上游，确保整个江南的安全，在稳固的同时，大批杀伤金军的有生力量，对南宋而言是立国之本。功成名就之后吴玠纵情声色，烧汞炼丹。后者是致命的，中国古代的丹药是硫化汞，或者氧化汞，都是剧毒。吴玠死于是，殊为不智。

宋廷追赠吴玠为少师，赐钱三十万贯，谥武安。行营右护军的军权上缴给川陕一把手胡世将，具体军权由吴璘、郭浩、杨政执掌，他们就是后来史称的"蜀中三大将"。

赵构既惊且喜，从此蜀川不再姓吴，去了他一块心病。然而国难当头，先丧大将，又让他实在心慌。

完颜杲进军神速，从河中府渡黄河入同州，奔袭二百五十余里，几天之内就拿下了长安。此时近五万多人的行营右护军分散在陕西各地，胡世将临战上任，真的将不知兵，兵不识将了，他召集高层议事，居然找不到人。

吴璘迅速赶到，他率部以自杀式的进攻阻断了完颜杲的前进之路，陕西境内的人员物资得以撤进蜀川。

中原大战在即，陕西全境沦陷，蜀口一线危在旦夕，就在这种局面下岳飞开始了北伐。

行营后护军全军皆起，闰六月中旬渡过江、淮，进入河南区域。岳飞必须保持住极强的攻势，才能制衡全盘战局。

第一战由岳家军二号人物前军统制官张宪攻击颍昌府，距城四十余里时遭遇金军。

这是由韩常率领的金军主力。韩常能开三石硬弓，个人武勇堪比岳飞。在富平之战时被射瞎一只眼睛，还在乱军丛中救出了完颜宗弼，是金军中首屈一指的汉人将领。两军在旷野中激战，手握岳家军三分之一兵力的张宪获胜，他穷追韩常，直到颍昌城下。

颍昌是金国用来翼护开封的三大重镇之一，岳家军连夜攻城，第二天攻克。第二个目标是陈州，也叫淮宁府，它是三重镇中的第二座。为了必胜，岳飞派牛皋、徐庆增援张宪，这样张宪的兵力接近全军的一半。

在河南区域内，每前进一步都要冲破金军的阻拦。张宪一路击溃三拨金军，当他抵达陈州城下时，已经把这片区域内的金军清空，陈州旋即被攻克。

此时距开战仅四天。

隔天，中军统制官王贵攻击郑州，郑州守将是金军万夫长漫独化，他率军出城迎战，在二十九日的夜晚全军覆灭。王贵继续向北宋四京中的西京洛阳进军。

颍昌、陈州、郑州，岳飞的战术与岳家军独一档的战斗力都隐藏在这三座城池的所在位置里。

颍昌与陈州在开封城的南端，是岳飞渡江、淮北伐的必经之路。郑州就不一样了，它在开封城的东端，远远超过了颍昌、陈州，只相隔一天就发生了攻城之战，这说明岳飞在派出张宪时，就同时或者更早派出了王贵。

在这个时代里，甚至整个封建时代，常见的都是韩世忠式的按地理位置一步步前进的攻击，一旦受挫就会形成僵持，或者撤退。极少见到岳飞这样把部下空投一样远远地抛撒出去，隔着大片敌占区，攻击敌人的腹地区域的打法。

这很像第二次世界大战时，美军在太平洋战场对日本实施的"蛙跳战术"。当时太平洋区域的一座座岛屿都被日军修成了堡垒，美军开始时逐一登陆占领，但是损兵折将，代价极大。麦克阿瑟决定发挥空军与战舰优势，越过沿途岛屿，直接攻击菲律宾和日本本土。

岳飞的战术让金军很不适应，他们不知道岳家军的主力到底在哪里。匆忙间，完颜宗弼率领六千精骑逼近颖昌城。他没能及时援助韩常，于是决定重新夺回颖昌。颖昌驻军是踏白军统制董先、游奕军统制姚政。游奕是巡回的意思，踏白指武装侦察，都不是主战部队。岳飞要他们守城，保护张宪的侧后，可是他们选择出城迎战。

颖昌城北七里店，岳家军的侦察巡逻兵对阵金国都元帅、万人敌韩常、邪也孛堇所率领的六千精骑。激战一个时辰之后，逃跑的居然是金军。

在洛阳城外，当年的流寇之王李成乘王贵百里奔袭强弩之末时，出城挑战，被杀得一败涂地，逃回城里。

以上能轻易得出结论，岳飞此次北伐麾下部队的战斗力远远超过了金军。完颜宗弼、李成这些早期与岳飞争战的对手，现在岳飞的部下们就能在正面对决中获胜。与此同时，在陕西、江淮等战区里，张俊、韩世忠等人的战绩与往常一样。

整个世界的力量对比没有变化，只是岳飞变得一枝独秀，毫不夸张地说岳家军已经举世无敌。

十一天之后，王贵攻克洛阳。北宋西京光复了，至此西南颍昌，南面陈州，西北方郑州、洛阳，岳家军对开封形成了合围，只在北方留下了一条出路。而这是最大的一个陷阱。

就在王贵逼近洛阳城时，一支岳家军扮成平民从京西北路西北角的南岸夜渡黄河。他们与早在五六年前就实施的"连结河朔"计划中发动的义军会合，扫清了黄河北岸的金国守军，攻克守军达一万五千余人的绛州垣曲县。义军迅速壮大，四处出击。完颜宗弼向北撤退的话，正好落入瓮中。

形势一片大好，然而岳飞的侧后方突然间空了。

临近战区是由张俊、王德负责的淮南东路，他们攻占了亳州、宿州。这两座城在陈州的东边，处于平行一线，甚至更偏北一点。也就是说，他们的前进速度比岳家军更快。

这并不是难事，淮南东路包括顺昌府，刘锜大败完颜宗弼之后，这片区域没有金军。没有任何预兆和危险，张俊在七月八日突然率军后退回到驻地庐州。这个时间段完美地卡住了岳飞的脖子。

他早一点撤军的话，岳飞的攻势没有全面铺开，随时能从战场脱身。晚一点的话，攻势会转化成战绩，金军会主动后撤。现在胜负未定，战线全面展开，岳飞只能独抗金军全部。雪上加霜的是他的位置暴露了，完颜宗弼率领一万五千人的骑兵从小路直奔颍昌府东南端的郾城县，距离只剩二十里时才被发现。

这就是岳飞战术的弊端了，他派出了几乎全部的主力去攻击敌人，身边变得空虚,此时连背嵬军都派给了张宪,只能率领游奕军骑兵迎战。金军除了数量上的绝对优势,还有拐子马、铁浮屠。拐子马是轻骑兵,临阵时从两翼出击,左右穿插,出没于敌方侧翼或纵深,由于速度快、变化多,往往出奇制胜。铁浮屠是重甲骑兵,一向是金军的决胜力量。

这两种骑兵的配置优劣互补,形成了一个从力量到速度,从冲击到重压各方面都完美的攻击体系。它们临阵时女真人从来没有败过。

岳家军的士卒手持巨斧、麻扎刀应战,当铁浮屠的钢铁洪流冲到眼前时,他们突然伏身翻滚进去,以生命的代价砍断前几排马蹄。铁浮屠成片地倒了下去,迅速波及后队,无解的重甲骑兵就此失败。之后金军连续冲击达数十回合,岳飞阵容始终不乱,杨再兴单骑突入敌阵,在万军之中寻觅完颜宗弼。可惜的是金国军衔最高的都元帅在战场上消失不见了。杨再兴身中数十处创伤,"擒兀术不获,手杀数百人而还"。

当天金军败走,可局面不变。

岳飞不可能逃走,否则军心士气就乱了。两天之后,郾城北五里店方向,大约一千名金国骑兵杀了过来。岳飞亲自迎战,当时亲兵拉住了他的战马,阻止他临阵冒险。岳飞一鞭子抽在亲兵的手上,喝道:"非尔所知!"

岳飞已经发觉了侧翼空虚,他向刘锜求援,张宪等部将都在回援,但是距离太远,此时他只有亲自上阵,才能鼓舞士气,保持不败。

五里店之战岳飞大胜,追杀二十余里,他在金军尸体中发现了一个身穿紫袍的人,在此人身上、马上分别搜出来两块红漆牌子,上面写着"阿李朵孛堇"。孛堇是高级金将,可为何只带了一千余人就来决战?

答案在三天之后揭晓,完颜宗弼集结了十二万大军杀来。阿李朵孛

第二十章 天予不取 355

堇的一千余人就是来送死的鱼饵，只为把岳飞拴在郾城。

十二万金军绕过颍昌方面的岳家军主力，向郾城逼近。时逢暴雨，下午时分，他们在临颍县境内的小商河附近突然遭遇了三百余名巡绰的岳家军。

这支部队由杨再兴率领，他身后就是岳飞，为了北伐，哪怕岳飞本人都亲自临阵，此时他退无可退，不胜利毋宁死！小商河激战，大雨中必死的决心让他比六天前的全盛状态时更加勇猛，金军箭如雨下，杨再兴每中一箭都会折断箭杆，任由箭头留在身体里，继续战斗。

箭杆会不停地摇晃扩大伤口不断流血，直到他丧失体力。全拔出来效果一样，唯有折断箭杆留下箭头才是最佳方法，这样他才能尽可能长时间地战斗！

杨再兴于激战中率部斩杀金军万夫长撒八字堇、千夫长、百夫长、五十夫长以下百余人，杀两千余名金军，终于力尽殉国。他和这场大雨把金军滞留在原地，一夜之后顺昌方向刘锜的八字军统领雷仲、岳家军前军统制张宪都赶到了，在凌晨时分向金军发起攻击。

十二万金军在泥泞的小商河区域被击溃，张宪衔尾疾追，经小商河过临颍县，历三十余里，才收兵回来。他们找到了杨再兴的尸体，"再兴战死，后获其尸，焚之，得箭镞二升"。

败退中的完颜宗弼像在西北和尚原时一样突发奇想，判断颍昌城里的岳家军被张宪带出来赴援，此时一定空虚，如果疾速攻击的话必然得手。想到就做，等到兵临城下时，他遭遇大惊喜。

王贵也回援了，此时颍昌城内集结着王贵、董先、姚政、胡清、冯赛等知名战将，率领着三万岳家军，阵中还有嬴官人岳云。

颍昌城再向北就是宋朝旧都开封，是女真人最后一道防线，是岳飞光复河南的关键跳板，此战堪称天王山，谁也输不起。同时更是开战以来宋金双方第一次主力对决，这次不胜，以前的所有战斗都会失去意义。

辰时（早上7点至9点）主将王贵带着中军、游奕军两部主力亲自出战，背嵬军全都交给岳云，城防由董先、胡清率领踏白军负责。

岳云率领八百骑背嵬军出战，两个时辰内出入敌阵数十回合，杀得人为血人，马为血马，身中战伤百余处，酣战不退。自从完颜阿骨打起兵以来，从来都只有金军铁骑无止无休地冲击宋军大阵，直至崩溃。岳云反其道而行之，是几十年以来仅见的孤例。

但是仍然无法撼动庞大的金军阵容。

眼见将士疲惫，战力衰竭，王贵想回城防守。关键时刻，岳云要他决战到底，北伐已成孤军之势，尺寸之退必致溃堤之恨！

然而岳飞不在本阵，兵力只有金军的四分之一，战斗历经辰、巳、午三个时辰，岳家军已接近极限。危急中董先率领踏白军出城助战，成了压垮金军的最后一根稻草。完颜宗弼逃跑，岳家军只能象征性地追击了一下。

颍昌之战岳家军击毙金军两个万夫长、五个千夫长，活捉女真千夫长阿黎不，汉人千夫长王松寿、张来孙以下共七十八名大小将官，其他的难以计数。乘此大胜，岳飞转守为攻，进军朱仙镇，再次击败金军，开封城近在咫尺。

屡次大败，金军将领普遍失去信心。金帅乌陵思谋对部下失去控制，只好说大家不要轻举妄动，等岳家军到了就投降。统制官王镇，统领崔庆，将官李觊、崔虎、华旺等皆直接投降。汉籍名将韩常计划率领

第二十章 天予不取

五万士卒内附，这是与淮西兵变郦琼等叛变南宋等量齐观的重大事件。

凡此种种，完颜宗弼沮丧哀叹："我起北方以来，未有如今日屡见挫衄。"无计可施中他想弃城北逃。

逃跑也没那么容易，北方义军达四十余万，蜂拥而起，都打着岳家军的旗号，到处袭击金军。金国自燕云区域向南已经失去统治，完颜宗弼想招募士卒扩充军力，"河北无一人从者"。

千载一时，万事俱备。岳飞为了必胜，派军前参议官李若虚返回临安，请旨命令其余大将重返战场，合力灭金。然而万万没有料到赵构以"金字牌急递"传来"措置班师"的命令！

这让所有人都难以置信，岳飞不久前还振奋地激励部下们："今次杀金人，直捣黄龙府，当与诸君痛饮！"可转眼间一切就都变了，皇帝要他放弃此前千辛万苦，浴血奋战的成果，返回长江南岸……这到底是为什么？！

消息传出，整个世界一片哗然，一个王朝阻止自己的军队收复旧京故都，这是多么荒谬费解的事情，头脑稍微正常的人都不会做出这样的决定！

岳飞悲愤填膺，写了一份奏章，反对班师。"金虏重兵尽聚东京，屡经败衄，锐气沮丧，内外震骇。闻之谍者，虏欲弃其辎重，疾走渡河。况今豪杰向风，士卒用命，天时人事，强弱已见，功及垂成，时不再来，机难轻失。臣日夜料之熟矣，惟陛下图之。"

这段话道尽了当时的形势。

金国的军事力量分布在各个方向的国境线上，在河南一片已经彻底失败。西夏从来没有真正臣服过谁，连后来的蒙古帝国在最强盛的成吉思汗时期它都敢在背后搞小动作，这时金国绝对不敢调兵南下。

耶律大石创建的西辽已成幅员比原辽国更加辽阔的超级大国，数次重创远征的金军。金国内部兵源吃紧，本族战士稀缺，契丹、奚、汉人等异族军队占绝大多数，忠诚度存疑，只需要一次大败，国内问题必将爆发。

试问金国拿什么来应付"孤军深入"的岳飞？

说到粮草物资，以时下岳飞联结河朔的成果，不会再重演之前北伐乏粮的困境。只要岳飞进攻，必将一片坦途。可赵构接到岳飞奏章的反应是一连发出十二道金字牌强令班师，不许拖延！

岳飞茫然错愕，与其这样，为何北伐？他悲愤地叫道："臣十年之力，废于一旦！非臣不称职，权臣秦桧实误陛下也！"

这时他仍然没有意识到问题出在哪里，事实上他永远都没有想清楚。岳飞是定鼎天下的臣子，赵构却不是秦皇汉武一样的皇帝，他始终在害怕，岳飞一旦北伐成功，到时的天下是谁的？

岳飞会失去控制变成南北朝时南朝宋的开国皇帝刘裕。不管这种可能性有多大，赵构只要起了疑心，就一定会扼杀。

岳飞在七月十九日班师，刘锜、韩世忠随即撤退。之后发生的事情耐人寻味，完颜宗弼命令孔彦舟重占开封。何谓重占？事实是之前已经退出了开封城，岳飞只要前进就能兵不血刃地收复旧都。

南宋一方，杨沂中的三衙禁军渡江北上，中伏败逃，几乎溃不成军。南宋所有军队都在南撤，杨沂中为什么北上？答案呼之欲出，从张、王撤退，逼岳飞成孤军，到十二道金牌强令撤军还不托底，竟然派军队准备火线内讧。

绍兴十年的北伐以金军剿杀江北各处义军收尾。消息传来，岳飞痛彻心扉。那都是破家支持他的义士，居然是这样的结局。他仰天大叫："所得诸郡,一旦都休!社稷江山,难以中兴!乾坤世界,无由再复!"

如果说淮西兵变时岳飞是怒不可遏,那么这时他已经彻底灰心了。去临安述职时他推辞一切封赏,毫不掩饰自己的失望:"区区之志,未效一二,臣复以身为谋划,惟贪爵禄,万诛何赎。"

这些话把整个朝廷都得罪了。尤其是张俊和王德,这两人先期回国,接受封赏,正是惟贪爵禄的代表,应该万诛谢罪。

岳飞再次要求辞职。

赵构却不答应,诏书里写道:"卿勇略冠时,威名服众。""方资长算,助予远图,未有息戈之期。"赞美之余,又动之以情:"虽卿有志,固尝在于山林;而臣事君,可遽忘于王室?"你只顾自己逍遥自在,不管还在水深火热中的皇帝了吗?

人情牌都打了出来,岳飞终于走进皇宫深处,与赵构单独见面。当天赵构雍容关切地说了很多动听的话,却没有换来岳飞的一点点回应。

"帝问之,飞拜谢而已。"

岳飞是那种为自己树立了高贵品质,就此一以贯之的人。他的所有成就都缘于此,除此之外都不在乎。就像这时,他没有意识到已经举世皆敌。

北方的金国,完颜宗弼被痛击之后神志恢复清醒,知道眼下唯有主和才能达到一些目的。他给秦桧写了封密信:"汝朝夕以和请,而岳飞方为河北图,杀岳飞,始可和。"

此章正中秦桧下怀。

他早就要对岳飞下手,此时万事俱备,各种手段都要汇入一个巨大的国策当中,需要方方面面的配合才能见效,其中就包括金国。

次年正月中旬,完颜宗弼拼凑了九万人马发动南侵,攻入淮西。

南宋在淮西有张俊、杨沂中、刘锜三军，共计十三万之众，是宋金交战以来从来没有过的实力占优局面。但是张俊把辖区交给了部下姚端，军队主力驻扎在长江南岸的建康府，自己在临安城享受生活。

唯一的作战指令是晋升刘锜为淮北宣抚使判官，率军驻扎太平州。这是最理想的炮灰，成则张俊收利，败则刘锜除名，怎样都是好事。

赵构怕到不行。之前他还夸口说："朕若亲提一军，明赏罚，以励士卒，必可擒兀术。"这时仍旧向鄂州方向喊救命。岳飞回复局面良好，他正好乘金军后方空虚攻击开封。赵构只好承认自己害怕："今江、浙驻跸，贼马近在淮西，势所当先。"

岳飞正在病中，还是闻命即行，立即起兵赴淮西战场，自己还亲率背嵬精骑为前驱。行进中得到战报，刘锜在庐州战败，退守东关。开战不到十天，淮西沦丧大半，宋廷急令岳飞加快速度。岳家军在绍兴十一年二月初渡江，接近战场，却突然收到张俊的命令，要岳飞部停止前进。

张俊率领王德等人在二月初四渡江，拥兵十三万，他断定此战必胜，为了防止抢功，强令岳飞离开。这时张俊是淮西主将，有权力下这样的命令。

淮西战场金军在十多天的时间里步步后退，让出了此前占领的大小城镇，宋军以绝对占优的兵力稳步向前，这种状态一直持续到了巢县以北的柘皋镇。这里一马平川，地势平缓，是金军选定的决战之地。

二月十七日，杨沂中率领三衙军发起首攻。赵构的禁卫军士气如虹，每战必争先，然而这次不是藕塘关，对手不是伪齐太子，禁卫军秉承杨沂中的血气之勇被金军硬生生击败。昔日刘光世手下第一大将王德随即出战，王夜叉重现堪比众大将的战场实力，击溃金军右翼拐子马，再一路前压冲动金军本阵，完颜宗弼无奈退向紫金山。

张俊乘势收复淮西重镇庐州，向临安请功。赵构大喜，传令嘉奖。这就是中兴十三处战功中排名第八的柘皋之战。

张俊信心大增，命令岳飞停止靠近之后，又命令刘锜南撤返回太平州驻地，由他和杨沂中联手独吞功劳。却不料三衙军在濠州中了金军的埋伏，大败，拥向濠州城南门。"南奔无复纪律"，冲向了张俊的本阵。

关键时刻，张俊展现了一位大将的基本素质，他命令全军压上，哪怕把杨沂中的部队挤成馅饼，也绝不能动摇主阵地。

当天宋军虽然小败，但是保住了实力，仍然比金军势大。三天之后，韩世忠在楚州城派数百条战船逆淮河而上，截断金军退路，形成宋军水陆两线前后夹击之势。以此时兵力战线参考，完颜宗弼会在淮西境内全军覆没。

金军情急拼命，在陆路反插向楚州，运动到了水军的后方，在赤龙洲附近砍树设水障，要把韩世忠的水军反向截停。这是两国交战以来完颜宗弼少见的拼死一搏，他和金国都输不起了，必须得赢。

这对南宋来说是比岳飞北伐时更好的态势。张俊以十三万重兵正面堵截金军去路，韩世忠的水军绕前夹击，岳飞就在附近掠阵，随时能进入战场。这是宋、金开战十五年以来从所未有的重大战机，只要各方面正常配合，两河、淮西区域内的金军就此全歼！

结合之前岳飞北伐歼灭的金军机动力量，大胜之后直到黄河南岸都是真空地带，故土不必远征就能收复。

千载一时，奈何什么都没有发生。

韩世忠莫明其妙地下令水军撤退，给金军敞开了北归的大门。张俊按兵不动，坐视完颜宗弼从容离去。岳飞被隔离在战区之外，始终旁观、无可奈何。

绍兴十一年，淮西之战主将张俊在述职报告里强调两点。一，刘锜临战退缩，作战不利；二，岳飞延误战机，逗留不进。所有人都知道他在倒打一耙，但宋廷不予指责，下令宣召三大将入朝。

第二十一章
尘与土、云和月

　　张俊、韩世忠先到，秦桧连日设大宴款待，不时询问三大将近期私下可有交流？韩世忠不明所以，张俊心知肚明。赵构已经向他私下交底，此次宣召他们进京是要收回军权。张俊无条件效忠，韩、岳都蒙在鼓里。

　　但仔细考量，韩世忠或许也是知道内幕的。他在濠州之战的尾声时为什么会突然间不战而退，这不是他在十五年之久的跨度中一贯求战、血战的风格。参考之前岳飞的退兵，也是在形势大好，进一步改天换地的情况下，被一连十二道金牌勒令退兵，真相就不言自明了。

　　赵构的命令，只有这个因素才能让韩世忠如此反常。

　　此次的临安之行中秦桧意外的迎奉式的热情，以韩世忠的机警一定会联想很多。尤其是秦桧对岳飞迟迟不到的不安，以及频频试探三大将私下的交流。

　　此时南宋三大将手中的实力远超晚唐的各大藩镇，收兵权等同于削藩，稍有不慎就会动荡国本。岳飞的实力盖压宋、金两国，如果他趁机谋反，南宋根本没有应对的手段！赵构与秦桧如坐针毡，寝食难安。

好在几天之后，岳飞还是到了。

秦桧悬着的心终于落地，计划可以实施了。他继续盛宴招待，另一边安排直学士范同、林待聘两人连夜分别写了三份制词，宋廷升张俊、韩世忠、岳飞为枢密院的两位正使、一位副使。诏书在第二天公布，令三人即日赴任。

宋廷撤销三大将统辖的宣抚司，军队番号一律改为御前诸军，各部队的统制官等首脑如张宪、王贵等人独立成军，向临安直接负责。三大将的智囊幕僚调任地方，不得与原主接触。

这就是淮西兵变之后赵构构思的针对众大将兵权太重的办法，"朕今有术，惟抚御偏裨耳"。

收兵权的重中之重是岳家军，宋廷任命秦桧的亲信党羽林大声任湖广总领，负责鄂州大营的钱粮军饷。刘锜任荆南（今湖北江陵）知府，宋朝给予他"或遇缓急，旁郡之兵许之调发"的权力。

湖北旁郡，不外乎鄂州，这是以公文明确授权，刘锜可以视情况夺取岳家军军权。

所有这些几乎是迫不及待地发生，韩、岳两人被惊呆了，就在他们想申诉时，张俊已经表态："臣已到院治事，见管军马，伏望拨入御前使唤。"他已经交出了军权，到枢密院上班！这就是赵构、秦桧对张俊的许诺，"约尽罢诸将，独以兵权归俊"。

这让韩、岳何以自处，他们能反对吗？如果军方分裂，三大将内讧，长江防线必将支离破碎。为国为民，也为了自己征战半生的理想，他们唯有同意。

秦桧的计划就这样一步步地变成了现实。

三大将上任伊始，赵构还亲自召见了他们，在史书中留下了一段冠冕堂皇，正大光明的话："朕昔付卿等以一路宣抚之权尚小，今付卿等枢府本兵之权甚大。卿等宜共为一心，勿分彼此，则兵力全而莫之能卿，顾如兀术，何足扫除乎。"

说得真漂亮，可谁都知道枢密院是什么部门，有什么职权。

《宋史》记载："祖宗制兵之法，天下之兵，本于枢密，有发兵之权而无握兵之重；京师之兵，总于三帅，有握兵之重，而无发兵之权。上下相维，不得专制，此所以百三十年无兵变也。"

枢密院掌兵籍、虎符，只是名义上的最高军事机关。张、韩、岳三人明升暗降，军权被削得一干二净。

一百七十余年前，宋朝的开国皇帝赵匡胤举起酒杯稍微示意，符彦卿、慕容延钊、韩令坤等宿将就心甘情愿地放弃了军权，赵匡胤也早就准备好了曹彬、潘美等新一代名将，保证国家军队的实力不坠，在以后开疆拓土之战中得心应手。此时赵构用阴微卑劣，上不得台面的招数，得手之后也与部下结怨，再难融洽。更重要的是裁掉了韩、岳、张、刘，南宋还剩下了谁？

如果就此收手，南宋还不会元气大伤，毕竟军队还在，韩、岳还在，有必要时让他们重新掌权就是。或许经过这番敲打，这两人能驯服些也在情理之中。然而秦桧的计划到这一步还没有完。

三大将四月中旬到枢密院上班，半个月后，宋廷命令枢密院正使张俊、副使岳飞去楚州"拊循"韩世忠旧部，把这支部队调动到长江南岸的重镇镇江府。楚州在江北，镇江在江南，这是要主动撤军放弃两淮了。

临行前秦桧私下里约见岳飞，这是两人唯一一次私下见面。对秦桧而言，岳飞不止一次地公开指斥其为奸臣，这是极大的侮辱，但在秦桧心中无伤大雅，他仍然希望能合作，至少要利用一次。秦首相提请岳副枢密此次楚州公干的核心是"且备反侧"。反侧，官方语言里特指反叛。

这是要岳飞提供韩世忠反叛的证据。

这是一个坑，要岳飞跳进去，就像之前给张俊的许诺一样，废韩、岳独任张，让张俊先快活一时，利用价值失去之后，张俊注定会被一脚踢开。

岳飞的反应大出秦桧意料之外，他毫不掩饰地把话挑明，"世忠既归朝，则楚州之军，即朝廷之军也""若使飞捃摭同列之私，尤非所望于公相者"。捃摭，指收集。让我岳飞收集罗织同列大将的所谓罪证，做你秦桧的鹰犬，你打错了算盘！

两人就此决裂，连表面上的礼貌都做不到了。这就是岳飞的性格，在《宋史·岳飞列传》中提到"然忠愤激烈，议论持正，不挫于人，卒以此得祸"。岳飞在政治、军事问题上从来不会模棱两可，更不会委婉地提出意见，始终以毫不妥协的正面回答应对。这的确会得罪小人。

在去楚州的路上，岳飞了解到了内情。有人诬告韩世忠的亲信部将耿著谋反，耿著已被关押，招供是受韩世忠的主使。这是典型的罗织罪名，会引发无数的后续手段，直到韩世忠入罪。

至此印证了岳飞的判断，秦桧私下里的诱惑绝不是主动和解，而是驱虎吞狼，进一步制造三大将之间的矛盾。岳飞连夜写信给韩世忠，耿著的案子还没有定性，马上想办法！可一向机警过人，足智多谋的韩世忠又有什么办法可想？

身在矮檐下，韩世忠只有低头。他第一时间赶去皇宫求见赵构。赵构开恩，允许觐见。屈辱的时刻到了，纵横一世始终以铁血面目示人的韩世忠跪倒"号泣"，举起伤痕累累仅剩四根且不能弯曲的手指向赵构乞怜。

赵构念及十五年来韩世忠的劳苦，当年苗刘兵变时的救驾之功，主要是眼前的良好态度，决定宽宏大量一些。

耿著"杖脊"，刺配海南，就此结案。

这给楚州之行定下了基调，韩家军不复存在，过程中张俊与岳飞多次意见相左，岳飞身为副使对结果无能为力，回到临安述职之后再次提出辞职。

这一次岳飞不只是失望灰心，韩世忠的下场难免让他心惊，物伤其类，宋廷能对韩世忠下手，他岳飞又怎能幸免？

他的辞呈可以理解为求生，然而赵构不允许。

在拒绝的诏书里赵构非常动情地说："朕以前日兵力分，不足以御敌，故命合而为一，悉听于卿。以极吾委任之意。"枢密使，的确是至高官职了。"今卿授任甫及旬浃，乃求去位。有其时，有其位，有其权，而谓不可以有为，人固弗之信也。"现在正是你大展宏图之时，怎么可以上任半个月就辞职呢？

为了让韩、岳有更好的工作环境，赵构把张俊调出临安，去镇江府驻守，国家枢纽重地完全交给韩、岳两人，这样真是皇恩浩荡了吧？这是公开的嘲讽！

镇江府在长江防线的中间位置，是张俊辖区的治所，刚刚吞掉了韩世忠的部队，岳家军无主，随时听令，叠加起来张俊实际上控制了南宋的全部军队。

赵构、秦桧兑现了收兵权时对张俊的承诺。

至此收兵权行动应该算圆满结束了吧？不只拆分了韩家军，空悬了岳家军，连韩世忠也威名扫地，被敲打得服服帖帖。敲山震虎，岳飞也知道了深浅利害，怎样看都是最佳效果。这或许也是当事者的认知。

因为韩、岳两人都变得安静斯文，尤其是岳飞平日里穿着文士衣冠出入朝堂门厅，口不言兵。

时间和局势会证明一切。

当年九月，金军再次攻入淮南路，张俊手握三十万精兵隔江观望，将淮南全境拱手送给金人，任凭掳掠蹂躏。他说道："南北将和，虏谓吾怠，欲抒柘皋之愤耳。勿与交锋，则虏当自退。"

将军谈起了政治，还预先判断并肯定了和平，这是渎职还是懦弱或者荒诞？世间一片哗然，国家军队最高长官居然在用子民们的生命来缓和敌人的情绪，进而得到所谓的和平！韩世忠和岳飞再也忍耐不住，哪怕刚刚经历过生死大险也各自写了一份奏章，弹劾张俊，反对议和。

秦桧也忍无可忍了，决定踢倒最后一块绊脚石。

御史中丞何铸、右谏议大夫万俟卨、殿中侍御史罗汝楫三人弹劾岳飞，具体理由有三条：一、"日谋引去，以就安闲"；二、"坚拒明诏，不肯出师"；三、倡言楚州"不可守"。

第一条，岳飞的确多次辞职，无可辩驳；第二条指控说的是在柘皋之战时岳飞的表现。张俊战后上报岳飞观望不进，坐失战机。这是一段公案，需要详细解读。

金军在二月初三攻陷庐州，岳飞在初三、初四连续两次发出奏章，提议批亢捣虚，进军河南。初九接到宋廷御札，要他星夜开赴江州。宋廷十天后接到岳飞初三、初四奏章，回复了一道御札。

第二十一章　尘与土、云和月　369

柘皋之战后宋廷传令三军,内容是嘉奖与提醒,岳飞也收到了一份。随后张俊命令岳飞原地待命,岳飞抄送一份去临安,交代自己为何不直接介入战斗。

宋廷很欣赏他闻命即止,不去抢功,赵构特意写了一道御札给他:"得卿奏,知卿属官自张俊处归报,虏已渡淮,卿只在舒州听候朝廷指挥,以此见卿小心恭慎,不敢专辄进退,深为得体,朕所嘉叹。"

同时要求岳飞立即进军加入战斗。"据报:兀术用邮琼计,复来窥伺濠州。韩世忠已与张俊、杨沂中会于濠上,刘锜在庐州柘皋一带屯军。卿可星夜提精兵裹粮起发,前来庐州就粮,直趋寿春,与韩世忠等夹击,可望擒杀兀术,以定大功。此一机会,不可失也。庐州通水运,有诸路漕臣在彼运粮。急遣亲札,卿切体悉。十日二更。"

注意写这份诏书的日期是南宋绍兴十一年三月十日夜二更天。十日写信,到岳飞收到,参考之前岳飞申请长驱中原,临安回信否决,一个来回是五天,那么此时单程是两天半,岳飞收到这份御札时应该是十二日傍晚。

淮西战场上三月九日杨沂中濠州大败,三天后,三月十二日,韩世忠水军受阻返航。岳飞哪怕插上翅膀立即飞过去,那边也散场了。也就是在那个时刻,岳飞怒不可遏,说了三句话,成为日后的罪证。

"国家不得了也,官家又不修德。"这是他对赵构的怨言。

鉴于此战张俊、韩世忠的表现,岳飞怒火中烧,对张宪说:"张太尉,我看像张家军那样的兵马,你只消带领一万人去,就可以把他们蹴踏了。"再转向董先:"董太尉,像韩家军那样的兵马,我看你不消带一万人去,就可以把他们蹴踏了。"

综上所述,岳飞有各份时间线明确,证明一切行动都听从临安或者张俊命令的证明,从来没有过所谓的观望不进。至于他说的几句指斥赵构的怨言,和对同僚的蔑视,哪怕不得体,也算不了什么。

对比之前文官说的"天下非陛下一人之天下"等形同造反的话,岳飞说的这些有什么大不了的?

第三条发生在张俊、岳飞去楚州收编韩世忠部队时。某天两人登上楚州城头,张俊看到城墙破旧失修,想修复,询问岳飞意见。岳飞反对,原话是:"当勤力以图恢复,岂可为退保计?"

平心而论,张俊想修,岳飞反对,是两人战术战略不同的分歧。张俊一心想着防守,他的军事生涯也主要就是防守。岳飞纵横天下,几乎全是进攻,这与后世清朝康熙皇帝不修长城主动进攻的战略思想相近。

一定要分出对错的话,是张俊错,试问多年以来韩世忠为什么不修?韩、岳不约而同地执同一意见,就很说明问题了。两人都想着进攻,最好的防守就是进攻,这绝对不是被言官弹劾的罪责。

然而赵构的解读是,岳飞在军队中公开宣扬楚州守不住,所以不必修城防。岳飞之所以这么说,是因为楚州守军长久驻防已经疲惫厌倦,想着换防到相对安全的别的城池去,岳飞附和他们,就会获得这些士兵的好感。

赵构总结说,岳飞说了这样的话,做了这样的事,我还怎么依赖他呢?

秦桧立即附和,岳飞的言行真是让世人都难以预料啊。

皇帝和首相的这段对答给官场传达了重要的信息,国家在战场、个人等各个层面都否定了岳飞。

至此,无论是宋朝大臣面临弹劾时必须辞职的传统,还是皇帝与首相的态度,以及韩世忠的前车之鉴,都让岳飞明白了自己的处境。他上书辞职,请赵构"保全于始终",让他"远引于山林"。

以岳飞执拗高傲的个性说出这样的字句,相当于韩世忠的求饶了。这一次他如愿以偿。

绍兴十一年八月,岳飞罢职改任万寿观使,就此赋闲。在他的罢官制中写道岳飞有"深衅""有骇予闻,良乖众望",皇帝"记功掩过,宠以宽科全禄,以尽君臣之契,保功臣始终"。要岳飞"无贰色猜情,朕方监此以御下,尔尚念兹而事君"。

这些文字中处处留有陷阱,预示着可能存在的后续处罚手段。这不需要多么深沉的智慧和丰富的阅历就能解读出来。岳飞没有进行补救,而是轻车简从离开临安,兑现自己远引于山林的诺言,回江州的私邸去了。

历史证明这是一个错误的决定,他必须生活在赵构的视线内。那样可以展示自己的坦荡和忠诚,至少让别有用心的人没有借口。

岳飞刚走,张俊就在镇江府召集岳家军主要将领议事,为了鄂州大营的正常运转,张俊要将官们一次一个交替参见。

第一个去的人是王贵。没有史料记载张、王之间发生了什么,王贵在八月下旬回到鄂州,换张宪、岳云在九月初一出发,正常赶路的话会走十天左右。在第七天时,鄂州大营里出事了。

张宪的副手、前军副统制王俊向大营主将王贵告发张宪要裹胁大军北渡长江去襄阳,威逼朝廷把兵权还给岳飞。

王俊用巨大的篇幅详细记录了某天晚上他与张宪的交谈,篇幅所限,不能原文抄录。里边的破绽极多,最显著的一点是张宪之所以把"阴谋"说得非常详细,原因是王俊一直在反对、质疑,张宪就像是要说服他一样，把各种隐秘全盘告知。

这样拙劣的伎俩让王俊本人都心虚，他在告密信末尾附文，"张太尉说，岳相公处来人教救他，俊即不曾见有人来，亦不曾见张太尉使人去相公处。张太尉发此言，故要激怒众人，背叛朝廷"。

也就是说，仅仅是张宪一个人在唱独角戏，这算是什么罪，算是谁的罪呢？这时就看王贵怎么处置了，军中无戏言，谁敢诬告，军法从事。退一步讲，他想息事宁人，扼制住后续一系列攀诬构陷的话，只需要把王俊和这封告密信压下即可。他完全懂得这封信落在当权者手中会有怎样可怕的后果。

可他偏偏把这份告密信交给了此前秦桧派来任湖广总领，管理鄂州大军钱粮的林大声。由此可知，王贵去镇江府时被张俊或收买或要挟，早就成了叛徒。

林大声迅速把告密信转交给了镇江府的张俊。再两三天之后，张宪、岳云赶到了镇江府，堪称自投罗网。

岳飞曾评价张俊此人"暴而寡谋"，这是真知灼见。张俊被赵构、秦桧利用，成为杀戮军中同僚的刀，此为寡谋失算。至于暴，他私设公堂对张、岳严刑拷打，多年以来积压的对岳飞的怨怼让他格外心狠手辣，毒打岳飞的亲信、长子是何等的快意！

张宪、岳云宁死不自诬，张俊毫不理会，以"张宪供通，为收岳飞处文字后谋反"结案上报宋廷。

赵构亲下圣旨，对岳飞特设诏狱，"就大理寺置司根勘闻奏"。诏狱是宋朝皇帝亲自决定设立的特殊监狱，不走正常程序，由高级官员"承诏制推"。秦桧派禁军统领杨沂中执"堂牒"去江西召岳飞进临安。

一个叫蒋世雄的军官从前是岳飞的部将,他将被远调到福建任职,在临安城中走调职程序时偶然得知了张宪、岳云被关押的消息,昼夜兼程赶到江西报警。承节郎、进奏官王处仁劝岳飞上奏自辩,岳飞思忖再三,说道:"使天有目,必不使忠臣陷不义。万一不幸,亦何所逃。"

到这一步,岳飞仍然不相信临安等待他的是诏狱。

绍兴十一年十月十三日,武胜、定国军节度使充万寿观使岳飞重回临安城,没能见到皇帝、首相,被直接下狱。审问岳飞的是御史台何铸、大理寺卿周三畏,两人"引飞至庭,诘其反状"。

这一刻岳飞的心情极度复杂,指挥千军万马攻必取、战必胜的理智头脑告诉他王处仁的警告已经变成了现实,可他心中无论怎样都牢不可破的信念仍然在咆哮,这不是真的!他为国家宣力半生,天地神明可见他的忠诚,怎么可能让他落到这般田地?

"使天有目,必不使忠臣陷不义……"苍天真的没有眼睛吗?!

岳飞在沉默中解开衣衫,袒露后背,那上面有四个墨迹深入肌理的大字"尽忠报国"。这四个大字像一面镜子,映照出岳飞十余年来的行迹,更驱散了很多人心底深处的黑暗,露出自己事先都不敢相信还存在的良知。

何铸是秦桧的亲信,不久前还弹劾过岳飞,此时推案而起,结束庭审。他去见秦桧,为岳飞脱罪。这大出秦桧意外,迫不得已他抛出了终极武器,"此上意也"。

不料何铸更加愤怒:"铸岂区区为一岳飞者,强敌未灭,无故戮一大将,失士卒心,非社稷之长计。"

何铸被任命为出访金国商量和谈的使者,立即出国。主审官换成了万俟卨。万俟卨与岳飞有旧怨,他担任荆湖北路的转运判官、提点刑狱时监守自盗，贪利不法，被岳飞鄙薄过。此人怀恨在心，投靠秦桧之后，视岳飞为死敌。

万俟卨罗织岳飞罪名，除前面提到的三件事之外，还不知从哪里搜罗到岳飞曾经说过的话。

岳飞升任节度使时曾说"三十岁建节，古今少有"。在宋朝三十岁建节者只有太祖赵匡胤，岳飞以开国皇帝自比，反意昭彰。

在最后一次北伐被强令撤军的途中，某个夜晚岳家军众将闷坐在一座古庙中，长久的沉默之后，岳飞突然问："天下事，竟如何？"张宪回答："在相公处置尔。"能处置天下的人除了君王外还能是谁呢？

在军中如此问答，是在煽动军心，策反军队。

诸如此类毫无对证的诬蔑都成了岳飞的罪证，它们都被南宋官方认可，于是不止在当时，在后世几百年间不断被各色人等所引用，质疑岳飞的本质。

诏狱大堂上，万俟卨大声呵斥岳飞："国家有何亏负你处，你父子却要伙同张宪造反？"

这是质问，更是戏谑，尤其是来自被自己鄙薄的小人，激得岳飞须眉怒张，伸臂戟指，以更大的声音反驳："对天明誓，吾无负于国家！汝等既掌正法，且不可损陷忠臣！吾到冥府，与汝等面对不休！"

正当岳飞怒不可遏时，旁边的衙役忽然以杖击地，呵斥道："岳飞叉手正立！"

岳飞猛然惊醒，现在他已是一介囚徒，不再是纵横天下的大将、国家的元勋了，连衙役都有权呵斥他。万俟卨一伙越发得意，问道："相公说无心造反，还记得游天竺寺时，曾在壁上留题说'寒门何日得载富贵'这一句诗吗？这是什么意思，既写出这样的话，岂不表明有非分之想,居心造反吗?"

满朝朱紫之辈,哪个不是得载富贵的人?这居然也是造反的罪。

岳飞冷静下来,知道说什么都没用了:"吾方知既落秦桧国贼之手,使吾为国忠心,一旦都休。"

岳飞就此一言不发,却不料万俟卨冒大不韪,居然敢对宰执大臣动刑!

岳飞惨遭酷刑,始终不承认自己有罪,继而绝食自尽。此时与金国的和议还在操作之中,结果怎样无法预料,所以秦桧一伙还不能让他死。

他们要岳飞的二儿子岳雷到狱中送饭,暗示再倨强求死就会连累家人,逼迫岳飞活下去。

岳飞的遭遇传到了狱外,反响并不强烈。秦桧在赵构的支持下党羽遍布朝廷,为岳飞鸣冤的人只有几位文士、他从前的幕僚和那位任祗谒陵寝使的宗室赵士㒟,这位皇室成员愿以全家百口性命担保岳飞绝无反心。

除了以上这些,就只有韩世忠了。

韩世忠在岳飞入狱后的半个月被罢免了一切官职,只以太傅的头衔领醴泉观使,彻底赋闲。他本是死里逃生的人,再对比岳飞的遭遇,还有什么不满的呢?但是这时仍然出于义愤,冒险找到了秦桧,追问岳飞到底有什么罪,查出了什么罪证?

秦桧已经肆无忌惮,坦然告诉他:"飞子云与张宪书虽不明,其事体,莫须有。"

"莫须有",传统上可解释为也许有、可能有等模棱两可的判断。

那么秦桧的话整体解读就是岳飞父子与张宪三人的罪可能存在，也可能不存在。

这简直就是当面耍无赖，戏谑韩世忠。

韩世忠无可奈何，愤然道："'莫须有'三字何以服天下乎？"就此离去。关于岳飞的声援与拯救也到此为止。

之所以休止符画得这么有力，笔者认为是"莫须有"三字还有另一种解释，"莫须有"，需要有吗？杀岳飞需要有理由吗？！皇上的意思加我的意思，再废话下一个就是你！

所以韩世忠再没废话，转身就走。

再也没人过问岳飞的事，他关在牢房里，时间一天天过去，一个月过后外面就天翻地覆了。

宋金两国达成和议，据《金史》记载，是南宋的低姿态感动了女真人，才勉强赐予了和平。"来使再三叩头，哀求甚切，于情可怜，遂以淮水为界。"既然是这种姿态，条款自然比三年前的天眷议和更加苛刻，具体内容都记录在南宋送交金国的誓表里。

"臣构言，今来画疆，合以淮水中流为界，西有唐、邓州割属上国。自邓州西四十里并南四十里为界，属邓州。其四十里外并西南尽属光化军，为弊邑沿边州城。既蒙嘉宾，许备藩方，世世子孙，谨守臣节。每年皇帝生辰并正旦，遣使称贺不绝。岁贡银、绢二十五万两、匹，自壬戌年为首，每春季差人般送至泗州交纳。有渝此盟，明神是殛，坠命亡氏，蹈其国家。臣今既进誓表，伏望上国早降誓诏，庶使弊邑永有凭焉。"

根据以上，岳飞历次北伐所得疆域，如唐州（今河南唐河）、邓州、商州、虢州等地，当年吴玠浴血苦战之和尚原、方原山等地都划归

第二十一章　尘与土、云和月　377

金国。南宋在西南方面屏藩损失大半，已经不足以御敌护国。

南宋朝野哀叹道："向者战败而求和，今则战胜而求和矣。向者战败而弃地，今则战胜而弃地矣。"

金国付出的代价是归还宋徽宗棺椁、赵构的生母韦太后。同时附加了一条特殊条款，"不许以无罪去首相"。

秦桧又一次进化成了新的物种，从前俯首帖耳任由皇帝、上官予取予夺的秦桧消失了，"柔佞易制"成了一席委地的遗蜕，从这时起，他与赵构的关系变成分庭抗礼。

这引起了一系列的猜想，首先这对赵构是好是坏呢？他得到了和平，但失去了权柄，赵匡胤得国之初的箴言"卧榻之侧岂容他人酣睡"已成事实，这是任何一个皇帝都忍受不了的威胁和耻辱！

那么赵构后悔了吗？应该是没有，他听凭这种可怕的事发生，没有任何反应。要知道以张俊为首的军方还在他严格地控制之下，终秦桧一生只能在朝政、文官中作威作福，从来未曾染指军权。

赵构可以随时反悔，杀秦桧、毁和约只在一念之间。然而他端坐在凤凰山北麓的皇宫中非常平静，仿佛很享受，很珍惜这来之不易的"和平"。

这是为什么呢？一个平常人都会紧紧地攥住手中的利益，哪怕只是一个铜板，面对凶狠的强盗都绝不会轻易地交出去，何况是世间最大，能口含天宪，随意造化富贵，定人生死的权柄！

赵构不是一个疯子，他有非常高的智商和多年来历经生死磨难得来的素养，他在可以和金国分庭抗礼，甚至逐渐占据上风的情况下，宁愿自残性地摧毁国家军力，低头做小、割地称臣也就罢了，在国内也凭空多了一个太上皇般的权臣,何苦来哉呢?

这是一个千年以来让历代史学家都百思不得其解的难题。有从国家层面上解读的,列举出各项南宋当时的国力数字,证明哪怕军事上占据优势,南宋偏安一隅且被屡次破坏的国土面积,都已濒临枯竭,再打下去会不攻自破,和议是唯一出路。

有从权力的安危上解读的,能证明赵构此时此刻正处于尴尬的临界点。他放任岳飞等人北伐的话,会太阿倒持,主次不分,藩镇们会随着战争的进行逐渐失控,随时反噬皇帝。可不进攻的话就会重蹈三国时蜀汉的结局。

诸葛亮在《后出师表》里坦言:"然不伐贼,王业亦亡。惟坐而待亡,孰与伐之?"

放任金国进攻,久守必亡,这是兵家常识无可辩驳。那么想生存的话唯有趁着战局逐渐占优时提出和议,算是见好就收。

以上都有道理,也站得住,却没法解释在和议的过程、条款中赵构所受的屈辱与苛刻。他本不需要这么低三下四。

赵构第一次出现在世人面前时是那样的强悍英武,胸中充满了为国、为家、为父兄无条件付出的殉难者气息,是那么的高尚。在金营中保持了皇子该有的矜持和体面,保持了他所代表的宋朝的尊严。

彼时谁能料到区区十五年就能把一个人变成卑劣丑陋到近乎没有底线的懦夫!是的,没有半点的笔误,近乎没有底线,连仅存的一点皇权都被阉割了。

这一切都是为什么呢?

笔者和所有人一样,没有确切的答案。勉强为之,只能从赵构的心理身体都被重创,以及他早年平安优渥的生活来解读。

前面论证过赵构的心理变化，除了真正有信仰的人，绝大多数的人都会在长久的折磨中失去坚定，出使金营的二十多天里赵构的心理防线被打穿了，当时掩饰得再好，后遗症也会在国破家亡、屡次逃命中被无限放大。

当他的身体也在扬州失去了雄性最重要的功能之后，事情就彻底地无可救药了。他和一个太监还有区别吗？除了极少数的几个官宦，几千年的历史中太监都代表着毫无血性、奴性十足、心理畸形，受虐与肆虐同时存在，并且极其阴狠歹毒。这些都是赵构后期的真实写照。

以上与赵构早年的生活结合起来就更糟糕了。不断受创，颠沛流离让他不由自主地回忆靖康之变前的东京汴梁城，那座雄伟、神奇、浪漫、富足的城市，他是这座人间天堂里的皇子，他的生活是美好的。

前后差距之大，会让每个人都崩溃，都无限地向往从前。当赵构残缺、疲惫地支撑了十五年之后，他会不顾一切地找回从前的生活，哪怕一点点影子也好。

我想，这接近真相了吧。

这些还需要处理最后一个麻烦才能完成。岳飞，要怎样处理这个人呢？以常理度之，此时和议已成，岳飞一介臣子，无论怎样都没法更改这一结果了。至于金国的要求"必杀飞，始可和"，这句话见于岳珂所著《鄂王行实编年》的《兀术遗秦桧书》，南宋史官章颖的《南渡四将传》卷二《鄂王集》中也有收录。

《金史》《宋史》中岳飞、秦桧、完颜宗弼、赵构等当事人的列传或本纪中是没有记载的。

所以按史料定论，"绍兴议和"中金国的条件是没有要求南宋必须杀岳飞的，那么任何一个持严谨态度的史学者就不应该产生诸如私下里宋金两国约和的隐性条款，如必杀岳飞等的猜测。

那么看正史，《宋史·岳飞列传》中记载："岁暮，狱不成，桧手书小纸付狱，即报飞死，时年三十九。"回溯本书开篇时所记载论述的章节，会知道一切都尽出赵构之手，秦桧不过是帮凶而已。

绍兴十一年十二月二十九日，除夕之夜，岳飞被带到大理寺正堂，万俟卨等人拿出一份供状让他画押。岳飞留给这个世界最后的一点印迹，就是在这张通篇伪证的供状上的画押——"天日昭昭！天日昭昭！"

他死在黑夜里，死在暗无天日的冤狱中。

前面分析论述过，南宋官方弹劾岳飞的三条罪名都是莫须有的，后世史学家们又总结出了下面几条，来证明杀岳飞并非只是赵构出于病态的心理和身体，而是南宋作为一个国家的存在基础。

第一，钱的问题。

两宋都以钱财立国，岳飞等大将在辖区内总揽军、政、财三权，还要每时每刻向临安索要钱粮装备，相当于主干向枝蔓输血本末倒置，逼得赵构不得不收回兵权。杀岳废韩是必须的手段。

有几分道理，但是三大将交兵权时非常配合，当时不反，事后宋廷有各种反制措施，更没法反，所以准确地说，收兵权可以，杀人没必要。

第二，上书请立皇太子。

这件事发生在绍兴七年的十月左右，当时岳飞上庐山守孝，奉旨下山去临安述职。岳飞趁机上书请立皇太子。此举属于武人干政，为历朝大忌，是岳飞的取死之道。这需要与第三个原因，迎徽、钦二帝回国结

第二十一章 尘与土、云和月

合起来才能讨论清楚。

明代文徵明有一首词《满江红·拂拭残碑》写得非常好，立意就是第三点。

> 拂拭残碑，敕飞字，依稀堪读。慨当初，倚飞何重，后来何酷。岂是功成身合死，可怜事去言难赎。最无辜，堪恨更堪悲，风波狱。岂不念，疆圻蹙；岂不念，徽钦辱，念徽钦既返，此身何属。千载休谈南渡错，当时自怕中原复。笑区区，一桧亦何能，逢其欲。

"念徽钦既返，此身何属。"岳飞总想迎回徽、钦二帝，二帝回来时赵构就没有了皇位，所以只能杀了岳飞。

然而事实是自从绍兴五年宋徽宗死在五国城之后，岳飞就在任何场合、文字中绝口不提迎回二帝的事了。

当时金国声称要把钦宗或者钦宗的儿子赵谌送回开封，另立宋朝。岳飞再提迎回二帝之类的话，就等于配合敌国了。在金国欲扶植赵氏傀儡上台时，岳飞主动提议赵构立养子为皇太子，是忠诚的体现。

哪怕身为武将提及立储犯忌，也罪不至死。

第四条，和平阻碍说。

有一个命题，大家可以考虑。宋金之间会变成宋辽的关系吗？宋辽也曾血战二十余年，之后才有了百年和平。宋金之间的战争绵延了十六年之久，力量对比趋于持平，甚至宋军渐占上风。

那么为什么就不能期待下一个百年和平呢？如果两者的区别在于金国对宋朝前所未有的侵凌与羞辱的话，赵构可以忍，那么问题就出在了岳飞的身上，岳飞始终都要"喋血虏廷，尽屠夷种"。

所以只好杀掉岳飞。

但是收兵权之后岳飞最大的反抗只是上书反对，这对国家政策没有影响力。除非他能真正反叛，重掌兵权，但是历史证明了杀岳飞是多么顺利，根本没有半点反抗。

综上所述，这四条都不成立。

岳飞真正的死因在于他的能力与品格。

张俊之所以被重用，韩世忠之所以能活命，都是因为他们有瑕疵。哪怕他们手握军权，也没法左右朝廷。岳飞不同，他的实力实在太强了，一军可以压制全国，北伐的胜利举世震惊，尤其他品德完美，两者叠加他完全是开国皇帝的标准！

天水朝赵氏自从太祖皇帝赵匡胤开始就一直存在心理缺陷，基本国策就是自我阉割民族血性和战斗力来保证一家一姓江山的稳固。他们得国不正，总是提防部下造反，偏偏己身还严重地能力不足，于是每一个出类拔萃的人才都会死得非常难看。北宋仁宗朝名将狄青就是另一个例子。

这些弱点、缺陷在赵构的身上被无限放大，千年以降所有人都鄙视他的求和是那么的可耻，但是从宋朝对辽、西夏的岁贡上能够得出结论，这不过是政策的延续，花钱买和平，到他这里加点码，钱与尊严一起付出而已。

对外懦弱的人对内往往加倍地凶残，所以赵构眼中的岳飞不仅必死，还得死得暗无天日，毁尸灭迹。

岳飞之所以必死，除了上述的能力、品格等因素外，最重要的是他对女真人从始至终永不动摇的仇恨，看不到半点妥协的可能。

留着岳飞始终是隐患,岳飞是大将中年纪最小的一个,有足够的寿命去等待时机。赵构每时每刻都悬着一颗忐忑的心在金国与自己的将领之间走钢丝,当议和真的成功之后,他不由得感叹:"朕今三十五岁,而发大半白,盖劳心之所致也。"

后　记

自北宋靖康元年至南宋绍兴十一年，十五年的时间过去了，世界再度恢复了秩序。

不管是好的，还是坏的，所有人都找到了自己的位置，他们创造、经历了所有事件，在绍兴十一年后，这些人还在路上。

他们每个人的结局既是国家与个人交织后的必然产物，也在之后的岁月里，给这段历史下了定论。

我们得知道这些人的结局。

刘光世的一生只有头尾两端闪烁在历史的长河中，他是中兴将领中最无能的一位，却是影响历史进程最有力的一位，没有之一。在这一点上岳飞都比不了他。

在开端时他临战失踪，导致燕云之役最重要的幽州之战失败。如果他能在正确的时间和地点出现，历史必将改写。宋军占领燕云十六州是完全可能的，到时哪怕宋金兵力对比仍然悬殊，也不会那么快的，像蛇鼠一窝式的狼狈。

在末端时他主管十余年的嫡系部队搞出了淮西兵变，从那时起赵构的心理防线就被击穿了。从表面上看拖慢了北伐的进程,其实在天眷议和时赵构就基于自己的军队不受控制而放弃了所有的主权,去换取和平。是金国内乱,完颜昌被杀,完颜宗弼南侵,才逼着赵构放手一搏,要不然根本就没有绍兴十年的北伐。

成不足以兴国,败足以丧邦,就是刘光世的真实写照。

淮西兵变发生在绍兴七年,绍兴八年时天眷议和,秦桧代替赵构跪拜金使后,赵构笼络众大将,赐刘光世"和众辅国功臣"称号,封雍国公、陕西宣抚使。

绍兴十年北伐,顺昌之战爆发,为了援助刘锜,赵构重新起用刘光世为三京招抚处置使。此举一来是示好武臣,二来对当初罢免刘光世之举进行抚慰,三是对先投伪齐后投金国的淮西军旧部暗中招抚。

刘光世出征,宋廷只配给他数千人的小部队,没有参与实战。此后再次赋闲,当绍兴和议终于成功之后,赵构心情大好,"以玩好物数种赐之",刘光世"大喜,秉烛夜观,几至四更"。

刘光世搜刮一生,洗白的地方不计胜数,什么东西没经过手,赵构的赏赐再珍稀又怎能让他爱不释手,把玩到深夜。这是应和皇帝的正确姿态,与之相比,韩、岳愚不可及,张俊出身低劣,吃相难看,都远不及大衙内见多识广。

《宋史》评论他:"结内侍康履以自固。又早解兵柄,与时浮沉,不为秦桧所忌,故能窃宠荣以终其身。"他的生存技巧是中兴将领中首屈一指的。

刘光世死于绍兴十二年(1142),年五十四岁。追赠太师,谥号武僖。乾道八年(1172)追封安城郡王。开禧元年(1205)追封鄜王,列七王之首。

韩世忠的一生波澜壮阔，尽兴而生，中年积郁，晚年突然间开窍一般变得云淡风轻。他在杭州美景中优游自娱，直到老病死于床榻之间。行伍一生，历经战阵，得此善终也算是异数，尽管得到的过程堪称屈辱。

绍兴十一年收兵权时，韩世忠就预知到此后的窘迫，他把多年积蓄的军储钱一百万贯、米九十万石、酒库十五座都献给朝廷，以求自保。后来也仅仅只能自保而已。

和议成功之后韩世忠就消失了，他的官职头衔逐年还在递增，最高时是咸安郡王，领镇南、武安、宁国三镇节度使。活着的时候封王，此前只有童贯，可见宋廷在荣誉方面的确不亏负他。

吴玠早死，岳飞冤狱，刘光世不值一提，张俊后来活成了笑话，在尴尬荒唐的军界，韩世忠是南宋军方唯一能拿得出手的人，不管他愿不愿意，都被树立成了旗帜。

他最后一次显耀世间时让赵构、秦桧之流大丢颜面。那是赵构的亲妈韦氏陪着赵佶的棺材归国时，韦氏面对欢迎的人群，无视冠盖簪缨，一大堆官员和亲儿子，问谁是韩世忠，在北地早有耳闻。

当时场面尴尬得要死。

韩世忠晚年喜好释、老宗教学说，自号清凉居士。闭门谢客，口不言兵，时常骑驴携酒带一两名仆人，纵情于西湖梅山之间，偶尔还做些诗词，有一首《临江仙》存世。

冬看山森萧疏净，春来地润花浓。少年衰老与山同。世间争名利，富贵与贫穷。荣贵非干长生药，清闲是不死门风。劝君识取主人公，单方只一味，尽在不言中。

韩世忠死于绍兴二十一年（1151）八月初四，享年六十三岁。赠太师、通义郡王。宋孝宗时追封蕲王，位列七王之一。淳熙三年（1176）谥号忠武，配飨宋高宗庙廷。

岳飞，只能说一下他的后事与子嗣们的遭遇了。

岳飞死于冤狱之后，宋朝官方派专人去他的家里、军中收回了历年所有往来的手诏、军令等书面文字，销毁了他的一切资料。赵构与秦桧深深地憎恶与岳飞有关的一切，甚至把岳州改名为纯州，当地驻军岳阳军改名叫华容军。

绍兴三十二年（1162）之前岳飞是南宋的禁忌，直到宋孝宗即位，岳飞才冤狱平反，由隗顺之子指认坟墓，以礼改葬西湖栖霞岭。又过了十六年，宋廷追赠谥号武穆。宋宁宗即位追封异姓七王时，岳飞被封为鄂王。宋理宗时改谥为武将最高谥号忠武。

岳飞生前曾说过他羡慕钦佩三国时关羽、张飞等人的作为，希望将来自己的名字能与其并列传颂世间。他的愿望达到甚至超越了。他的名字永远与中华民族最优秀的一批人并列，他的"还我河山"等语句是中国人的精神图腾，每次国难当头时都被整个民族传颂、呼喊，每个中国人都为之鼓舞激动，岳飞是不屈与英勇的代名词。

岳飞一生有两位妻子。前妻刘氏生云、雷二子。岳飞从军抗金，临行时把老母托付刘氏，她却"两经更嫁"。刘氏后嫁给韩世忠军中的一个押队，韩世忠让岳飞来把刘氏接走，岳飞"差人送钱五百贯"，就此了结。

李氏与岳飞相识于战乱中，岳飞不纳妾，两人生霖、震、霭（霆）三子。岳飞死于冤狱，全家流放岭南，历二十年才得昭雪。李氏和三个儿子北归，终年七十五岁，葬于江州。

长子岳云，字应祥，号会卿。与父亲、张宪同时遇害，时年二十三岁，冤狱平反后追赠安远军承宣使。

次子岳雷，字发祥，号夏卿，又号声甫，与家人被遣送至惠州（今属广东）拘管，没有等到父兄平反，在流放地含恨而终。

三子岳霖，字及时，号商卿。岳飞遇害时，他年仅十二岁。昭雪北返后多方收集父兄遗事，其子岳珂在此基础上编成《鄂国金佗稡编》二十八卷，《续编》三十卷，是历代研究岳飞的重要典籍。

四子岳震，字东卿。随家流放时年仅七岁。北归后曾任朝奉大夫，后加封缉忠侯。

五子岳霆，初名岳霭，宋孝宗为其改名霆，字应时，号君锡。父兄遇害时年仅三岁，随家流放。后任修武郎、阁门祗使、奉直大夫，加封续忠侯。

岳飞的子嗣世系绵长，历经千年遍布华夏大地，海外的新加坡、马来西亚、加拿大、美国等区域也有分布，这是唯一能祭慰忠魂的事情了。

张俊没有岳飞与生俱来的坚强意志，没有韩世忠泼皮般的强悍洒脱，没有刘光世的眼界和驾驭人才的手段，他只有所谓的忠诚，以此迎逢皇帝和权臣，这就造成了他的短视和无底线。

绍兴和议达成之后，韩、岳俱废，张俊短暂总揽军权后被秦桧卸磨杀驴，贬为闲职，所幸的是允许他大张旗鼓地敛财。

张俊有个广为流传的笑话，据说有位伶人为宋朝君臣表演，拿出一文铜钱说世间贵人都是天上星宿，透过中间的方孔能洞悉本来面目。他先看赵构，说是帝星。再看秦桧，说是相星。三看韩世忠，大惊说是将星。最后看张俊时几次三番犹豫后才说，没看见是什么星，就看见张太尉坐在钱眼里。

举座大笑,这是朝野都知道的事实。

绍兴和议之后,张俊大肆兼并土地,良田达一百多万亩,每年收租米六十万石以上,相当于南宋绍兴府全年财政收入的两倍。张俊巧取豪夺,侵占他人宅第,仅收房租一项,每年达七万三千贯钱。张俊家库藏有很多一千两一个的大银球,人力无法搬运,不怕盗贼,起名叫"没奈何"。

关于张俊钱财的事林林总总,无法一一描述。岳飞曾经说过"文官不爱钱,武将不怕死,天下太平",张俊把文武两班的缺点集于一身,是名副其实的时代毒瘤。

总的来说,他和刘光世是宋朝的传统军人。他们没有、国家也不允许他们有太多的忠勇之心,入伍打仗只是为了钱财前途。韩、岳两人是异数,是上天赐给宋朝挽救命运的礼物,但是很明显,宋朝不配。

西湖岳庙铸奸贼铜像始于明朝正德八年(1513),并不是宋朝的事。当时只有秦桧、王氏、万俟卨三人的跪像,"久为游人挞碎"。到万历二十二年(1594)时,按察副使范涞重塑贼像,添加了张俊,才有了如今四贼齐跪的一景。

张俊为虎作伥,该有此报。

张俊死于绍兴二十四年(1154)七月二日,终年六十九岁,追封循王,谥号忠烈。葬于湖州府长城县(今浙江湖州长兴县)。

张浚在淮西兵变之后一直到秦桧死,都处在严密的监视与不停地弹劾之中,近二十年间以常人无法想象的坚韧才终于熬到宋孝宗即位。

宋孝宗赵昚是太祖赵匡胤的七世孙,赵构之所以不选太宗系继承,据说是源自一个梦。在梦里宋朝的开国者把赵构瞬间拉回到烛影斧声之夜，让他看当年万岁殿里都发生了什么。赵匡胤警告赵构如果想让宋祚不亡，必须要由他的子嗣即位。

赵昚北伐，赵构是明确反对的："大哥，待老者百岁后，尔却议之。"当时环顾全国，抗金元老只剩下了张浚。

赵昚写了一篇《圣主得贤臣颂》请张浚出山，还在皇宫深处的内祠立了张浚的生辰牌位，每次宣召张浚议事前，都要先到祠堂里恭敬地参拜，"以示不敢面诘"。这种程度的尊重，让赵构也改变了态度。

赵构找来张浚的儿子张栻询问其父近况，并很动情地回顾道："朕与卿父，义则君臣，情同骨肉。卿行奏来，有香茶与卿父为信。"这与当年罢官时"宁至覆国，不用此人"的誓言截然相反。

张浚在两位皇帝的认可下上任，主持北伐。可惜再一次功败垂成，符离之战把南宋仅存的复国志气消磨殆尽了。

隆兴二年（1164）八月，张浚在余干病死，追赠太保。评价他的一生，刻薄些就用朱熹的话："张魏公才极短，虽大义极分明，而全不晓事。扶得东边，倒了西边。知得这里，忘了那里。"

或者用赵构的话来说："张浚用兵，不独朕知之，天下皆知之。如富平之败，淮西之师，其效可见矣。今复用兵，极为生事。"

他的成就很可怜，"浚一生征战，未获寸土于国"等，都是张浚于地下也难以自辩的事实。

他有无与伦比的坚定的抗金信念，除此以外，他应该安静地待在后方，别给前线的军人添乱，或许宋朝的事就容易了些。

秦桧是中国古代史里独一无二的权臣。"不得无罪罢免首相"这一条生效之后，南宋就换了主人。

秦桧用两个办法来控制赵构。

第一，宋朝有制度规定台谏官不得兼任经筵官。经筵官包括翰林侍读、侍讲学士、崇政殿说书、侍读、侍讲等，负责进读史书，讲释经文，备顾问应对。他们时常陪伴皇帝，知道皇帝的行动尤其是思想波动。

秦桧偏偏就打破了这一点，台谏言官都是他的亲信，再兼任经筵，就能起到隔绝皇帝，窥察人主的作用。后来他索性就直接任命其兄秦梓、子秦熺担任经筵，连起码的遮掩都不做了。

第二，联姻外戚，结交内臣。

秦桧把孙女嫁给吴皇后的弟弟吴益，秦桧死后子孙无一被贬，都是吴皇后的庇护。秦桧结交内侍省都知张去为，这个大太监是赵构生母韦太后面前的红人，秦桧靠他刺探宫中秘事消息。

秦桧结交御医王继先，这个御医专门治疗赵构的性能力，和太宗朝的侯莫陈利用专门秘密治疗赵光义北伐中箭的腿伤一样，身份虽然低微但私下权力极大。秦桧让妻子王氏与之结为兄妹，进一步影响甚至掌控赵构的身心。

秦桧掌握外廷，也就是百官的办法很新颖。他先是把重点培养的亲信派去台谏部门当言官，去弹劾执政的高官。两三年内完成任务，就提拔他们当执政。新一批的亲信在台谏部门补上人员缺口，再去弹劾他们的前辈。如此周而复始，谁也别想真正积累势力。

真正越来越大的势力是秦氏家族、王氏家族，以及秦桧当年流落在外的亲生儿子林一鸣的林氏家族，他们像一张庞大的蜘蛛网盘布南宋朝野的每一个角落。如果要详述这些权贵的作恶事迹，会是一篇鸿文巨著。

秦桧的官场成就让北宋第一权奸蔡京自愧不如，其故吏高拣感慨道："看他秦太师，吾主人乃天下至缪汉也。"

以上这些带来了十五年的黑暗社会，以敢言无罪为特点的宋朝官场变得只有阿谀奉承、寡廉鲜耻者才能生存，任何敢于稍微反抗的都被赶出临安，贬至琼州。

针对秦桧始终都有一个问题，靖康时期他是那么的热血爱国，是什么原因让他转变成了一个国贼？当了汉奸也罢了，为何在没有危险之后成了整个民族的噩梦，迫害手段凶残至极，无所不用其极？

这或许能用现代心理学的一个病症特点来解释。越是曾经良善的人，作恶之后出于愧疚与仇视的心理，就会为祸越恶。秦桧本是忠贞的，被重大打击扭曲性格之后，面对岳飞、张浚等矢志抗金的人会由羡慕到惭愧、到嫉妒、到无地自容、到铲除干净！

秦桧死于绍兴二十五年（1155）十月二十二日，临终前两个月还指使台谏官诬陷故相赵鼎之子赵汾密谋造反，将其逮捕入狱严刑逼供，意欲铸成铁案，将张浚、胡寅、李光等五十三人一网打尽。

狱成时大理寺请秦桧签押，老贼病得手都举不起来，才不了了之。

秦桧终年六十六岁，追赠申王，谥号忠献。开禧二年（1206）宋宁宗追夺秦桧王爵，改谥谬丑。两年之后史弥远掌权，宋廷再拾降金乞和政策，又恢复了秦桧的王爵谥号。

这个人哪怕死了，也一直影响着南宋的朝局。

秦桧死的前一天，赵构过府探望。秦桧病骨支离，勉强爬起来穿上朝服，两人相对无言，突然间秦桧老泪纵横，像是非常伤感。赵构也"为之落泪"，赐给秦桧一条红手帕拭泪。眼见气氛到位，君臣要谈些什么，突然间秦熺问道："代居宰相者为谁？"

一句话暴露底牌。赵构哪是来探病的，是亲自观察秦桧还能不能活下去。秦桧拼命爬起来展示健康,赵构将信将疑之际听到这句话,立即明白秦桧死定了。

秦桧不死,宰相只能是秦桧,何必问继任者?赵构冰冷地回答道:"此事卿不当与。"转身立即离去。

秦家鸡飞狗跳,秦熺急忙派人联系台谏官,要他们奏请自己任相。赵构也连夜召见了直学士写罢官制。秦家祖孙三代,从秦桧、秦熺到秦埙全体致仕,别说首相了,连公职都保不住。

这份致仕诏书成了秦桧的催命符,他在第二天咽下了最后一口气。

秦桧终于死了,赵构长出了一口积压了十五年的积郁恐惧之气。据说他对杨沂中说,直到今天才能把裤腿里藏着的短刀去掉。

他至于怕成这样吗?难道秦桧敢威胁他的生命吗?基于这种怀疑,后世很多人怀疑这句话的真假,其实应该是真的。首先,岳飞会背叛吗?韩世忠会背叛吗?根本不会,可赵构为了所谓的安全就废掉了这两个人。赵构的安全点太低了,随身藏刀完全做得出来;其次,赵构这些年实在太卑微憋屈了,只看一个事实就会了解真相。

十五年来,赵构对秦桧唯一的一次反抗只是把秦桧孙子秦埙的状元向后降一名,变成榜眼。居然要用这种办法来彰显皇帝的权威。

秦桧死后赵构宣布施政方针不变,此前国家都由他本人领导,秦桧只是首相,忠诚地实施他的命令而已。这貌似很矛盾,实则很简单。和议其所欲,平静其所欲,只要这两样维系不变,江南才是赵构的理想世界。

从这时起,赵构才是幸福的。直到金国在绍兴三十一年(1161)发动南侵,那时和议已经持续了整整二十年。金国发生了天翻地覆的政变,完颜亮弑君杀死金熙宗,又屠灭了金太宗、完颜宗翰、完颜宗弼等皇室成员的全部子嗣，顺便将这些人的妻女充入后宫，之后就向往风光旖旎的江南。

据说这都是北宋著名词人柳永的名篇《望海潮》惹的祸。

> 东南形胜，三吴都会，钱塘自古繁华。烟柳画桥，风帘翠幕，参差十万人家。云树绕堤沙，怒涛卷霜雪，天堑无涯。市列珠玑，户盈罗绮，竞豪奢。
> 重湖叠巘清嘉，有三秋桂子，十里荷花。羌管弄晴，菱歌泛夜，嬉嬉钓叟莲娃。千骑拥高牙，乘醉听箫鼓，吟赏烟霞。异日图将好景，归去凤池夸。

完颜亮起倾国之兵一路势如破竹，突破两淮，进抵长江。这时候赵构终于怕了，他把国内精英杀得干干净净，中兴将帅乃至稍有骨气的文臣都被消磨殆尽，还有谁能保护他？他不顾年高体衰，重拾老本行，"欲散百官，浮海避狄"。

关键时刻，中书舍人虞允文赶到前线采石（今安徽马鞍山南）犒军，正逢金军渡江。虞允文指挥作战，以大车船击溃金军水师。完颜亮不顾一切地强令金军出战，逼得军前哗变，被乱军杀死。金军就此撤军北归。

经此一劫，赵构决心退位，把皇位传给赵昚，当上了太上皇。之后的四年是他纯粹享乐的时光，他居住的德寿宫亭台楼阁无数，夏天时"堂前假山、修竹、古松，不见日色，并无暑气"。宫内池塘假山旁的亭、桥是由吴璘进贡的四川石料砌成的，"莹彻如玉，以金钉铰""四畔雕镂阑槛""桥中心作四面亭，用新罗白罗木盖造，极为雅洁"。

桥下是千叶白莲，御榻、御几、瓶、炉、酒器等，都是用水晶雕琢而成。此外，德寿宫还在宫内开掘大池，注入西湖水，号大龙池。岸边叠石为山，名为万岁山。

当年开封城里艮岳的正式名称就叫万岁山。时隔整整一甲子的时光，赵构终于又回到了童年成长、少年离开时的故乡。

他是一个多么矛盾的人啊。他有强健超人的体魄，却被吓成了一只阉鸡。对外无条件的投降求和，堪称奴仆一样的卑微低贱；对内杀伐决断，开宋朝不杀大臣、不杀言事者的先河。与整个国家作对，却成了开国的君主，并且长寿至八十一岁。

宋人说，"自秦汉以来一百三十六帝，惟梁武帝得八十三岁，本朝高宗圣算登八十一"，梁武帝"狼狈而死，又何足贵耶"。只有宋高宗"五福兼全，独过八旬之寿，自秦汉以来，一人而已"。

没有人能在内疚惭愧的状态下活到八十一岁，可见赵构并不认为自己有什么罪恶。就像绍兴和议成功时，他哀叹三十五岁头发半白一样，他怜惜的是自己，并不是为其付出生命代价的臣子们，更不是岳飞。

上天恩赐给他过足以报仇雪恨、重立乾坤，甚至做到大一统帝国的机会，可他不仅放过了，还自残一般地毁灭掉所有筹码。

他一定是个有严重心理疾病的人，就像他的远祖宋太宗赵光义无可救药的猜疑，太宗长子赵元佐的疯病，真宗赵恒"天书降、圣祖临"神经错乱的晚年，仁宗皇帝数度昏迷，披头散发闯出皇宫呼喊等病史，然而这些能解释他的倒行逆施吗？

并不能，他是一个随便谁都能断定的坏人，却永远没法剖析出为什么会是这么扭曲的怪人。